현장연구의 첫걸음, 예둘샘의 —— SEC
학급경영
멘토링

현장연구의 첫걸음, 예둘샘의 ─────
SEC 학급경영 멘토링

2016년 3월 30일 초판 1쇄 발행
-

지은이 | 홍석희
펴낸이 | 이형세
책임편집 | 송진아
디자인 | 로프박
표지 일러스트 | Shutterstock
제작 | 제이오엘엔피
펴낸곳 | 테크빌교육(주)
주소 | 서울시 강남구 역삼동 654-3 프라자빌딩 6층
전화 | 02-3442-7783(333)
팩스 | 02-3442-7793
ISBN | 978-89-93879-79-7 13370
정가 | 13,000원
-

- 즐거운학교는 테크빌교육(주)의 출판 브랜드입니다.
- 이 책의 무단 전재와 무단 복제를 금합니다.
- 이 도서의 국립중앙도서관 출판예정도서목록(CIP)은 서지정보유통지원시스템 홈페이지(http://seoji.nl.go.kr)와
  국가자료공동목록시스템(http://www.nl.go.kr/kolisnet)에서 이용하실 수 있습니다.(CIP제어번호: CIP2016007284)

현장연구의 첫걸음,
예둘샘의

SEC
Small Economy Classroom

학급경영 멘토링

홍석희 지음

♀ 즐거운학교

프롤로그

제가 이 책을 집필한 목적은 다음의 3가지입니다. 첫째는 교실 속 재미있는 경제교육, 둘째는 학교폭력 없는 생활교육, 셋째는 학급경영 현장연구를 처음 시작하는 선생님들에게 도움을 드리기 위해서입니다.

많은 교사들은 아이들이 즐겁고 행복한 학급운영을 꿈꿉니다. 저는 초임 교사 시절에 참 재미없는 학급운영을 했습니다. 학년별로 차이가 큰 아이들의 특징을 잘 알지 못했고 아이들이 어떤 것을 즐거워하는지, 또 힘들어하는지도 잘 몰랐습니다. 교직 3년차에 우연히 반 아이가 제안한 달란트(칭찬화폐) 프로그램이 저의 학급운영에 큰 변화를 가져왔고, 매년 시행착오를 거쳐 교실을 작은 경제국가로 운영하는 SEC$^{Small}_{Economy Classroom}$ 프로그램의 시작이 되었습니다. SEC 프로그램은 크게 '무체벌 생활교육'과 '체험적 경제교육'의 특징을 지닙니다. 아이들이 직접 학급헌법, 국기, 각종 부서 등을 만들며 스스로 학급을 국가로 만들어 학급생활을 해 나가는 활동은 체벌 없이 학교폭력을 예방하는 생활교육에 큰 도움이 되었습니다. 그리고 교실에서의 학급화폐 및 쿠폰 사용, 직업 활동 등의 경제활동을 통해 인플레이션, 국가 부도 등의 체험적 경제교육이 가능했습니다. 그 외에도 많은 교육 효과가 있었지만 SEC 프로그램의 가장 큰 효과는 무엇보다 아이들이 학교생활을 재미있어하게 되었다는 것입니다.

SEC 프로그램을 교실에 도입한 초기에는 많은 시행착오를 겪었습니다. 교육적 효과를 기대하고 도입한 일부 활동은 아이들 생활교육에 있어 오히려 역효과를 보이기도 했고 인지적, 정서적인 차이가 큰 초등학생의 학년별 프로그램 활동 수준을 잘 맞추지 못했습니다. 그렇지만 해마다 문제점을 수정·보완해 가며 어느덧 초등 1학년부터 6학년까지, 10년 동안 모든 학년에 SEC 프로그램을 적용해 보게 되었습니다.

SEC 프로그램을 운영하며 제가 절실히 깨달은 것은 아무리 좋은 프로그램이라도 그것을 교사가 제대로 운영하지 못한다면 큰 효과를 볼 수 없다는 것입니다. 저 또한 처음에는 SEC 프로그램을 운영하면서 아이들이 여러 교육 효과와 재미있는 학교생활을 경험하는 기회를 주었지만, 정작 아이들의 내면을 변화시키기에는 한계가 있었습니다. 학생 생활교육은 프로그램이 아닌, 바로 교사와 학생들 간의 신뢰에서 출발하는 것이기 때문이지요. 그리고 그 신뢰는 학생들과의 상담으로 시작되고 완성됨을 깨닫게 되었습니다.

저는 우선 SEC 프로그램을 운영하면서 겪었던 시행착오를 통해 터득하게 된 재미있는 경제교육 학급운영에 대해 알려 드리려고 합니다.

그리고 SEC 프로그램을 운영하며 만났던 다양한 학생들과의 상담 사례를 통해 체벌 없이 학교폭력을 예방하는 생활교육 방안에 대해 설명드리고자 합니다. 이 두 가지 외에 이 책을 집필하면서 중점을 둔 것이 있습니다. 그것은 바로 학급연구입니다. 앞서 집필한《행복한 현장연구 멘토링》에서는 현장연구대회 전반에 걸쳐 공통적으로 적용되는 영역에 대한 연구 정보를 제공했습니다. 실제로 그 책을 통해 많은 분들이 입상을 하셨고 블로그에 감사 메시지를 주셨습니다. 그리고 책에서 소개한 내용 외에 좀 더 세부적인 연구 방법과 과정에 대해 자세히 알고 싶다는 요청이 많았습니다. 이 부분에 대해 저도 적잖이 고민을 하게 되었고 제가 처음 현장연구를 시작했던 SEC 프로그램 학급운영의 경험을 예시로 설명드리면 그 많은 그 요청에 대한 답이 되리라 생각했습니다.

  이 책에서 언급할 학급경영 현장연구 방법은 모든 현장연구의 기본이 됩니다. 가장 손쉽게 접근할 수 있는 연구 주제이며 또 누구나 도전해 볼 수 있는 현장연구 영역입니다. 불필요한 이론이나 중복되는 내용은 다 생략하고 실질적으로 선생님들께 도움이 되도록 '심사 기준에서 본 학급연구 주제 잡기와 보고서 작성법'에 대해 SEC 프로그램을 구체적인 사례로 들어 내용을 구성했습니다. 특히 SEC 경제생활교육 프로그램을 응용해 만들 수 있는 다양한 후속 연구 주제 사례를 제시하여 좋은 연구 주제가 있을 때 후속 현장연구 주제로 더 다양하게 확장할 수 있는 방법에 대해 설명하였습니다. 현장연구에 처음 도전하시는 선생님들께도 제시된 예시 자료가 본인만의 현장연구 주제를 만드시는 데 큰 도움이 되실 것입니다.

현장연구에 관심이 있으신 선생님이 아니더라도 학교폭력 예방 및 무체벌 생활교육, 그리고 재미있는 학급 경제교육에 관심이 있는 선생님들께도 좋은 정보가 되리라 생각합니다. 아무쪼록 본 책을 통해 학생과 교사 모두가 행복한 학급운영을 하시는 데 많은 도움이 되기를 바랍니다. 이 책이 나오기까지 많은 도움을 주신 즐거운학교 출판 편집부와 티처빌 관계자 분들, 늘 격려해 주시는 블로그 이웃 분들에게, 또 저의 아내와 세 아이에게, 그리고 하나님께 감사드립니다.

본 책을 통해 아이와 교사 모두가 행복하고 함께 성장하는 SEC 학급운영과, 현장연구 진행에 많은 도움이 되시기를 소망합니다.

_아이와 교사 모두 행복한 교실을 꿈꾸며,
2016년 2월 28일 예둘샘 홍석희.

CONTENTS

프롤로그 • 8

1장 아이와 교사가 함께 즐거운 교실 SEC

나만의 학급 색깔 SEC • 17
SEC 학급경영 현장연구와 교사 성장 • 31
아이들이 만드는 SEC 국가 생활 • 41
살아 움직이는 SEC 경제생활 • 50
한눈에 보는 연간 SEC • 86

2장 SEC 경제교육 이야기

3월 SEC 화폐경제 교실의 시작 • 97
SEC의 하루 • 104
4월 경기 부양을 위한 양적 완화 정책과 인플레이션 • 108
5월 경제정책의 실패 - 복리예금과 구멍 난 세금 정책 • 118
6월 경제 버블 위기와 국가 부도 • 129
9월 탈세를 위한 쿠폰 투기 • 139
10월 국가 부도(모나토리움) 상황에 생긴 경제 문제들 • 144
11월 모두가 공감하지만 원치 않았던 경제개혁 시작 • 151
12월 1년 SEC 경제교육의 마무리 • 155
경제 위기 없는 효과적인 SEC 운영 방법 • 158

3장 SEC 생활교육 이야기

엄격하나 따뜻하고 좋은 선생님 • 165
SEC 생활교육 기반 학급헌법 • 179
SEC 1일 생활교육 과정 • 188
SEC 생활교육의 완성, 학생상담 • 194
SEC 생활교육에서 만난 아이들 이야기 • 203
SEC 생활교육에서 만난 학부모 이야기 • 227
법적 생활교육 의무가 있는 선생님 • 239

4장 SEC 나만의 학급경영 현장연구 만들기

SEC 학급경영 현장연구의 시작 • 257
SEC 학급경영 현장연구로 본 소프트웨어 심사 팁 – 창의성과 필요성 • 260
SEC 학급경영 현장연구로 본 하드웨어 심사 팁 – 일관성 • 272
나쁜 현장연구 주제 vs 나쁜 현장연구 주제 • 279
SEC+a로 창의적 학급경영 현장연구 주제 만들기 • 284
학급경영 현장연구 결과 피드백과 현장연구 그 이후 • 291

에필로그 • 295

아이와 교사가
함께 즐거운 교실
SEC

나만의 학급 색깔
SEC

초임 교사 시절, 재미없는 수업

학교에 첫 발령을 받은 후 5학년 담임을 맡았을 때였습니다. 진로교육과 연계된 국어 수업에서 '내가 만약 선생님이 된다면?'이라는 주제에 대해 자신의 생각을 쓰는 수업 결과물을 검사하다가 큰 충격을 받았습니다. 반 아이 중 하나가 이렇게 쓴 것입니다.

'내가 선생님이 되면 학생들에게 재미있는 수업과 학교생활을 하게 해 주겠다.'

그 한 문장이 그동안 내가 해 온 학급경영과 수업이 아이들에게는 재미없는 학교생활이었다는 의미로 다가왔기 때문입니다. 사실 그 전까지 나의 학생 생활교육은 큰 문제가 없다고 생각했습니다. 학교에서 아이들이 철저히 학급규칙을 지키게 하고, 장난이 심한 아이들은 확실하게 혼을 내어 교실에서 친구들에게 폭력을 행사하는 일이 생기지 않게 했습니다. 폭력 성향이 있는 다른 반 아이들까지도 우리 반 교실 복도에는 얼씬도 하지 않았고, 창문으로 혹시나 나와 눈이 마주칠까 봐 머리를 숙이고 조용히 지나갈 정도였지요. 다른 친구에게 기분 나쁜 장난을 걸거나 괴롭힌다는 일 자체를 상상할 수 없는 교실 분위기였습니다. 특히 이전 학년에서 생활교육이 제대로 안 되어 어려움을 겪었던 아이들의 학부모님들께서 저의 생활교육 방식에 매우 만족했습니다.

하지만 그 아이의 한 문장으로 인해 나는 아이들에게 있어 재미없고 어려운 교사였음을 깨닫게 되었습니다. 아이들에게 있어 내 모습은 마음씨 좋고 생활교육을 잘 하긴 하지만 화가 나면 성깔 있고 때로는 말 걸기조차 어려운 교사라는 것을 깨닫게 되었습니다. 나는 아이 입장에서 한번 진지하게 생각해 보았습니다.

'그래, 내가 너라도 참 수업이 재미없었겠다. 발표를 해도 큰 칭찬이 없고 수업 시간에는 절대 딴짓이 허용되지 않는 긴장된 분위기. 마음이 편하지 않은데 어떻게 수업과 학교생활이 재미있겠니?'

아이들에게는 생활교육 잘하는 선생님만 필요한 것이 아니라 학교생활을 재미있게 만들어 주고 아이들 마음을 이해하며 따뜻하게 품어 주는 선생님도 필요했던 것입니다. 아이들 영혼을 품어 주는 교사가 되겠다고 교직에 들어왔지만 난 생활교육 외의 나머지 영역에서는 거의 낙제점에 가까운 초임 교사라는 것을 깨닫게 되었습니다.

화려한 옆 반에 비해 색깔 없는 학급운영

우리 반 아이들에게 재미없는 학교생활만 만들어 주고 있었다는 사실에 나의 마음이 상해 있을 때 마침 우리 반과 비교되는 두 반이 있었습니다. 한 반 선생님은 아침 일찍 출근해 반 전체 학생들과 음악줄넘기를 함께하고 있었고, 또 다른 반 선생님은 학급에서 POP 지도 및 다양한 프로그램을 수업 중에 적용하고 있었습니다. 두 분 모두 나와 발령 시기가 비슷해 비교가 되었습니다. 특히 줄넘기를 지도하신 선생님의 열정은 대단했습니다. 매일 아침 8시에 강당에서 반 아이들에게 음악줄넘기를 지도하셨는데, 어떤 가산점이나 교육청 사업 때문에 한 것이 아니었습니다. 그저 아이들과 함께 뛰고 수업하는 것을 즐겼던 것이지요. 처음엔 다른 학년이라 학급 특색활동으로 음악줄넘기를 하고 있는지도 몰랐는데 2학기 학급자랑 발표대회에서 그 반에서 숙달된 음악줄넘기를 발표하면서 알게 되었습니다. 아이들의 자발적인 참여로 운영된 0교시 활동이었기에 개인 사정으로 아침에 일찍 등교하지 못하는 몇 명의 아이를 제외하고는 모두 음악줄넘기에 참여했습니다. 학생뿐 아니라 학부모들의 수업 만족도도 대단히 높았습니다. 특히나 놀라운 것은 한결같이 밝은 아이들의 표정이었습니다. 이전에 다른 선생님들이 강제로 맡게 되는 학생 동아리 활동에서 볼 수 없었던 아이들의 즐거운 표정! 우리 반 아이들에게서는 쉽게 발견할 수 없는 밝은 표정!

학급에서 POP를 지도하고 있는 선생님 역시 특별한 개인적 목적을 가지고 학생들을 지도하고 있는 것이 아니었습니다. 그분도 그냥 아이들을 좋아했습니다. 내가 맡은 특별활동 시간에 그 반 아이들이 와서 POP 실력을 자랑하는 모습을 보며 '이 아이들은 학교생활을 무척 행복해하고 있구나.' 하는 느낌을 받았습니다. 그 아이들의 밝은 표정을 보며 아이들에게 무언가 가르칠 수 있는 교사 역량 개발과 아이들을 향한 열정이 내가 맡은 아이들의 학교생활에 큰 영향을 미친다는 것을 절실히 깨닫게 되었습니다. 그리고 나 역시 우리 반 아이들을 위해 더 많이 노력해야겠다는 생각을 하게 되었습니다.

실패한 기타 연주 학급운영

이듬해 새 학급을 맞이한 후 반 아이들에게 기타 연주 지도를 해 보면 어떨까 하는 생각을 하게 되었습니다. 아이들에게 가르칠 기타 연주 교육과정을 짜고 그에 적합한 시중의 기타 교재를 분석한 후 필요에 따라 직접 보조교재도 만들었습니다. 그리고 아이들과 좀 더 가까워지기 위해 지금까지 해 왔던 학생상담 방법도 조금 바꾸어 봤습니다. 첫 발령 후 아이들과 개인 상담을 진행했을 때 아이들이 바짝 긴장하고 얼었던 모습이 기억났기 때문이지요. 당시의 상황에 대해서는 해당 5학년 아이들이 졸업 후 학교에 놀러 와서 이렇게 이야기해 주어 알게 되었습니다.

"그땐 얼마나 무서웠는지 상담이 빨리 끝나기만 기다렸어요."

하긴 무섭다고 소문난 선생님과 상담실에서 1:1로 상담을 하니 아이들이 얼마나 불편하고 긴장되었을까요? 그런 상담이었음에도 불구하고 자신의 차례를 기다리던 아이들이 있었으니, 그만큼 아이들은 늘 교사의 관심에 목마른 것 같습니다. 그나마 다음 이야기가 조금은 위로가 되었습니다.

"그렇지만 학교생활은 지금보다 그때가 더 좋았어요. 좀 지나고 나니 선생님이 생각보다 많이 무섭지 않으셨고, 지금 학교에선 선생님께 대들고 학급 분위기를 흐리는 학생들이 많아 선생님들이 힘들어하세요."

그 전보다 아이들과 거리를 좀 더 좁히고 싶었습니다. 좋긴 하지만 무섭고 다가가기 어려운 선생님이 아니라, 엄격해도 편안한 선생님으로 말이지요. 그래서 아이들의 가정 상황과 개인적인 어려움들을 대략 파악하고 초콜릿 같은 간단한 간식도 준비한 후 상담에 임했습니다. 성적보다는 학교생활에 대해 칭찬하고, 아이를 향한 나의 기대와 함께 격려를 보내며 학급생활에 어려움은 없는지 대화를 나누었습니다.

학급 전체를 대상으로 한 학생상담이 한 번 끝난 후 반 아이들에게 주 3회 기타 연주 지도를 계획하고 참여 신청을 받았습니다. 생각보다 많은 아이들이 지원했습니다. 35명 가운데 30명이 지원했으니까요. 기타 연주 실력에 맞추어 A, B, C반으로 구성하여 아침 기타 지도를 주 5회로, 그리고 점심시간 및 수업 종료 후에도 시간을 내어 기타를 가르쳤습니다. 2년 가까이 매일 7시 30분에 출근해 기타 연주 수업 준비를 하고 8시부터 30분간 수업을 했는데, 막상 희망자를 모두 받다 보니 문제가 생겼습니다. 기타를 배울 준비가 안 되어 있는 아이들도 꽤 있었던 것이지요. 수업에서 배운 내용을 집에서 제대로 연습해 오지 않았던 것입니다. 기타 수업을 받는 30명의 아이 중에 연습을 잘 해 오는 아이는 5명, 그럭저럭 수업은 참여했으나 연습을 잘 해 오지 않아 진도를 나가기가 어려운 아이가 15명, 나머지 10명은 수업에 자주 빠졌습니다. 하루는 기타 연주 수업에 너무 자주 빠지는 여학생에게 자꾸 수업에 빠지면 다른 친구들과 진도를 맞추기 어려우니 빠지지 말라고 이야기를 했습니다. '다음부터 열심히 할게요.'라는 대답을 기대하던 나는 아이의 대답에 적잖이 당황했습니다.

"학원 때문에 바빠서 그래요. 빠진 날은 선생님이 보강해 주세요."

그 아이에게 있어 기타 수업은 당연히 받아야 하는 교사의 서비스에 불과했던 것입니다. 나는 어떤 대가를 바라고 기타를 가르친 것이 아니었습니다. 그냥 아이들을 가르치는 게 좋았고 아이들에게 더 재미있는 학교생활을 경험하게 해 주고 싶었는데, 일부 아이들은 교사의 노력과 헌신을 당연하게 여겼고 조금의 고마움도 없어 보였습니다. 그 아이의 반응으로 인해 가슴 한쪽에 구멍이 뻥 뚫린 느낌이 들었습니다. 하지만 잘못은 그 아이들에 있는 것이 아니었습니다. 결국 담임인 나의 인성교육 실패에 그 원인이 있었습니다.

또 다른 문제도 하나 더 발생했는데 기타 연주 활동을 신청하지 않은 5명의 아이들이 학급에서 소외되고 있다고 느낀 것입니다. 분명 자신들이 하고 싶지 않아 기타 연주 활동을 안 한 것인데, 선생님이 자신들에게는 신경을 잘 쓰지 않는다는 인식을 가지고 있었습니다. 그래서 다음 해에는 학급 기타 지도를 포기하고 학년 동아리 활동으로 몇 명만 뽑아 아침에 지도했습니다. 기타 연주는 학급 전체에 적용할 학급 특색 프로그램으로는 부적합하다는 판단을 했기 때문입니다.

나의 첫 기타 연주 학급경영 실패는 학급 특색활동은 소수의 학생만을 대상으로 하는 것이 아닌 반 전체 학생을 대상으로 해야 하며, 인성교육이 병행되어야 함을 절실히 느끼게 된 소중한 경험이 되었습니다.

선생님, 달란트 시장해요!

4학년 담임을 맡았을 때 학기 초 학급회의 시간이었습니다. 한 해 동안 학급에서 꼭 했으면 하는 행사들에 대해 아이들과 의견을 나누고 있었는데 한 아이가 다음과 같은 제안을 했습니다.

"선생님, 우리 달란트 시장해요. 그래서 파티도 하고요!"

'달란트 시장'은 일종의 칭찬화폐 프로그램이었습니다. 평소 칭찬 활동이 쌓이면 아이들은 '달란트'라는 화폐를 얻고, 학기말이나 특정 날짜에 열리는 파티에서 자신의 달란트로 준비된 음식이나 선물을 사는 활동으로 구성되는 프로그램입니다. 그 여학생의 제안을 생각해 보니 달란트 프로그램을 교실에 적용하면 아이들에게 흥미를 줄 수 있을 것 같았습니다. 그러나 학급에 그대로 적용하기는 어려워 재구성이 필요했습니다. 그러던 중 SEC 교실 경제 프로그램에 대한 신문 기사를 읽게 되었습니다. SEC는 외국의 한 초등학교 교실에서 실시한 경제교육 프로그램으로, 교사가 학생들에게 모의화폐를 나누어 주고 일정 기간 학생들의 수업 활동에 따라 모의화폐를 더 지급하거나 혹은 세금으로 거두어 교실 속에서 경제를 체험하는 프로그램이었습니다.

나는 달란트 프로그램을 SEC 프로그램에 적용하여 내가 맡은 교실 속 아이들에게 1년간 꾸준히 적용할 수 있는 경제생활교육 프로그램을 계획하고 실행해 보기로 했습니다. 우선 아이들의 개인 사진을 활용하여 개인 통장을 만들고, 학급화폐 및 학급화폐를 사서 쓸 수 있는 50여 가지 학급쿠폰을 만들었습니다. 그리고 교실에서 아이들이 학급화폐를 벌 수 있는 몇 가지 규정을 만들었습니다.

첫해 SEC 프로그램 운영은 주로 칭찬과 보상에 초점을 맞추었으나 학급화폐를 사용하는 경제 기반 프로그램이기에 교실에서도 여러 경제 현상과 문제점이 발생했습니다. 이러한 문제점들을 잘 보완하여 교육적으로 잘 활용하면 재미있으면서도 효과적인 교실 경제교육이 될 것 같아서 다음 해에는 경제교육에 중점을 두어 SEC 프로그램을 운영했습니다.

매년 내가 맡은 아이들의 상황과 특성에 따라 조금씩 중점 사항을 변경하여 SEC 프로그램을 운영했고, 문제점들을 하나하나 보완해 갔기에 SEC 프로그램 시행착오는 조금씩 줄어들었습니다. 고학년에게는 교실 속 인플레이션 같은 심도 있는 경제교육이 가능했기에 SEC 프로그램은 아이들에게 새로운 경험이 되었고 아이들이 만들어 내는 경제 현상이 참으로 다양하고 재미있어 지켜보는 나도 즐거웠습니다. 초등학교 전 학년에 SEC 프로그램을 적용시켜 본 결과, 쿠폰도 좋은 강화제가 되지만 학급화폐 소유 자체가 아이들의 강력한 동기부여가 된다는 것을 알 수 있었습니다.

아이가 학교에 가고 싶어해요

SEC 프로그램 운영 3년째 되던 해, 학부모 상담 중에 아이들이 학교에 가고 싶어한다는 이야기를 많이 듣게 되었습니다. 그 이유는 아이들이 교실에서 학급화폐를 벌고 또 소비하는 활동들을 아주 재미있어하기 때문이라는 것이었습니다. 발표, 숙제, 수업 활동 등 학급의 모든 활동에서 아이들은 정한 수만큼의 칭찬도장을 받고, 도장이 10개 모이면 학급화폐 1개를 받을 수 있기 때문에 아이들의 수업 참여도는 높았습니다. 특히 1인 1역 직업 활동을 통한 고정적인 급여와 일을 한 수준에 따라 더 받게 되는 성과급을 통해 아이들은 화폐를 모으는 쏠쏠한 재미까지 느꼈습니다.

SEC 3년차부터는 학생자치 활동 및 학교폭력 예방 생활교육을 SEC 프로그램과 함께 연계해 운영했기에 아이들의 생활교육도 훨씬 수월해졌습니다. 학급헌법에 있는 각종 규칙을 지키지 않으면 학급화폐로 벌금을 내는 법안을 아이들 스스로 만들었기 때문이었지요. 아이들은 누구라도 학급 내 입법부, 행정부, 환경부, 사법부 등의 학생 조직에 소속되어 활동해야 했습니다. 학교폭력과 같은 사건이 일어났을 때 신고를 하면 즉시 보상이 이루어지기 때문에 여러 문제가 발생하면 즉시 사법부에 신고가 들어왔습니다. 학교생활 전 영역에서의 금지 행동에는 학급화폐 벌금이, 칭찬 행동에는 상금이 주어지다 보니 학급헌법을 지킬 수밖에 없는 분위기가 되었습니다.

학년별로 적용할 수 있는 SEC 프로그램의 수준은 다르지만, 생활교육 영역에 있어서는 3월 한 달만 프로그램에 대한 설명을 잘 하고 이끌면 4월부터는 아이들 스스로도 잘 운영합니다. 아이들이 학교생활을 재미있어한다는 학부모님들의 말씀과 아이들의 일기장 속 고백은 나도 이제 아이들이 재미없는 학교생활에서 벗어나 즐거운 학교생활을 할 수 있게 해 주었다는 위로와 자부심이 되었습니다.

아이들과 함께 만드는 SEC 경제생활교육

SEC 프로그램의 가장 큰 효과는 교실 속 화폐가 살아 움직이는 체험적 경제교육과 학교폭력을 예방하는 생활교육에서 볼 수 있었습니다. 아이들은 직접 투표로 학급화폐를 뽑는 활동, 50여 가지 쿠폰을 생각해내고 결정하는 활동을 하고 여러 소득 활동과 함께 국가에 세금을 내는 활동, 그리고 은행예금, 신용카드와 체크카드 사용을 체험할 수 있었습니다. 나아가 화폐 유동성 위기와 매점매석 등의 부정적 경제 현상의 문제점까지도 아이들이 경험하면서 문제점에 대한 해결 방안에 대해 공부할 수 있는 장점이 있었습니다. 또한 아이들이 겪었던 여러 유형의 학교폭력이나 여러 금지 행동들에 대해 아이들 스스로 규칙을 정함으로써 아이들이 이끌어 가는 생활교육이 가능해졌습니다. 학급헌법 준수에 따라 상금과 벌금으로 학급화폐의 이동이 생기기 때문에 아이들에게 강한 유인책이 되었던 것이지요.

초기 SEC 프로그램을 운영할 때는 경험이 부족해 쿠폰 종류, 화폐 디자인, 학급헌법 등을 교사 주도로 운영했습니다. 그러다가 해를 거듭하면서 차차 아이들이 모든 것을 직접 만들도록 했으며 나는 그러한 활동이 잘 진행되도록 돕는 조력자 역할을 했습니다. 교실 속에서 다양한 경제 현상이 생길 때 교사는 그 상황을 정리해 주고, 아이들이 해결책을 만들지 못하면 조정해 주어야 합니다. 또한 학급헌법은 아이들이 만든 규칙 외에 교사의 학급운영관이 들어가 있어야 완전해집니다. 그리고 학교폭력과 같은 큰 사건은 아이들 스스로 분쟁을 조정하기에 무리가 있으므로, 이런 경우에는 교사의 개입과 정리가 필요합니다.

아이들은 무한한 창의성을 지니므로 활동할 수 있는 프로그램 환경만 마련해 주면 참 다양한 활동들을 만들어 냅니다. 교실은 정말 살아있는 작은 국가입니다. 하지만 아이들의 노력만으로 균형을 이루기는 어렵습니다. 교사가 늘 함께 지켜보고 아이들이 스스로 결정할 수 있도록 도와주어야 합니다. 교사와 학생의 역할이 균형을 이루고 서로 익숙해지면 SEC 경제생활교육은 더욱 재미있어지고 교육 가치가 있는 여러 활동들이 이루어질 수 있습니다.

SEC! 수업에 활기를 더하다

SEC 프로그램은 학급화폐를 기본으로 합니다. 아이들이 학급화폐를 얻을 수 있는 방법은 교사의 학급운영관에 따라 다르게 결정할 수 있습니다.

저는 기본적으로 학급 1인 1역을 직업 소득 활동으로 화폐를 벌게 했고, 몇 가지 수업 규칙을 정해서 그 규칙을 지키면 화폐를 추가로 지급했습니다. 그리고 칭찬도장이 10개가 되면 학급화폐 1개를 은행에서 지급해 주었습니다. 다른 친구의 발표를 듣는 태도 등의 수업태도 영역에서도 칭찬 도장을 적립하도록 했습니다. 이와 더불어 모둠별로도 학급화폐를 받을 수 있도록 했습니다. 어떤 개인이 발표를 잘하거나 모둠 활동을 잘하면 그 모둠에 칭찬을 해 주었고, 반대인 경우는 경고를 주며 정도에 따라 그 모둠이 1일 청소 봉사를 하게 하거나 벌금을 부과했습니다. 이러다 보니 아이들은 수업에 적극적으로 참여할 수밖에 없었습니다. 대부분의 아이들은 학급화폐를 많이 소유하고 싶은 욕구를 지니고 있었기 때문이지요. 그냥 보면 아이들이 직접 그려 만든 코팅된 가짜 화폐에 불과하지만 아이들은 화폐로 50여 가지 쿠폰을 사서 쓸 수 있기 때문에 교실에서만큼은 살아 있는 진짜 화폐의 역할을 하는 것입니다. 모든 아이들을 수업에 참여시키기 위해 한 번씩 꼭 발표를 하도록 했고, 발표 안 한 아이가 더 없을 때까지는 이전 발표한 아이는 발표를 더 시키지 않는 것을 원칙으로 했습니다. 모둠원 한 명이 발표를 하면 모둠원 전체가 칭찬도장을 받기 때문에 모둠 활동에서 아이들끼리의 협의가 잘 이루어졌고, 발표를 잘 하지 않는 소극적인 아이들도 모둠원들의 격려로 발표를 하게 되었습니다.

아이들을 수업에 집중시키는 것도 상당히 수월해졌습니다. 칠판에는 모둠 번호판을 붙여 놓고 바로 아래에 칭찬도장을 받을 수 있는 파란 자석과 경고를 받는 노란 자석이 있었는데, 아이들이 소란스러울 때 교사가 말을 하지도 않고 그냥 그쪽으로 다가가 서 있기만 하면 즉시 조용해졌습니다. 교사가 설명을 하거나 아이들이 발표를 할 때 시선을 잘 맞추고 집중을 잘하는 모둠에게는 늘 풍성한 칭찬이 주어졌기에 아이들의 집중도는 높아질 수 밖에 없었습니다.

혹시 '학급화폐를 자꾸 아이들에게 지급해도 되는 건가?' 하는 궁금증을 가지시는 분들이 있을지도 모릅니다. 이 부분에 대해 간단히 설명하면 학급은행에서 아이들에게 지급된 학급화폐는 아이들이 학급쿠폰을 사는 데 쓰도록 하여 학급은행으로 다시 학급화폐가 들어오게 합니다. 그리고 일정 기간을 두고 세금을 거두어 아이들에게 뿌려진 학급화폐는 다시 학급은행에 들어오게 되는 것이지요. 이것이 원활하게 이루어지면 학급 경제가 자연스레 튼튼해집니다. 하지만 반대의 경우는 국고가 잘 마련되지 않아 여러 경제 문제가 생기면서 나라 살림이 어려워지는 것처럼 학급 경제도 어려워집니다. 만약 학급은행의 학급화폐가 부족하면 돈을 추가로 찍어 내거나 세금을 늘리는 방법이 있는데 각각

장단점이 있습니다. 화폐를 추가로 찍어 내면 인플레이션이 생겨나고 물가(학급쿠폰 가격)가 올라가며, 세금을 늘리면 아이들의 조세 저항이 심해집니다. 이 과정에서 다양한 경제 개념에 대한 교육이 자연스럽게 이루어집니다.

다양한 주제로의 SEC 확장성과 칭찬 강화의 효과

SEC 프로그램의 큰 축은 경제교육과 생활교육입니다. 하지만 SEC 프로그램 자체가 다양한 세부 프로그램들을 가지고 있어서 각각의 활동도 다양한 학급경영 현장연구 주제로 사용할 수 있습니다.

4장에서 자세히 언급하겠지만 경제교육 활동 속에 있는 은행과 화폐 이용 활동은 금융교육으로, 직업을 만들어 소득을 얻는 부분은 직업교육으로, 소득에 대한 세금을 국가은행에 내는 활동은 세금교육으로, 소득으로 얻은 학급화폐를 기부금으로 내는 활동은 인성교육으로 활용이 가능합니다. 또한 생활교육 측면에서도 학급헌법을 이용한 활동에는 헌법교육을, 학급헌법을 만들고 개정하는 학생 중심 활동은 학생자치활동교육으로, 학교폭력을 예방하는 활동은 학교폭력 예방교육으로, 헌법을 지키는 활동에 중점을 두면 준법교육으로 활용이 가능합니다. 민주시민 양성에 중점을 두고 프로그램을 운영한다면 민주시민교육으로 SEC 프로그램을 확장할 수 있습니다.

SEC 프로그램 자체가 기본 학급화폐를 이용한 칭찬 프로그램의 성격을 지니고 있기에 교실 수업에서 학생들의 동기부여에 효과적이었습니다. 개인 및 모둠의 모든 수업 활동에서 아이들의 적극적인 수업 참여 결과에 대한 강화물로 학급화폐를 사용하자 학급화폐는 아이들에게 최고의 보상과 동기부여가 되었습니다.

SEC 학급경영 현장연구와
교사 성장

교직의 첫발을 디뎠을 때

처음 발령받았을 때 나는 아이들을 위해 무엇을 준비하고 연구해야 할지 몰랐습니다. 교사의 역량을 강화하기 위해 내가 무엇을 해야 할지도 잘 몰랐지요. 아이들에게 조금이라도 더 많은 것을 가르쳐 주고 싶은 마음에 반 아이들 대상으로 기타 연주 지도를 계획했을 때에는 제일 먼저 학교 관리자의 승인이 필요했습니다. 연간 기타 연주 지도계획안을 만들고 관리자분들께 말씀드렸더니, 아주 좋아하셨습니다. 교사들이 자발적인 열정으로 아이들을 더 지도하겠다는데 싫어할 관리자들이 어디 있을까요? 더군다나 교사의 교육 활동은 학교장의 학교운영 능력에 대한 학부모들의 평가와 직결되니 말입니다. 기타 지도를 시작한 지 3개월쯤 지났을 때 교감선생님이 대뜸 학생들 활동 모습을 사진으로 찍으라고 하셨습니다. 찍어 놓으면 교사에게 다 도움이 된다고 할 뿐, 그것이 어디에 어떻게 도움이 되는지 말씀해 주시지는 않았습니다. 그래서 사진을 찍어 두긴 했지만 시간이 지나도 아무 도움이 되지 않았습니다.

이때 알게 된 것은 아이들을 향한 교사의 열정을 아이들뿐만 아니라 교사 자신의 성장을 위해 어떻게 사용해야 할지 주변에서 잘 이야기해 주지 않는다는 것입니다. 그 이유는 크게 두 가지였는데 첫째는 대부분 잘 몰라서이고, 둘째는 교사의 성장에 관련한 것은 고급 정보이기 때문에 잘 알려 주지 않는다는 것입니다. 이때 확실히 결심한 것은 아이들을 향한 순수한 열정이 있는 후배 교사들이 있다면 아이들뿐만 아니라 교사 자신을 위해서도 그 열정들을 어떻게 사용해야 할지에 대해 최대한 함께 나누어야겠다는 것이었습니다. 그래서 블로그를 통해 지식 나눔을 하게 되었습니다.

행복한 아이, 행복하지 않은 교사

기타 연주 활동으로 아이들은 행복해했습니다. 아침에 가방 대신 기타를 메고 등교하는 아이들의 모습은 색다른 풍경이었고, 학부모님들이나 다른 교사들의 평가도 좋았습니다. 그런데 시간이 흐르면서 처음 기타라는 악기를 대하던 신선함이 사라질 때쯤 기타 연주에 흥미를 잃은 아이들이 늘어 갔다는 것이 문제였습니다. 적극적으로 활동하는 아이들은 여전히 재미있어했지만 학급의 1/3 정도는 처음의 흥미를 잃어 간 것입니다. 아이들이 꼬박꼬박 연습도 해 오고 잘 따라오면 저 역시 계속 신이 났겠지만, 불성실한 아이들이 나오기 시작하면서 나의 열정과 에너지도 점점 소진되어 가고 있음을 느꼈습니다.

아이들을 위한 수업 열정은 대단히 중요합니다. 하지만 정작 교사 스스로 자신의 성장은 생각하지 않고 오로지 아이들에게만 그 열정을 쏟아 부을 때는 그 에너지가 소진될 수도 있다는 것을 깨달았습니다. 기타 연주 활동이 반 전체가 아닌, 기타 연주에 꾸준히 흥미를 붙인 소수의 학생에게만 행복한 활동이 되어 버렸다는 것 또한 큰 문제였습니다.

1급 정교사 연수 때 알게 된 교실 현장연구

교직에 있는 선생님들도 상을 받는다는 것을 초임 시절에는 전혀 알지 못했습니다. 상이 표창과 상장으로 구분된다는 것도 1급 정교사가 되고 난 한참 이후에 알게 된 일이지요. 신규 시절 가끔 경력 교사들이 교직원회의 때 상을 받는 것을 보면 마치 딴 세상 사람 같았습니다.

어느 해 같은 학교에서 근무하던 유치원 선생님이 현장연구로 도 2등급을 받고 직원회의 때 상장을 받으셨는데, 현장연구대회라는 명칭에서 내가 감히 넘볼 수 없는 높은 성벽 같은 느낌을 받았습니다. 현장연구가 무엇인지도 몰랐지만 단지 경기도대회에 입상했다는 그 자체만으로 그 선생님이 대단해 보이고 과연 나라면 저분처럼 할 수 있을까 하는 회의감이 들었습니다. 나중에 나보다 어린 후배가 현장연구에 입상했다는 이야기를 들었을 때에는 '나는 지금껏 무엇을 했나'라는 자책감마저 들었습니다. 그렇지만 현장연구에 대해 물어보아도 속 시원히 대답해 주는 사람은 없었습니다. 마침 1급 정교사 연수 때 강사로 오신 한 연구사님이 현장연구 주제로 재미있게 강의를 하셨는데, 2시간 강의라 한계는 있었지만 현장연구란 대략 무엇이며 한 번은 도전해 보아야겠다는 동기부여가 되었습니다. 그리고 나의 열정을 아이들뿐만 아니라 나 자신의 발전을 위해서도 쏟아야겠다는 생각을 했습니다. 오로지 아이들만을 향한 교사의 일방적인 헌신과 열정의 소비는 경력이 쌓일수록 교사를 쉽게 지치게 만드는 위험이 있음을 깨닫게 된 것입니다. 또한 현장연구는 교실에서의 다양한 프로그램과 활동을 객관적으로 인정받을 수 있다는 점에서 아주 매력적이라는 생각이 들었습니다.

쉽지 않았던 학급경영 현장연구의 첫걸음과 실패

"아이들을 위해, 교사 자신을 위해서라도 현장연구를 많이 해야 해."

이 이야기를 들은 어느 신규 교사가 그 말에 도전을 받아 다음과 같은 이야기를 하였습니다.

"내일부터 수업을 더 열심히 준비해서 공개수업도 잘 해야겠네요."

단편적인 이야기지만 현장연구에 대한 인식을 단적으로 보여 주는 대목입니다.

아이들을 위해, 또 자신을 위해서 연구 역량을 높여야 한다는 것에 누가 무관심할 수 있을까요? 그렇지만 현실은 그렇지 못합니다. 많은 교사들이 현장연구에 대해 잘 알지 못합니다. 관심이 없어서이기도 하지만 그런 이야기를 해 주는 선배 교사들이 별로 없기 때문이지요. 장점이 많음에도 불구하고 현장연구는 그저 승진하기 위한 어렵고 힘든 통과의례로 인식될 뿐, 그 필요성에 대한 인식은 부족합니다. 게다가 고급 정보이다 보니 관련 정보가 잘 공개되어 있지 않다는 것도 큰 문제입니다. 저 역시 현장연구에 상당히 무지했기 때문에 많은 탈락을 경험했습니다. 주변에 현장연구에 대해 물어볼 사람도 없었습니다. 현장연구와 관련한 두꺼운 책들을 사서 읽긴 했지만 지금 되돌아보면 대부분 논문을 작성하기 위한 이론서였기 때문에 실질적으로 도움을 받을 만한 내용은 거의 없었습니다.

제가 처음 도전한 현장연구 주제는 '워드프로세스 교수학습 자료'였습니다. 워드프로세스 자격증을 따기 위해 방과 후 수업이나 학원 수업을 듣는 아이들이 많았기에, 정보통신교육 시간에 내가 족집게 수업을 해 주면 굳이 사교육비를 들이지 않고 공교육에서 더 쉽게 워드프로세스 자격증을 따게 할 수 있을 것 같았습니다. 10차시로 끝낼 수 있는 수업 자료집을 만들고 200개 이상의 ppt를 분석해 연구보고서 표지를 꾸몄습니다. '이런 보고서가 탈락하면 말이 안 되는 거야.' 라는 생각에 왠지 전국 1등급이 될 것 같았지만 결과는 탈락이었습니다. 그해 SEC 프로그램으로 인성교육 연구대회에도 도전했는데 경제교육 주제를 인성교육 연구대회에 제출했기 때문에 이것도 탈락하고 말았습니다. 글쓰기 관련 공모전에도 2번 도전했는데 결과는 모두 탈락이었습니다. 몇 년 후 연구를 계속 하다 보니 탈락한 이유들을 자연스럽게 알게 되었습니다. 아무것도 모르는 상태에서 시작했기 때문에 계속 실패만 경험한 것이었습니다.

현장연구 주제는 가까이에

현장연구 첫해, 나는 2번의 연구대회 탈락, 2번의 공모전 탈락, 1번의 수업실기보고서 탈락이라는 5전 전패의 기록을 세웠습니다. 비록 연구대회에서는 모두 탈락했지만 그래도 아이들과는 정말 재미있고 즐거운 시간을 보냈기 때문에 완전한 실패는 아니었습니다. 워드프로세스 자격증 정보 수업도 했고 SEC 프로그램으로 정말 재미있는 학급 경제교육을 했습니다. 객관적인 실적으로 인정받지는 못했지만 아이들과 소중한 추억이 생겼고 교사로서 개인의 발전에 있어서도 큰 성과를 거두었습니다. 하지만 계속된 탈락에 '또 탈락하면 어떻게 하나?' 하는 염려와 '그럼 그렇지.'라는 주변의 시선, 그리고 그대로 안주하고 싶은 마음 등으로 인해 다음 해에 또다시 현장연구에 도전할 용기는 쉽게 나지 않았습니다. 그러나 누구 못지않게 아이들에게 꼭 필요하고 재미있는 프로그램을 열심히 만들어 적용하는데, 이러한 나의 노력들이 대회에 입상하는 40%에도 속하지 않는다는 결과론적인 판단에 쉽게 수긍이 가지 않아 오기가 생겼고 다음 해에 다시 도전을 하게 되었습니다.

경제교육 주제를 인성교육 부문에 잘못 제출한 SEC 프로그램 연구 내용을 이전 해의 연구 기간이 인정되는 전국초등교육연구대회 학급경영분과로 한 번 더 도전했습니다. 도대회 없는 전국대회라 출품작의 20%만 입상하는 어려운 대회에서 입상한다는 것이 계란으로 바위치기 같았습니다. 하지만 그대로 포기하고 싶지는 않았습니다. 결과 발표가 얼마 남지 않은 어느 날 새벽에 다짐했습니다.

'그래, 모든 환경에 감사하자. 자꾸 떨어져 부끄럽긴 하지만 또 탈락한다고 하더라도 실제로 활동을 다 했으니 아이들에게는 부끄럽지 않

다. 그리고 아이들과 즐거운 시간이 된 것만으로도 만족하고 감사하자.'

지금 보면 상당히 허점이 많은 보고서였지만 드디어 전국 3등급으로 처음 입상하게 되었습니다. 그리고 몇 년간 많은 시행착오를 거쳐 현장연구 하드웨어에 해당하는 '현장연구보고서 작성법'과 소프트웨어에 해당하는 '현장연구 주제를 잡는 법'을 알게 되면서, 이후부터는 현장연구가 한결 쉬워졌습니다. 특히 입상할 수 있는 훌륭한 주제는 먼 곳이 아닌, 바로 교실 가까이에 있는 것임을 알게 되었습니다. 4장에서 좀 더 자세하게 언급하겠지만 평범한 현장연구 주제도 창의적 관점과 새로운 교육 방법을 접목한다면 훌륭한 연구 주제로 변신할 수 있습니다.

아이들과 함께 행복한 교사

학급 현장연구의 장점은 생각보다 많았습니다. 아이들을 위한 것임은 물론, 연구대회 참여라는 목적이 하나 더 추가되었기에 어떤 새로운 프로그램을 개발해 교실에 투입할 때 끊임없는 동기부여가 되었습니다. 이러한 동기부여는 현장연구 과정에서 학생들의 미진한 참여나 기타 여러 어려움으로 생기는 에너지 소진도 줄어들게 하였지요. 아이들에게 꼭 필요한 재미있는 교실 수업 프로그램을 개발할 때 프로그램 적용 후에 이루어질 아이들의 변화를 상상하면 연구 준비 과정부터 즐거웠습니다. 그리고 1년간의 연구 후 내가 받게 될 결과(입상등급)에 대해서도 기대와 소망이 생겼습니다. 비록 허무하게 연구대회에 탈락할 때도 있었지만 내가 개발한 프로그램으로 아이들의 학교생활이 즐거워진다는 것과 저 역시 1년간 아이들과 즐겁게 생활할 수 있었다는 그 자체만으로도 의미가 깊었습니다.

  한번은 아이들이 제일 좋아하는 체육 수업을 주제로 현장연구를 시도해 보았습니다. 그런데 체육 수업 연구는 정작 수업을 진행하는 교사 입장에서는 다른 수업 연구에 비해 어려움이 많았습니다. 강당이나 운동장에서의 학생들 통솔, 각종 수업 기구 준비, 안전한 체육 활동을 위한 스트레칭과 준비·정리 운동, 흥미를 높이기 위한 모둠별 게임 형식의 수업 재구성 등 신경 쓸 것이 많았지만 그래도 아이들은 즐거워했고 매번 다음 체육 수업에는 어떤 게임을 하는지 궁금해하며 수업을 기다렸습니다. 그래서 그 해는 1년간 단 한 번도 체육 수업을 빼먹지 않게 되었습니다. 그것이 가능했던 것은 아이들이 좋아한 것도 있지만 현장연구를 적용한 체육 수업이라 중간에 그만둘 수가 없었던 것도 크게 한 몫했습니다. 1시간 체육 수업이 빠지면 연구 수업 1시간이 날아가 버리니 어찌되었든 수업을 꼭 해야 했던 것입니다. 1년 후 도 3등급이라는 아쉬운 결과에도 불구하고 교실 속 아이들과 내가 1년간 기대와 소망을 가지고 함께 행복한 수업을 했다는 사실만으로 큰 기쁨이 되었습니다.

아이들 필요에 따라 중점을 달리한 SEC와 교사 성장

  학년부장으로서, 해마다 주로 기피 학생이 있는 반을 먼저 맡았기에 내가 맡은 반은 다양한 환경에 있는 아이들로 구성되었고, 그에 따라 생활교육의 중점적인 내용들을 매해 다르게 해야 했습니다. 학급화폐와 학급헌법을 운영하는 SEC 프로그램은 기본적으로 적용하고, 중점적으로 운영할 프로그램을 아이들의 상황에 따라 달리한 것입니다. 학교폭력 문제로 어려움을 겪은 아이들을 맡을 때는 학교폭력 예방에 초점을 맞추어 SEC 프로그램을 운영했고, 친구 관계에 어려움이 있는 아이가 있는 경우는 SEC 모둠 활동에 더 중점을 두어 운영했으며, 돈 씀씀이에 문제가 있는 아이가 있는 경우는 SEC 금융교육에 중점을 두었습니다. 인성교육을 위해서는 SEC 학급화폐 기부 활동에, 진로교육을 위해서는 SEC 직업·창업 활동에 중점을 두었지요.

SEC에서 적용할 수 있는 교육 주제 외에도 최근 강조되는 교육 트렌드나 개인적으로 관심 있는 영역에도 학급 현장연구를 시도해 보았습니다. 장애아가 있는 경우는 장애학생 인권교육, 스마트러닝이 처음 도입되었을 때는 스마트러닝교육, 그 외 인터넷 신문 eNIE교육, 다문화교육, 나라사랑교육, 논술교육 등으로 도전해 보았습니다. 일부는 SEC와 직접적인 연관이 없는 주제이기는 했지만, SEC의 가장 큰 장점 중 하나인 학급화폐 보상 기능이 프로그램의 효과적인 운영을 도왔습니다. 그러나 새로운 교육 주제를 수업에 적용시키기 위해서는 관련 주제에 대한 전문성이 필요했습니다. 그래서 겨울방학 때 필요한 연수를 듣거나, 그 주제와 관련한 논문 및 연구보고서를 30편 이상 읽고 내용을 숙지했습니다. 그리고 1년간 내가 맡을 아이들의 학년 수준과 난이도에 맞추어 프로그램을 개발하고 연간 학급 현장연구 수업 프로그램을 계획했습니다. 이러한 연구 활동들은 교사로서의 전문성을 높이며 나를 성장하게 했습니다. 학급 현장연구는 아이들에게 유의미한 변화를 가져올 뿐만 아니라, 분명 교사의 전문성까지 향상시킵니다.

학부모와 학생 신뢰를 동시에 높이는 학급 현장연구

학급 현장연구의 또 다른 장점 중 하나는 수업에 대해 학생과 학부모의 신뢰를 동시에 높일 수 있다는 점입니다. 교사가 정규 교육과정 속에서 교과 및 비교과 시간에 수업 자료를 만들어 지속적으로 활용한다면 학생과 학부모들은 이러한 교사의 수업 열정에 대해 신뢰하게 됩니다. 만약 학급 현장연구 프로그램을 형식적으로 운영한다면 이러한 신뢰를 쌓을 수 없지만, 열정을 가지고 꾸준히 지속적으로 운영하는 프로그램에 대해서는 '우리 선생님은 참 다양한 프로그램으로 열심히 가르친다.'는 것을 인정하게 됩니다. 제대로 된 연구는 수업의 질을 높이고, 아이들의 흥미를 이끌어 냅니다. 아이들은 교과서만으로 수업하는 것보다는 다양하게 준비된 자료로 수업하는 것에 더 흥미를 느끼지요.

지금까지 SEC 프로그램을 적용하게 된 계기, 그리고 SEC 프로그램의 효과 및 학급 현장연구의 중요성에 대해 알아보았습니다. 그럼 이제 본격적으로 SEC 프로그램을 어떻게 학급에 구현할 수 있는지 그 구체적인 방법에 대해 알아보겠습니다.

아이들이 만드는
SEC 국가 생활

SEC 국가 이름

학급 국가 이름은 3월 첫 주에 아이들의 의견을 모으고 투표로 결정합니다. 학급을 국가로 운영하기 위해서는 학급 이름, 다시 말해 국가 이름을 만들어야 합니다. 국가 이름은 아이들을 하나로 묶는 소속감을 가지게 합니다. 만약 교사가 1년간 중점적으로 운영하고 싶은 교육 주제나 학급경영 가치가 있다면 우선 아이들에게 그 내용을 충분히 설명해 줍니다. 그리고 나서 그러한 내용들이 잘 표현된 국가 이름을 만들도록 하면 아주 효과적입니다.

아이들이 만든 국가 이름 중에 '생꿈반'이 있었습니다. 그해 독서논술 수업을 계획했는데 아이들이 학급운영 프로그램에 맞게 '생각하는 꿈나무'라는 의미를 가진 '생꿈반'으로 국가 이름을 만든 것입니다.

학급의 국가 이름을 처음 정할 때마다 아이들의 눈빛은 호기심에 반짝입니다. '어, 왜 이런 것을 하지?'라는 생각과 무언가 재미있을 것 같은 기대에 찬 눈빛이지요. 주의할 점은 처음부터 SEC에 대해 이런저런 많은 설명을 하지 않는 것입니다. 아이들이 한 번에 모두 이해하기도 힘들 뿐 아니라, SEC 활동에 계속 기대감을 가지도록 조금씩 설명해 주는 게 좋습니다.

SEC 학급 국기

학급 국기도 3월 첫 주에 미술 시간을 활용하여 아이들이 직접 그려서 투표로 결정합니다. SEC 프로그램 운영 초기에는 국기를 국가 이름보다 먼저 그리다 보니 국기와 국가 이름이 맞지 않는 경우가 있었습니다. 이런 문제를 해결하기 위해 국가 이름을 먼저 정하고 그에 맞는 국기를 그리도록 하니 아이들은 훨씬 더 훌륭한 작품을 만들어 냈습니

아이들이 그린 학급 국기

다. '학급 국기 그리기 대회'로 진행해도 좋습니다. 투표로 결정하되 우승 순위에 따라 학급화폐를 상금으로 건 대회로 진행하면 아이들의 참여율과 흥미를 이끌어 낼 수 있습니다. 선택받지 못한 작품에 대해서도 학급화폐로 보상이 주어지기 때문에 모든 아이들이 좋아합니다.

SEC 학급헌법

학급헌법도 3월 첫 주에 정하는데, 우선 입법안에 대해 학생 설문 조사 내용을 토대로 교사가 생각하는 학급규칙과 함께 정리하여 초안을 만듭니다. 그리고 매월 1회 학급헌법을 개정하는데, 학급헌법 조항을 만들 때는 교사도 참여해야 합니다. 간혹 아이들이 자신에게 유리한 내

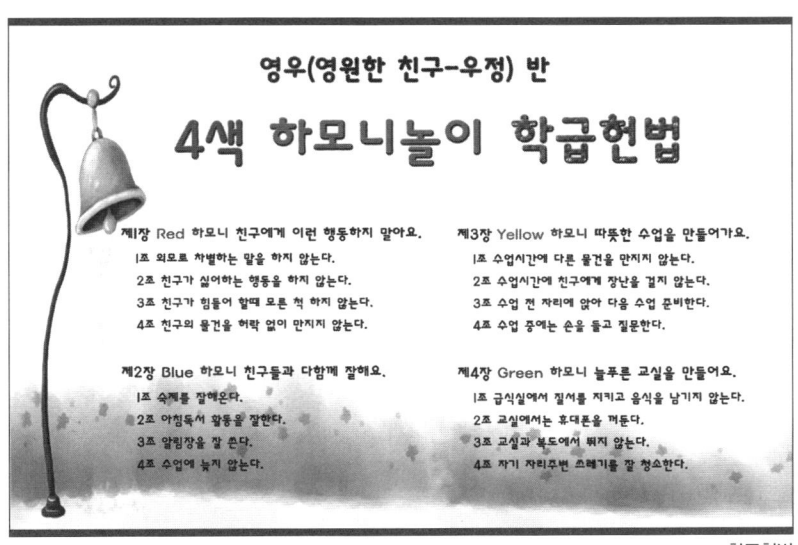

학급헌법

용이나 말도 안 되는 내용으로 학급규칙을 정하기도 하고, 반대로 학교생활 영역에서 꼭 필요하지만 미처 생각하지 못하는 것들도 있기 때문입니다. 아이들이 원하는 법안에 대한 설문을 해 보면 이전 학년도에 있었던 생활교육의 문제점들을 쉽게 파악할 수 있습니다. 학급에서 당장 필요한 학급규칙은 교사보다 아이들이 더 잘 알고 있으므로 아이들의 설문을 먼저 받고 교사가 정리한 후 학급운영 중점에 따라 학급규칙들을 추가하여 완성하도록 합니다.

학급헌법을 3월에 모두 완성하려고 하면 안 됩니다. 아이들의 학교생활과 태도는 계속 바뀌고, 아이들이 필요로 하는 법규 역시 계속 바뀌기 때문에 매달 개정을 해야 합니다. 3월 첫 주에 만들어지는 학급헌법은 초안 정도로 생각하면 됩니다. 학급헌법이 정해지면 문서로 만들어 출력한 후 교실에 비치하여 아이들이 언제 어디서나 쉽게 확인할 수 있도록 합니다.

SEC 행정기관

SEC 행정기관은 교사가 학급을 운영할 때 만드는 부서를 의미합니다. SEC 행정기관은 3월 2주에 만들어 운영하되 모든 아이가 한 개 부서에는 소속되도록 하고, 각각의 부서 활동은 2~4주 간격으로 바꿉니다. 아이들이 선호하는 부서가 차이가 있으므로 여러 개의 행정기관을 골고루 경험하도록 해야 불만을 줄일 수 있습니다. 교사의 학급운영 정책에 따라 부서를 적게 혹은 많게도 만들 수 있습니다. 부서가 적을 때와 많을 때를 함께 운영해 보며 행정조직 규모에 따른 효과적인 국가

운영 방안에 대해 아이들과 함께 토론해 보는 것도 좋은 교육이 됩니다. 보통 질서부, 봉사부, 환경부가 많이 운영되는데 부서명은 각각의 특성에 맞게 아이들이 결정하도록 합니다. 그 외에도 사법부, 재경부, 학습부 등 담임의 학급운영관에 따라 부서를 만들면 됩니다.

 학급의 행정기관을 모둠과 다르게 운영해도 상관없지만 모둠을 행정기관으로 운영하면 편리한 점들이 있습니다. 같은 행정기관 업무를 맡은 아이들이 한 모둠원이 되므로 업무 활동이 더 용이해집니다. 대신 행정기관 수를 모둠 수와 맞춰야 합니다. 각각의 행정기관에서는 대표인 기관장을 뽑는데, 임기는 행정기관 업무가 바뀌는 2~4주로 하면 되고, 만약 모둠으로 행정기관을 운영한다면 모둠장을 기관장으로 임명하면 됩니다. 모둠을 바꿀 때 이전 모둠에서 같이 앉은 아이들끼리 가급적 같은 모둠이 안 되도록 합니다. 기관장을 뽑을 때는 가위바위보나 제비를 뽑아도 되지만, 최근 2주(혹은 1개월) 동안 칭찬포인트를 가장 많이 모은 아이를 다음 2주(혹은 1개월) 기관장으로 임명하는 것이 좋습니다. 한번 뒤처진 아이는 칭찬포인트를 많이 모은 아이를 도저히 따라잡을 수 없기 때문에 3월부터 누적된 칭찬포인트로 기관장을 뽑으면 안 됩니다. 모둠원이 구성되면 모둠장에게는 자기 자리를 선택할 권한을 주고 나머지 아이들은 가위바위보로 결정하도록 합니다. 행정기관의 기관장에게는 급여가 추가로 주어지는데, 학급화폐 1개 정도가 적당합니다.

 저는 원활한 행정부서 조직과 모둠 구성을 위해 학급 게시판에 2주 칭찬마일리지 게시판을 만들어 운영했습니다. 게시판에는 칭찬마일리지를 50개 이상 먼저 모으는 아이 순서대로 다음 모둠장이 되도록 했는데 2주 간격으로 모둠을 운영하면 보통 1~2명 정도가 먼저 모둠장이 되고, 대부분의 아이들이 50개 이상을 받지는 못하도록 칭찬마일리지를 운영하였습니다. 아이들은 하교할 때 그날 자신이 받은 칭찬마일리지를 계속 누적하여 칭찬마일리지 게시판에 자신들의 얼굴로 만든 얼굴표를 직접 붙이도록 하였습니다.

SEC 입법기관

입법기관은 법을 만드는 곳으로, SEC 입법기관은 그 성격상 모둠에서 운영하는 행정기관과 별개로 운영해야 합니다. 학급헌법은 월 1회 학급회의 때 아이들이 법안을 발의하고 투표로 결정하는데 그러한 활동을 진행할 아이들이 필요합니다. 학급회의 등의 학급자치 활동은 주로 학급회장과 부회장이 운영하므로 국회도 학급임원이 진행하도록 하는 것이 좋습니다. 제 경우, 입법기관을 운영하는 학급임원의 급여를 각 기관장(모둠장)보다는 높게 책정하여 기관장이 화폐 1개, 부회장은 2개, 회장은 3개로 하였습니다. 교사의 운영 방침에 따라 무보수로 일하게 해도 되고 좀 더 차등을 두어도 됩니다.

학급회의에서 입법 활동을 할 때는 학급 구성원 모두가 국회의원이 되어 학급에 필요한 규칙에 대해 자유롭게 법안을 만들게 해도 되지만, 모둠장(기관장)을 국회의원으로 하고 모둠원들의 의견을 수렴하여 대표로 법안을 입법하게 하는 활동도 재미있습니다. 이 활동을 통해 아이들은 자신들의 의견을 반영할 지역대표(국회의원)를 뽑는 것의 중요성을 알게 됩니다. 또한 법안의 종류에 따라 지역(모둠) 이기주의의 일종인 님비 현상과 핌피 현상도 경험할 수 있습니다. 예를 들어 아이들이 주로 선호하는 학급은행 운영권이나 쿠폰 판매처 역할을 한 모둠에 배정하는 법안을 발의하면 해당 모둠은 모두 찬성하지만 다른 모둠들은 대체로 반대합니다. SEC 입법기관 활동은 헌법교육이나 민주시민교육, 학생자치활동교육에 효과적입니다.

SEC 사법기관

 SEC 사법기관은 아이들이 어떤 금지 행동을 했을 때 그에 따른 판결을 내리는 기관입니다. 학급규칙으로 정한 문제 행동을 한 아이들에게는 그에 따르는 봉사 활동을 부과하면 되지만, 규정에 없는 상황은 자치 법정을 통해 해결하도록 합니다. 일반적으로 아이들이 금지한 행동을 하게 되면 1차로 질서부에 신고가 들어갑니다. 그러면 질서부에서 학급헌법을 토대로 해당 아이에게 봉사 활동이나 벌금을 부과하는데, 만약 아이들 사이에 의견이 일치하지 않고 해당 아이가 승복하지 않으면 2차로 학급임원들이 중재하고, 그래도 해결이 안 되면 최종적으로 교사가 그 문제를 해결합니다. 사안이 가벼운 경우는 자치 법정이 아이들에게 도움이 됩니다. 하지만 학교폭력이나 괴롭힘 등 상황이 중한 경우는 학급에서 그리고 가급적 법정을 열어 일을 처리하는 것이 불가능하다는 것을 유념해야 합니다. 이런 경우는 교사가 직접 해결해야 합니다. 자치 법정을 열어 일을 해결하는 방법은 개인이 아닌 각 행정기관이나 기업 등의 단체 간 의견 불일치로 합의가 안 되는 경우에 사용합니다. 개인의 행동에 관한 자치 법정은 학생인권을 침해할 우려가 있고,

아이들이 친구에게 처벌을 내린다는 문제점이 있기에 적합하지 않습니다. 자치 법정이 열리면 판사, 검사, 변호사 역할을 맡지 않은 아이들은 배심원 역할을 하게 합니다.

만약 기업 활동을 할 때 두 개의 기업이 어떤 서비스 상품을 팔고 있는데 다른 기업이 유사 서비스 상품을 만들었다고 이의를 제기하면 이는 자치 법정으로 해결이 가능합니다.

자치 법정이 열릴 때는 회의 기간이 짧아야 합니다. 어떤 안건이 자치 법정에 회부된다면 2~3일의 준비 기간을 거쳐 바로 자치 법정을 열고 당일에 최종 결정을 끝내는 것이 좋습니다. 시간이 길어지면 아이들도 지칠 뿐 아니라 자치 법정 자체에 너무 깊게 몰입되는 문제점이 발생할 수 있기 때문입니다.

권력의 집중과 분산

SEC 프로그램을 운영할 때 학급임원에게 중요한 기관장 역할이나 업무를 많이 맡기면 권력 집중에 의해 여러 문제가 생길 수 있습니다. 학급은행과 학급쿠폰을 관리하는 경제 권력과 학급의 주요 활동을 결정하는 행정권, 자치 법정 및 학급규칙을 어기는 아이들이나 모둠에 경고를 줄 수 있는 사법권 등은 분산시키는 것이 좋습니다. 권력이 집중되면 친한 친구에게 유리한 판결을 하거나 친하지 않은 친구에게는 학급쿠폰을 사러 왔을 때 쿠폰이 다 팔렸다며 팔지 않는 경우도 생길 수 있습니다. 학급은행 관리, 쿠폰 판매 같은 주요 업무를 학급임원에게 몰아주어 권력을 집중시켜도 되고, 혹은 최소한의 업무만을 주어 권력을 분산해 SEC를 운영해도 됩니다. 이 두 가지는 각각 장단점이 있습니다. 학급임원에게 권력이 집중되면 소위 '갑'의 역할을 하게 되고, 일반 아이들은 '을'의 입장이 되지만 그들 역시 '갑'이 되고 싶어하는 선망을 가지게 됩니다. 반대로 학급임원들의 권력을 최소화하면 학급대표 나름의 자부심을 심어 주지 못한다는 단점이 있습니다. 따라서 권력을 분산할 때는 학급화폐와 쿠폰을 관리하는 경제권과 함께 아이들 사이의 분쟁을 2차로 해결하는 사법권 정도 주는 것을 권장합니다. 하지만 학급마다 학생들의 성향이 다르고 환경이 다르기에 담임의 재량으로 상황에 맞게 역할을 잘 분배하도록 합니다.

학급임원은 학급대표로서 봉사 활동을 많이 하므로 다른 학생들에 비해 급여를 조금 높게 주는 것이 좋습니다. 저의 경우, 학급임원 급여를 1인 1역 직업 활동 급여 평균보다 부회장은 화폐 1개, 회장은 화폐 2개를 더 높게 책정했습니다.

살아 움직이는
SEC 경제생활

학급화폐

   SEC 경제생활의 핵심 요소로 학급화폐, 개인 통장, 학급쿠폰을 들 수 있습니다. 특히 학급화폐는 매우 중요합니다.

   3월 둘째 주에 미술이나 창체 시간을 활용해 학급화폐 단위를 먼저 결정한 후 아이들이 학급화폐를 직접 디자인하게 합니다. 학급화폐 단위를 정할 때 교사의 학급운영 주제를 반영하면 좋은데, 아이들의 의견을 수렴한 후 투표로 결정하면 됩니다. 예전에 독서교육을 학급운영 주제로 정한 적이 있는데, 이때 아이들은 학급화폐단위를 '권'이라고 결정하였습니다. 학급운영 주제에 딱 맞는 학급화폐단위라 1년간 더 유용하게 사용할 수 있었습니다.

'권' 단위의 학급화폐

① 학급화폐단위의 사용

화폐단위는 1, 5, 10의 3가지로 하는 것이 좋습니다. 만약 화폐단위가 '권'이라면 1권, 5권, 10권 단위로 아이들이 디자인하여 만들게 합니다. 칭찬도장이 10개가 되면 학급화폐 1개를 지급하기 때문에 칭찬도장 1개를 학급화폐로 환산하면 0.1권이 됩니다. 그러나 학급의 경제활동에서 0.1단위 화폐까지 사용하는 것은 번거로우므로 화폐단위를 1부터 사용하도록 합니다.

② 화폐 크기는?

화폐 크기와 모양은 교사가 정합니다. 제 경험상 아이들은 정사각형보다는 옆으로 긴 직사각형 모양의 화폐를 더 익숙해했습니다. 가로 4cm, 세로 2cm 정도가 아이들이 휴대하기에 편리합니다. 학급화폐를 크게 만들면 발행도 어려울 뿐 아니라 아이들이 가지고 다니기에도 불편합니다. 화폐단위가 작은 것은 정사각형으로, 큰 것은 긴 직사각형으로 해도 좋습니다.

③ 화폐 디자인

화폐단위와 화폐 모양이 결정된 후 아이들에게 그에 맞는 화폐를 디자인하도록 합니다. 3개 단위의 학급화폐는 한 사람 작품보다는 각각 다른 아이들이 디자인한 것으로 선택하는 것이 좋습니다. 예시로 든 학급화폐 '권'은 3명의 학생이 팀을 이루어 디자인을 통일한 화폐였습니다. 10년 동안 딱 한 번 한 아이의 작품으로 3개 단위 화폐를 모두 사용한 적이 있는데, 미술을 전공하는 아이여서 다른 화폐들의 디자인보다 월등하게 뛰어나, 그 아이의 작품을 학급화폐로 사용할 수밖에 없었습니다. 자신이 직접 디자인한 학급화폐를 1년간 반 친구들 모두가 사용하는 경험은 그 아이들에게도 좋은 추억이 됩니다.

④ 화폐 발행 순서

1, 5, 10단위 학급화폐 디자인이 결정되면 교사가 그것을 스캔한 후 출력합니다. 저는 한글 프로그램으로 화폐 크기의 표를 만들어 표 안에 스캔한 학급화폐 그림을 넣어 컬러로 출력을 했습니다. 1단위 학급화폐가 가장 많이 쓰이므로 10단위 화폐보다는 1단위 화폐를 더 많이 출력하는 게 좋습니다.

⑤ 화폐 위조 방지

화폐는 코팅을 하는 게 좋습니다. 코팅을 하지 않고 학급화폐를 사용

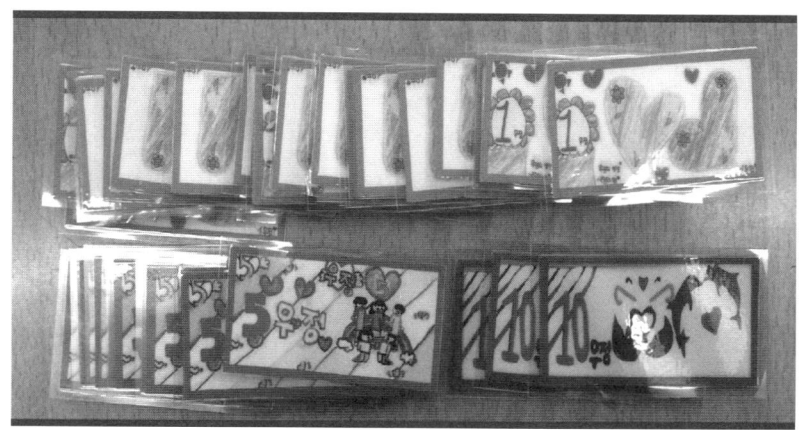

코팅된 학급화폐

해도 되지만 계속 사용하다 보면 쉽게 찢어질 수도 있고, 또 코팅을 해야 컬러 복사를 통한 화폐 위조를 막을 수 있습니다. 학급화폐를 코팅하지 않고 그대로 사용한 적이 한 번 있었는데 화폐 위조 사건이 발생해서 다음부터는 반드시 코팅을 해서 사용했습니다.

⑥ 학급화폐 규모

SEC 프로그램 운영에서 학급화폐 총 규모를 정하는 것은 매우 중요합니다. 처음에는 학급화폐 한도를 정하지 않고 필요한 만큼 화폐를 계속 찍어 냈습니다. 그랬더니 화폐가 너무 많이 풀려 아이들은 쿠폰을 많이 사게 됨으로써 결국 학급쿠폰이 부족해지거나 화폐의 가치가 떨어지는 등의 부작용이 생겼습니다. 학급쿠폰을 많이 발행할 경우에도 문제가 생겼는데, 아이들이 쿠폰을 한꺼번에 많이 사용하면 그것을 다 처리해 주기에는 교사에게 부담이 되었습니다.

그러면 어느 정도가 적정한 학급화폐 규모일까요? 여러 해의 시행착오 끝에 '학급화폐 총액 = 학생 수 × 10'이 가장 적절하다는 결론을 내렸습니다. 학생 수가 30명이라면 학급에서 운영할 경제 규모(학급화폐 총액)는 300이 적당한 것입니다. 학급화폐 총액이 너무 적은 경우에는 화폐 유통이 원활하지 않게 되어 경제가 살아나지 못하는 문제가 있습니다. 반대로 화폐가 많이 풀릴 경우 화폐 추가 발행, 인플레이션 등 다양한 경제 현상을 경험하는 데 많은 시간이 소요됩니다. 학급 인원수에 맞추어 학급화폐를 발행하되 화폐가 부족해질 경우나 손상된 화폐를 교환해 주는 것을 고려해 여분의 학급화폐까지 처음부터 2배 가량 더 발행해 놓으면 SEC 프로그램 운영이 편리합니다.

⑦ 학급화폐의 회수

학급에서 운영하는 화폐 총액은 정해져 있기 때문에 아이들에게 1인 1역 급여 및 각종 학교 활동 칭찬포인트로 학급화폐가 풀리다 보면 결국 학급은행의 돈은 부족해집니다. 이때 아이들이 가진 학급화폐를 다시 은행으로 회수하기 위해 학급쿠폰을 판매합니다. 세금과 벌금을 운영하여 학급화폐를 다시 학급은행으로 회수할 수 있습니다. 이러한 금융의 움직임을 교사가 잘 조절해야 교실 경제가 어려워지지 않습니다. 화폐가 많이 풀렸을 때는 한시적으로 세금을 올리거나 쿠폰 가격을 올리면 되지만 학생들의 조세 저항이 생각보다 크기 때문에 권장하지는 않습니다. 가장 좋은 방법은 아이들이 쿠폰을 사서 바로 사용하도록 하여 화폐 이동을 원활하게 하는 것과, 탈세를 방지하는 것입니다.(세금을 제때 안내는 학생이 생각보다 많습니다.) 교실 금융 상황에 따라 아이들이 적절한 정책을 만들고, 그 결과로 생기는 경제 현상으로 수업하면 재미있는 경제교육이 이루어집니다. 단, 교실 경제가 한번 휘청하면 쉽게 회복되지 않으므로 교사가 중간에 적절히 개입해서 아이들 스스로 교실 경제의 문제점들을 해결할 수 있도록 잘 조언해 주는 것이 중요합니다.

개인 통장

① 개인 통장 양식

개인 통장은 교사마다 학급운영 목적에 따라 다양한 형태로 만들어 운영하면 됩니다. 저는 통장을 한 번 만든 후 1년간 사용할 수 있도록 최대한 도장을 많이 찍을 수 있는 접이식 개인 통장을 만들어 사용하도록 했습니다. 통장의 앞면과 뒷면은 코팅을 하여 펀치로 구멍을 뚫은 후 고리를 걸어 교실 환경게시판에 걸 수 있도록 하고, 통장 앞면과 뒷면에 통장 속지를 양면테이프로 붙였습니다. 통장 앞뒷면에 코팅을 했기 때문에 풀보다는 양면테이프가 더 잘 붙습니다.

-통장 앞면 : 학생 개인 사진

-통장 뒷면 : 학급 단체 사진

-통장 속지 : 접이식 종이

접이식 통장의 장점은 개인 칭찬마일리지 도장을 찍을 공간이 많다는 것입니다. A4용지를 4단으로 나누어 2등분 후 서로 길게 이어 붙이면 14개의 작은 면이 생기고 1개의 면에 있는 표에는 100개의 도장을 찍을 수 있습니다.

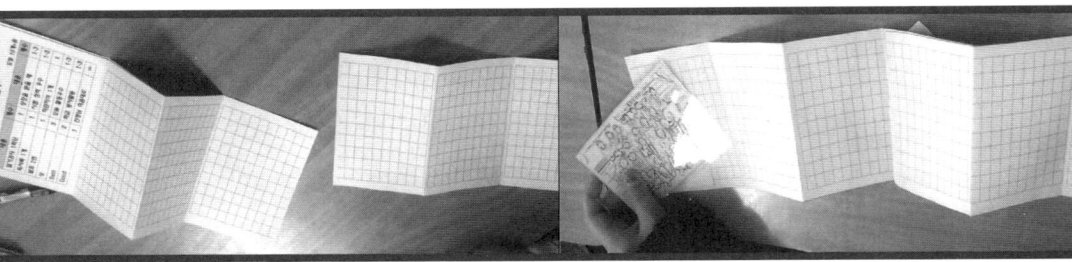

학급 은행에서 사용하는 개인 통장 만들기

통장 앞면에 붙는 속지 한 면에 칭찬마일리지 도장을 받을 수 있는 대표적인 학급규칙을 만들어 넣으면 아이들이 학급규칙을 기억하기에 좋습니다.

② 개인 통장의 기능

개인 통장의 기능은 크게 3가지입니다. 첫 번째는 모든 학교생활 영역에서 아이들 스스로 만든 규칙에 따라 칭찬마일리지 도장을 적립하는 역할입니다. 통장 속지 14개의 면 중 통장 앞뒷면에 붙은 2개 면을 제외한 나머지 12개의 면을 주제별로 구분하여 사용할 수 있는데, 저의 경우는 독서록 검사면 1개, 일기장 검사면 1개는 따로 정하여 사용했습니다. 1개의 면에 100개의 도장을 찍을 수 있다면 독서록 100권, 일기 쓰기 100회를 기록할 수 있는 것입니다.

두 번째는 예금통장 기능입니다. 개인 통장 13개 면 중 1개 면을 예금통장 칸으로 사용하면 되는데, 저의 경우는 통장 뒷장을 기준으로 펼쳐서 처음 나오는 면을 예금통장 면으로 사용했습니다. 아이들이 학급은행에 돈을 예금하면 1개의 칸에 도장 대신 예금 액수를 기록해 주고 돈을 인출하면 다음 칸에 남은 액수를 다시 적어 주었습니다. 예금통장 1개 면은 학급화폐 분실을 염려하는 아이들이나 은행 금리를 통해 이자소득을 얻으려는 아이들이 주로 사용하였습니다.

세 번째는 새로운 모둠장 선출 기능입니다. 모둠은 1주~1개월 간격으로 변경할 수 있는데, 대부분의 아이들은 1주 간격으로 모둠을 바꾸기를 원합니다. 1주 모둠 변경은 간격이 너무 짧고, 2주가 적당합니다. 모둠이 새로 구성되면 아이들 개인 통장의 마지막 적립된 칭찬마일리지에 색펜으로 선을 그어 표시를 합니다. 그 이후 새로운 모둠에서 받은 칭찬마일리지를 세어 가장 많이 받은 아이들이 다음번 모둠장이 됩니다. 칭찬마일리지 도장이 50개가 되면 최종 마일리지 수와 상관없이 먼저 모둠장이 되도록 합니다.

③ 통장 사용 방법

10년간 모든 학년에서 통장을 사용해 본 결과 통장 1개당 12개의 면을 도장 적립면으로 사용할 수 있으므로 총 1200개의 도장을 적립할 기회가 있습니다. 따라서 매월 최대 100개 내외의 도장을 찍는다고 가정하면 1년 동안 충분히 사용할 수 있었습니다. 칭찬마일리지를 아주 많이 부여하거나, 혹은 통장 속지를 다른 용도로 많이 사용할 때는 통장 속지가 더 필요합니다.

칭찬마일리지 도장을 찍어 주는 개수는 한 아이당 1주일에 20개 정도가 적정합니다. 학급화폐로 환산하면 2개꼴입니다. 1일로 따졌을 때 5개 내외로 찍어 주는 것이 좋습니다.

경고도장은 운영하지 않습니다. 한때 칭찬마일리지 도장은 파란색, 경고마일리지는 통장에 경고면을 따로 만들어 빨간색으로 도장을 찍는 형태로 경고도장을 잠깐 운영한 적이 있었습니다. 어느 날 한 아이가 자기 통장에 빨간색 도장이 3개가 찍혀 집에서 혼이 났다는 말을 했는데, 알고 보니 학교 상담 주간에 학부모님이 자녀의 통장을 보다가 경고도장을 보게 된 것입니다. 원래 경고도장이 10개가 되면 벌금으로 학급화폐 1개를 내게 할 예정이었는데, 경고도장에 낙인 효과가 있어 즉시 폐지했습니다. 개인 통장은 칭찬용으로만 사용해야 합니다. 그리고 개인 통장은 해당 아이 외에는 절대 못 만지게 합니다. 칭찬도장이 통장 속에 찍히기 때문에 칭찬도장 개수를 알 수는 없지만, 간혹 친구들의 칭찬도장 수를 확인하려는 아이가 있으므로 이를 학급규칙으로 정해 놓는 게 좋습니다.

④ 칭찬마일리지 도장을 찍는 사람

도장은 학급임원이 찍도록 했습니다. 30명의 학생이 있으면 회장은 1~10번, 남부회장은 11~20번, 여부회장은 21~30번 아이를 담당하게 하고, 아이들이 수업이 끝난 후 그날 획득한 칭찬마일리지 도장 수를 담당 학급임원에게 말하면 학급임원이 확인하고 도장을 찍어 주었습니다. 간혹 도장 개수를 속이고 찍으려는 아이들이 있는데 고학년보다는 주로 저학년 아이들이 그런 경향을 보입니다. 특별한 경우를 제외하고는 하루에 찍을 수 있는 도장 개수를 5개 내외로 교사가 일관성 있게 운영한다면 아이들이 학급임원에게 자신이 받아야 하는 도장 개수를 속이는 것을 방지할 수 있습니다. 학급임원 3명이 받는 도장은 교사가 찍어 줍니다. 학급임원 스스로 자신의 도장을 찍도록 한 적도 있었지만 부정직하게 찍을 가능성도 있을 뿐 아니라 무엇보다 다른 아이들이 공정성에 대해 의문을 가질 수 있습니다.

1~2학년은 아이들이 능숙해질 때까지는 다소 번거롭더라도 교사가 직접 찍어 주는 것이 좋습니다.

도장은 수업 후 알림장을 쓸 때 찍습니다. 도장을 찍는 시간을 정해 주어야 학급임원들이 번거롭지 않습니다. 하루 단위로 칭찬마일리지 도장을 찍기 때문에 당일 도장을 받지 못한 아이들의 경우 사유가 분명하면 다음 날 소급해서 찍어 주고, 이유가 분명치 않은 경우는 찍어 주지 않습니다. 소급을 허락하면 아이들이 도장 수를 속일 수 있는 빌미가 되기 때문입니다.

학급은행

① 학급은행 담당자

SEC 프로그램을 운영하면 아이들에게 칭찬마일리지 도장을 찍어 주고 급여를 지급하는 역할인 학급은행을 많이 맡고 싶어합니다. 아이들은 도장을 찍어 주는 일이나 학급은행에 있는 큰돈을 만지는 것을 주요 권한으로 여기지요.

학급은행 담당자를 다양하게 정해 보았습니다. 학급임원이 아닌 아이에게 1인 1역으로 번갈아 가며 맡기기도 하고 회장 1인에게 맡겨 보기도 했는데, 공통적으로 화폐 총액 관리(학급 전체 화폐 수)가 잘 되지 않았습니다. 여러 번의 시행착오 끝에 학급은행의 본점은 교사인 내가 직접 관리하고 은행 지점 3개를 만들어 학급임원 3명이 담당하도록 하였습니다. 학급임원이 아닌 아이가 학급은행을 관리할 때는 아이들이 학급임원에게 도장을 받은 후 다시 학급은행에 가서 화폐를 받아야 하는 번거로움이 있습니다. 학급임원이 학급은행 관리까지 해야 칭찬마일리지 도장을 찍어 준 후 바로 학급화폐를 지급할 수 있습니다.

② 학급은행 본점과 지점의 화폐 액수

학급은행의 화폐 총액이 300개(학생 수 30명)라면 학급임원이 관리하는 세 지점에 50개씩 지급하고 나머지 150개는 본점에 두고 교사가 직접 관리해야 합니다. 지점의 학급화폐가 소진되면 교사가 본점의 학급화폐를 지점으로 다시 지급합니다.

전체 학급화폐 양을 관리하기 위해 세금을 더 거둘지, 혹은 화폐를 더 발행할지에 대해서는 학급임원과 논의한 후 학급회의를 통해 표결에 붙이거나 혹은 학급임원 권한으로 결정하게 합니다. 이 과정에서 교사는 아이들이 경제 개념 이해와 함께 적절한 판단을 할 수 있도록 도와주어야 합니다.

③ 학급화폐 추가 발행

학급임원이 세금을 잘 거두고 교사가 아이들이 쿠폰을 사서 잘 소비하게끔 만드는 정책을 쓰면 학급은행에서 화폐가 부족해지는 경우는 없습니다. 하지만 아이들이 화폐를 소비하지 않고 계속 가지고 있을 경우에는 학급은행의 화폐가 부족해집니다. 그런 상황에서 세금마저 제대로 징수가 안 되면 은행은 파산할 수도 있습니다. 하지만 이러한 상황을 잘 활용하면 아이들에게 좋은 금융교육이 되므로 학급화폐가 부족해지면 아이들에게 학급화폐를 1회 정도 추가 발행하도록 합니다. 이때 학급쿠폰의 가격 조정이 필요합니다. 300개 화폐를 더 찍어 내면, 화폐량이 2배가 되어 화폐의 가치가 떨어지므로 쿠폰의 가격을 2배로 올립니다. 이러한 상황은 아이들이 인플레이션을 체험하는 기회가 됩니다.

학급화폐를 추가 발행할 때는 쿠폰 물가 상승을 계산하기 쉽게 기존 화폐 수의 50%, 100% 단위로 추가 발행하는 것이 좋습니다.

학급쿠폰

① 학급쿠폰 만들기

학급쿠폰은 학생들이 학급 활동으로 벌어들인 학급화폐를 사용하도록 만드는 재화입니다. 학급쿠폰을 만들 때는 아이들에게 먼저 설문 조사를 하여, 교실에서 운영하고자 하는 쿠폰 종류를 정하고 그것을 토대로 학급쿠폰을 만듭니다. 아이들이 종종 황당한 쿠폰을 만들자고 할 때도 있기 때문에 교사가 적절히 선별해야 합니다.

4월부터 본격적인 경제활동이 시작될 때 필요에 따라 아이들이 새로운 쿠폰을 더 만들어 운영할 수도 있지만 처음 쿠폰을 만드는 3월에는 교사가 주관하는 것이 효과적입니다. 학급화폐와 마찬가지로 학급쿠폰도 코팅을 해서 쓰는데, 코팅을 해도 2학기가 되면 너덜너덜해지는 경우가 많으므로 이때는 새것으로 교체해야 합니다. 학급쿠폰도 아이들이 직접 디자인해서 사용해도 되지만 쿠폰의 종류가 많으면 작업하기가 번거로우므로 교사가 만들어 주는 게 더 효과적입니다.

② 학급쿠폰의 종류

많을 때는 50가지의 학급쿠폰을 사용한 적도 있었습니다. 그러나 쿠폰이 너무 많으면 관리가 어려운 단점이 있으므로 3월에 학급쿠폰을 처음 만들 때는 10가지 내외가 적당합니다. 다음은 아이들이 좋아하는 학급쿠폰의 예시입니다.

급식 우선권	내 자리 선택권	일기 면제권	체육 종목 선택권
칭찬자석 1개	모둠 경고 무효	세금 면제권	청소 면제권
칭찬 더블 1일	컴퓨터 틈새 자유권	독서록 면제권	모둠 발표 우선권

③ 학급쿠폰의 선호도

학급쿠폰의 종류에 따라 아이들의 선호도는 다릅니다. 인기가 많은 쿠폰은 모둠을 바꿀 때 자리를 선택할 수 있는 '내 자리 선택권', '자리 이동권'이나 '급식 우선권', '세금 1회 면제권' 등인데 교사가 펼치는 학급운영 정책에 따라 학생들 선호도가 달라집니다. 만일 숙제를 많이 내준다면 '숙제 면제 쿠폰'이 잘 팔리고 모둠 칭찬보다 모둠 경고를 강하게 사용하면 '모둠 경고 1회 무효권'이 잘 팔립니다.

매월 학급임원들에게 어떤 쿠폰을 많이 팔지 결정하게 하고 그에 맞추어 교사가 학급운영을 진행하면 재화의 가치 상승과 하락에 대해 교육할 수 있습니다.

④ 학급쿠폰의 수와 가격

학급쿠폰의 가격은 각각 다르게 책정해야 하는데, 아이들은 자신들이 선호하는 쿠폰 가격을 싸게 책정하는 경향이 있기 때문에 처음에는 아이들에게 맡기지 않고 교사가 직접 결정해 주어야 합니다. 학급쿠폰의 수는 종류당 10개 정도가 적정합니다. 필요에 따라 더 많이 만들거나 적게 만들 수도 있지만, 적게 만들 경우는 아이들이 화폐를 벌어도 재화인 학급쿠폰을 구매할 수 없는 상황이 생기고 많이 만들면 학급쿠폰 가치가 떨어지는 문제가 생길 수 있기 때문입니다.

아이들이 좋아하는 쿠폰은 가격을 높게, 그렇지 않은 쿠폰은 낮게 책정하도록 합니다. 쿠폰 가격은 학급화폐 1~3개 정도가 좋고, 쿠폰 가격 변동 정책은 학급쿠폰 개수나 학생들의 선호도에 따라 5월부터 실시하는 것이 좋습니다.

⑤ 학급쿠폰 구입과 사용

1~2학년의 경우는 학급쿠폰 판매를 교사가 하는 것이 좋으며, 3학년 이상은 아이들에게 1인 1역으로 맡깁니다. 아이들이 쿠폰을 공정하게 순서대로 판매하도록 하며, 쿠폰 예약 구입 등은 금지합니다. 점심시간처럼 특정 시간에만 판매하도록 해야 쿠폰 판매를 맡은 아이가 힘들지 않습니다. 쿠폰은 아이들이 수시로 사용할 수 있도록 하고 사용할 때 교사에게 내도록 하여, 교사는 그 쿠폰을 쿠폰 판매 역할을 하는 아이에게 다시 넘기는 형식으로 운영합니다.

학급쿠폰을 조합해서 사용하면 재미있는 현상이 생기는데, 아이들에게 자율적으로 맡기면 됩니다. 예를 들어 '개인 칭찬 더블 쿠폰'과 '모둠 칭찬 더블 쿠폰'을 함께 쓰면 칭찬도장을 찍을 때 2배를 찍는 것이 아니라 3배를 찍게 됩니다. 모둠원 5명이 각자 모둠 더블 쿠폰을 1개씩 사용하게 하면 6배의 도장을 찍을 수 있기 때문에 아이들이 재미있어 합니다.

⑥ 학급쿠폰 소비 활성화 방법

학급쿠폰이 인기가 많아 잘 팔리면 그 쿠폰을 더 발행해서 팔면 됩니다. 그러면 아이들에게 풀린 돈을 학급은행에 쉽게 회수할 수 있습니다. 쿠폰 가격을 올리는 방법도 있지만 이 방법은 아이들의 소비 심리가 즉시 위축되므로 권장하지는 않습니다. 반대로 어떤 쿠폰의 인기가 없을 때는 가격을 낮추거나 그 쿠폰이 필요할 수밖에 없는 정책을 수업이나 학급운영에 사용하면 됩니다.

아이들의 최고 관심! 소득

SEC 경제생활교육에 있어 아이들이 가장 관심을 가지는 것은 바로 소득입니다. 처음 SEC 프로그램을 적용했을 때에는 아이들이 학급쿠폰을 사기 위해 학급화폐를 가지고 싶어할 거라고 예상했는데 사실은 그렇지 않았습니다. 아이들은 학급쿠폰보다는 학급화폐 소유 자체를 더 좋아했습니다. 열심히 학교생활을 해서 학급화폐를 많이 모았을 때 가지는 뿌듯함, 그리고 주변 아이들이 던지는 부러움의 시선들! 학급화폐는 아이들에게 학급쿠폰을 살 수 있는 도구 이상의 가치를 지닙니다. 아이들이 학급화폐를 벌 수 있는 방법으로 다음 5가지를 제시할 수 있는데 학급운영 방침에 따라 적절히 섞어 사용하면 됩니다.

① 개인소득 활동

개인소득 활동은 아이 개인의 노력에 따라 소득을 얻는 활동입니다. 학생 및 교사의 학급운영 규칙에 의해 만들어진 규정에 따라 아이들은 개별적으로 칭찬마일리지 도장을 받게 되고 그 수가 10개가 되면 학급화폐 1개를 받습니다. 아이들의 수업 결과물 확인 후 칭찬마일리지 도장을 1~3개 정도 차등 부여하면 아이들이 수업 활동을 더 열심히 합니다. 그러나 이 방법만 사용하면 학급화폐를 아예 벌지 못하는 아이부터 많이 버는 아이 사이의 빈부격차가 발생합니다. 이러한 문제를 해결하기 위한 방법에는 1인 1역 직업 활동과 모둠소득 활동을 활용해야 합니다.

② 1인 1역 직업 활동

개인소득 활동으로 인한 빈부격차를 해결하는 첫 번째 방법은 1인 1역 직업 활동으로, 다시 말해 학급에서 아이들이 맡고 있는 1인 1역 봉사 활동에 급여를 주는 방식입니다. 1인 1역의 역할은 2~4주 간격으로 바꾸어 주는 것이 좋습니다. 쉬운 1인 1역 활동은 급여를 조금(학급화폐 1개) 주고, 분리수거나 쓰레기봉투 버리기 같은 비인기 활동에 대해선 월급을 많이(학급화폐 3개) 주면 아이들이 힘든 일을 기피하려는 현상을 해소할 수 있습니다. 1인 1역 직업 활동은 학급의 모든 아이들에게 고정적인 소득을 줄 수 있다는 점에서 중요합니다.

③ 모둠소득 활동

빈부격차를 해결하는 두 번째 방법은 모둠소득 활동입니다. 저는 학급에서 수업을 기본적으로 모둠 수업으로 진행했는데, 모둠 구성이라고 해서 항상 책상을 맞붙이는 게 아니라 일렬로 앉더라도 모둠을 구분해 앉게 하고 모둠 활동이 필요할 경우만 일시적으로 책상을 붙이도록 했습니다. 모둠소득은 1일 동안 모둠이 받은 칭찬자석 수만큼 개인통장에 칭찬마일리지 도장을 적립하도록 하였습니다. 칭찬자석은 초록색, 파란색, 스마일 자석 3가지로 구분하고, 반대로 모둠 경고자석은 노란색, 빨간색, 주황색 3가지로 하였습니다.

초록색 자석 3개를 모으면 파란자석 1개를 받고 파란자석 3개가 되면 스마일 자석을 주었으며, 모둠 경고를 받으면 노란색 자석 1개, 노란색 자석 3개가 되면 빨간색 자석을 붙였습니다. 빨간색 자석이 3개가 되면 주황색 자석을 주었습니다. 파란색 자석 1개당 1개의 칭찬마일리지 도장을 받을 수 있는 반면, 빨간색 자석이 1개가 되면 아이들이 정한 규칙대로 교실 청소 봉사나 벌금 등의 벌칙을 주었습니다.

빨간색 자석이 붙으면 빨간색 자석이 없어질 때까지 아이들은 쉬는 시간, 점심시간에 화장실이나 보건실을 가는 것을 제외하고는 교실에서 독서를 해야 하는데, 이때 아이들은 발표 등을 해서 빨간색 자석을 없애려고 노력합니다.

수업이 끝나고 칭찬마일리지 도장을 받을 때 아이들은 그날 개인적으로 받은 칭찬마일리지 도장과 모둠별로 받은 칭찬마일리지 도장을 함께 받습니다.

모둠 칭찬자석은 칭찬마일리지를 잘 받지 못하는 아이도 소득을 얻

일간 모둠 칭찬 현황판과 주간 모둠 칭찬 누적 게시판

을 수 있게 하는 데 효과적입니다. 그 외에도 차분한 수업 분위기를 조성하는 데도 큰 효과가 있습니다. 아이들이 교실에서 소란스러울 때, 혹은 수업에 집중하지 않을 때 교사가 말없이 경고자석(노란색 자석)을 떠드는 모둠에 붙이면 아이들은 바로 조용해집니다. 빨간색 자석으로까지 경고가 진행되면 빨간색 자석이 없어질 때까지 쉬는 시간과 점심시간에 독서 활동을 해야 하기 때문이지요. 6개의 자석을 잘 활용하면 교사가 경고자석이 붙어 있는 곳에 서기만 해도 아이들의 이목이 집중됩니다.

모둠 칭찬자석을 이용할 때 주의할 점은 빨간색 자석에 대한 벌칙으로 벌금 제도는 사용하지 않는 것입니다. 학급화폐로 벌금을 내게 하면 학급 경제는 좋아질지 모르나, 모둠 경고의 원인이 된 아이가 다른 모둠원들의 원망을 받는 상황이 생길 수 있으므로 칭찬마일리지 도장을 찍는 시간 직전까지는 최소한 다시 노란색(경고도장)으로 되돌아오도록 교사가 그 모둠에게 발표를 많이 시키는 등 운용의 묘가 필요합니다.

④ 성과급

성과급은 1인 1역에 대한 일종의 보너스 개념입니다. 2주간 1인 1역을 마친 후에는 아이들끼리 1인 1역만 바꾸는 것이 아니라 2주간의 1인 1역 활동을 평가하고 성과급으로 보상해 줍니다. 성과급은 급여의 50~100% 사이가 적정합니다. 만약 2주간 급여가 학급화폐 4개였다면 성과급은 0~4개 사이로 차등 지급합니다. 학급임원에게 아이들 1인 1역 성과급 평가를 맡기면 교사는 편하지만 공정성 문제에서 불만이 생길 수 있으므로 학급임원 3명과 교사 1명이 함께 평가한 후 평균으로 아이들의 1인 1역 활동 성과급을 지급해 주는 것이 좋습니다.

⑤ 연금과 정착금

연금은 모든 아이에게 지급하지 않고 학급임원에게만 적용하였는데, 2학기에 학급임원을 새로 선출하면 이전 1학기 학급임원에게도 소액의 연금을 매월 지급하였습니다. 학급운영 정책에 따라 퇴직금을 지급해도 됩니다. 연금은 불로소득이기 때문에 연금을 받지 않는 아이들이 불만을 제기할 수 있으므로 학급임원 퇴직 후 일정 기간 동안만 시행하는 것으로 학기 초에 약속을 합니다. 전학생이 있을 경우에는 초기 정착금을 주는 것도 좋습니다. 정착금은 학급화폐 5개 정도가 적당합니다.

금융실명제

금융실명제는 아이들이 보유하고 있는 자산을 다음 2가지 방법으로 공개하는 것을 말합니다. 자산을 공개하면 좀더 수월하게 세금 징수를 할 수 있고, 아이들이 소유하고 있는 학급화폐 수를 쉽게 파악하여 학급 경제 상황에 맞는 경제정책을 빠르게 결정할 수 있습니다.

① 재산 공개 게시판

교실 뒤 환경판에 재산 공개 게시판을 붙여 아이들이 가진 학급화폐 현황을 표시하도록 운영하면 아이들의 학급화폐 소유 상황을 효과적으로 파악하고 재산세를 원활히 부과할 수 있습니다. 재산 공개 게시판에 자신의 재산 상황에 따라 얼굴표를 옮겨 붙이도록 합니다. 재산세는 누진세로 적용해 아이들의 개인 재산이 대부분 5개 이하에 머물도록 하고, 학급화폐 6개 이

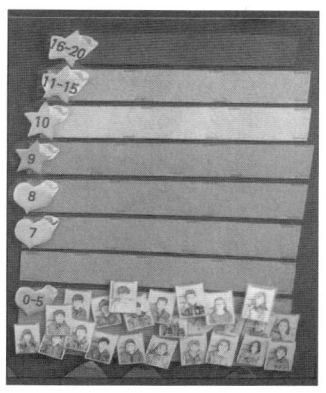

재산 공개 게시판

상을 소유하는 경우는 일시적으로만 가능하도록 합니다. 그러면 빈부차이도 해결되며 재산 공개에 따르는 상대적인 박탈감도 예방할 수 있습니다.

② 칭찬마일리지 진행 게시판

모둠 구성은 2주에 한 번씩 변경하였고 2주 동안 칭찬마일리지 도장

을 가장 많이 받은 아이를 다음 모둠의 모둠장으로 뽑았습니다. 이때 2주간 받은 개인별 칭찬마일리지를 표시할 수 있게 칭찬마일리지 진행 게시판을 운영했는데, 재산 공개 게시판과 마찬가지로 아이들이 매일 받는 칭찬마일리지 도장 수를 누적하여 자신의 얼굴표를 직접 옮겨 붙이도록 했습니다.

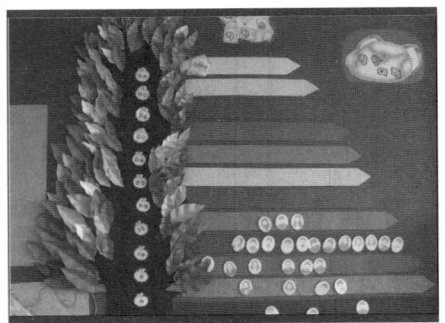
칭찬 마일리지 진행 게시판

내수 진작을 위한 소비 촉진

아이들의 쿠폰 구매와 소비가 잘 이루어져야 교실에서 돈이 원활하게 흐르게 됩니다. 만약 학급화폐를 모으기만 하고 쿠폰을 잘 사지 않으면 돈이 말라 버려 교실 경제에 자금 경색이 올 수 있습니다. 그러므로 교사는 다음 2가지의 쿠폰 판매 정책을 펴는 게 좋습니다.

첫째, 재산세를 누진세로 강하게 적용합니다.

재산세를 누진세로 적용하면 아이들은 화폐를 모아서 전부 세금으로 내는 것보다는 쿠폰을 사서 쓰는 것이 낫다고 판단하므로, 무조건 화폐만 모으기보다 쿠폰을 사서 쓰게 됩니다.

둘째, 쿠폰 소유량을 제한합니다. 개인당 쿠폰 소유 제한을 두지 않으면 학급쿠폰 사재기 현상이 발생할 수 있습니다. 쿠폰 사재기가 시작되면 교실에 쿠폰이 소진되어 다른 학생들이 쿠폰을 사고 싶어도 살 수 없는 상황이 발생합니다. 그러므로 개인당 소유할 수 있는 쿠폰 소유 상한선을 두는데, 보통 2~3개 정도가 적당합니다. 특정 쿠폰이 지나치게 안 팔린다면 그 쿠폰이 잘 팔릴 수 있는 상황을 교사가 만들어 줍니다. 예를 들어 '독서록 1회 면제권'이 평소에 잘 안 팔린다면 매일 독서록을 쓰게 하고 쓰지 않았을 때 벌금 등을 부과한다면 해당 쿠폰 판매를 촉진시킬 수 있습니다.

국가재정을 튼튼하게

SEC 프로그램 운영에서 학급의 재정은 매우 중요합니다. 아이들에게 고정적으로 급여를 주어야 하므로 학급은행은 늘 일정액의 화폐를 보유하고 있어야 합니다. 학급은행의 화폐가 부족해져서 아이들에게 제때 급여를 지급하지 못하면 아이들의 민원이 엄청납니다. 이러한 문제가 발생했을 때 아이들 스스로 그 문제점들을 해결해 가는 과정은 매우 좋은 경제교육이 됩니다. 따라서 대처 방안을 함께 준비하고 그러한 현상을 체험하게 하는 것이 좋습니다. 학급재정을 튼튼히 하는 방법에는 은행예금, 벌금 제도 및 세금 제도가 있습니다.

첫째로 은행예금은 아이들이 가진 학급화폐를 다시 학급은행으로 모으는 방법입니다. 금리(이자)를 올리면 은행예금을 장려할 수 있는데, 금리를 올리는 이 방법은 은행이 아이들에게 이자를 계속 지급해야 하므로 권장하고 싶지는 않습니다. 금리 인상 없이 아이들에게 예금을 장려하는 방법은 학급화폐를 분실할 때 학급은행에서 보상해 주지 않는 정책을 펴는 것입니다. 그러면 화폐 분실 문제에 대비하기 위해 아이들은 은행에 예금을 합니다. 만약 금리를 이용한 경제교육을 실시하고 싶다면 아이들이 SEC 프로그램에 어느 정도 익숙해지는 2학기에 실시하는 것이 좋습니다.

둘째는 벌금 제도입니다. 벌금은 아이들이 가진 학급화폐를 손쉽게 학급은행에 귀속시키는 방법이지만 강제성을 띠기 때문에 아이들이 좋아하지 않습니다. 아이들에게 벌금은 매우 민감한 부분이므로 친구들과의 다툼, 또는 여럿이 함께 걸려 있는 문제 상황에서는 사용하지 않도록 합니다. 벌금 제도는 가급적 사용을 자제하되, 지각이나 숙제를 해오지 않는 경우처럼 개인적으로 학급규칙을 어긴 경우에만 사용하는 것이 좋습니다. 벌금 제도의 단점은 파산하는 아이들이 나올 수도 있다는 것입니다. 아무리 국가에서 고정적인 일자리와 급여를 주어도 학급규칙을 자주 어기는 아이는 매년 평균 2~3명은 나옵니다. 그러므로 벌금을 운영할 때는 벌금과 독서록 1장 쓰기, 청소 봉사 중 해당 아이가 선택할 수 있도록 합니다.

셋째는 세금 제도입니다. 세금 제도로 나라의 운명이 결정된다고 해도 과언이 아닙니다. 세금 제도 운영에서 가장 중요한 것은 탈세를 막는 것입니다. 아이들이 무슨 탈세를 할까? 라고 생각할 수도 있겠지만 아이들은 세금을 내야 할 시점이 오면 교사가 먼저 말하지 않는 이상 그냥 넘어가려는 경향이 많습니다. 아이들은 세금을 생각할 때 '당연히 내야 하는 사회적인 의무'라는 생각보다는 '국가가 금쪽같은 내 돈을 뜯어가는 것'이라는 생각이 강합니다. 세금 납부의 의무에 대해 머리로는 알아도 마음으로는 동의가 잘 안 되는 것이지요. 따라서 학급임원에게 세금 징수를 맡기는 것은 효율적이지 않습니다. 학급임원도 세금 내는 것을 썩 내켜 하지 않을 뿐더러 무엇보다 세금을 거둘 때 세금을 다 내지 않으려는 아이들과 마찰이 생깁니다. 그러므로 세금은 교사가 직접 거둡니다. 세금은 재산세 성격으로, 아이들이 가진 재산(화폐 수)에 따라 거두면 되는데 모둠이 바뀌는 시기에 실시하면 효율적입니다. 재산이 적은 아이(학급화폐 5개 이하)는 면세를 해 주고 학급화폐를 6개 이상을 소유한 아이들에게만 재산 누진세를 적용하면 학급화폐를 다시 학급은행으로 환수할 수 있습니다.

기업 활동

기업 활동은 아이들이 자신의 아이디어로 직접 소득을 얻을 수 있는 활동이라 민감한 요소가 많습니다. 잘하면 몸을 따뜻하게 하는 난로와 같은 역할을 하지만, 잘못 운영하면 모든 것을 태우는 불씨가 되고 맙니다. 그러므로 기업 활동은 다음 사항에 유의해서 운영합니다.

① 기업 운영 시기

기업은 공기업과 사기업으로 구분할 수 있는데 공기업은 국가가 운영하는 것으로, 앞서 설명한 1인 1역 봉사 활동에 해당합니다. 사기업은 학생들의 직접적인 창업 활동을 통해 만들어진 기업입니다. 학생들의 기업 창업 활동은 1학기보다는 2학기에 실시하는 것이 좋은데, SEC 프로그램에 아직 익숙하지 않은 1학기에 바로 기업 활동 프로그램을 운영하면 교육 효과가 반감될 수 있기 때문입니다.

② 동업의 허용 여부

친구 간의 협력이 필요한 동업을 허용하면 교육적인 효과도 많습니다. 하지만 소수의 아이들이 기업을 중심으로 뭉치거나 집단 이기주의가 강하게 발생할 소지가 있습니다. 또한 동업을 하지 못해 소외되는 아이들이 생길 수도 있습니다. 그러므로 기업 활동을 적용할 때는 가급적 동업을 허락하지 않도록 합니다. 부작용을 최소화하여 동업에 관련한 경제교육을 하려면 기간을 정해서 한시적으로 하는 게 좋습니다.

③ 기업 활동 업종 수 제한

기업 활동 수를 제한할 필요는 없지만 업종 수는 제한이 필요합니다. 어떤 기업에서 만든 컨텐츠가 잘 팔리면 다른 아이들도 그 기업에서 판매하는 아이템을 그대로 가져와 기업을 만드는 경우가 있습니다. 그러므로 같은 종류의 업종은 가급적 허용하지 않도록 합니다. 만약 기업 간의 경쟁과 관련한 경제교육을 위해 같은 업종도 허락할 예정이라면 처음으로 해당 업종 기업을 등록한 아이가 일정 기간 독점 운영할 수 있는 유예기간을 주어야 합니다.

④ 창업 활동 내용 검사

아이들이 기업을 창업하면 도박 성격이 있는 게임과 같이 교육적이지 못한 기업을 만드는 경우가 있습니다. 이러한 문제를 방지하기 위해 교사는 창업 활동에 대한 신청서를 받고 검토를 해 주어야 합니다. 문제가 되었던 아이들의 기업 활동은 다음과 같습니다.

사행성 기업 활동 : 뽑기 같은 사행성 기업을 만들어 운영하는 아이가

있었습니다. 학급화폐 1개를 내면 여러 가지 제비를 뽑을 수 있는데 그 중엔 뽑기에 투자한 학급화폐 1개 이상을 더 벌 수 있는 제비도 있는 것입니다.

실제 돈이 투자된 경우 : 기업 활동을 하면 아이들이 직접 물건을 사 와서 교실에서 판매하는 경우가 있습니다. 예를 들면 우유에 타 먹는 초콜릿 가루 제품을 사 와서 다른 친구들에게 판매하는 것입니다. 어떤 경우라도 기업 활동에 실제 화폐가 사용되는 것은 철저히 금지해야 합니다.

민간은행 사채업 : 민간은행은 학급에서 화폐를 많이 모은 아이들뿐 아니라 그렇지 않은 아이들도 많이 설립하고 싶어합니다. 은행 설립 투자자를 모았다가 결국 부도가 나는 경우가 많았는데 사채업 성격의 민간은행은 금지해야 합니다.

아이들이 창업할 수 있는 업종은 종이 지갑 같이 아이들이 직접 만들 수 있는 물건에 관련한 일이나, 청소 대행 같이 직접 몸으로 서비스를 제공할 수 있는 일 등에만 허용해야 합니다.

주식 활동

주식은 고학년에 적합한 경제교육 활동입니다. 하지만 자칫 주식 활동이 도박 성격으로 흐를 수 있기 때문에 이는 한시적으로 운영하는 것이 좋습니다. 아이들이 '아, 주식 활동은 이런 것이구나.'라는 것 정도만 깨닫게 하면 되므로 다음과 같이 2주~1개월 정도 한시적으로 운영하도록 합니다.

먼저 아이들이 만든 기업마다 10개 정도의 주식을 발행하고 그것을 아이들이 사게 합니다. A라는 기업의 주식을 사려는 아이들이 많아지면 교사는 주식 가격을 올려 주고 반대의 경우에는 내려 줍니다. 주식 양식은 교사가 직접 만들어 주는 것이 좋습니다. 주식 가격의 변동은 아이들의 선호도만을 반영해서는 안 됩니다. 막상 주식을 발행해도 돈이 많은 아이들 외에는 선뜻 주식을 사려는 아이들이 많지 않기 때문에 교사가 기업 활동 평가를 통해 기업 활동을 잘한 경우에도 주식 가격을 높여 주는 것이 좋습니다. 주식은 학급은행에서 사고팔거나 혹은 주식거래소를 만들어 운영하도록 하며 개인 간의 주식거래는 금지합니다. 주식 가격 오르내림의 한계는 교사가 정해 줍니다. 만약 교사가 A라는 기업의 주식 가격을 높여 주면 그 주식을 사려는 아이가 늘어나고 주식을 보유한 아이는 은행에 매각을 하여 가격이 높아진 만큼 이익을 더 얻을 수 있습니다.

부동산 투자

부동산 투자 교육도 주식처럼 한시적으로 하되, 게임 형식으로 운영합니다. 먼저 아이들에게 2주 동안 교실 부동산 게임을 운영한다고 하고 부동산 게임으로 발생하는 손실과 이득은 다시 국가가 책임진다고 공지를 합니다. 부동산 게임을 시작할 때 아이들에게 학급화폐 10개와 부동산을 나누어 주는데, 이때 교실 부동산은 아이들의 책상으로, 책상 소유권을 아이들에게 주는 것입니다. 부동산을 소유한 아이들은 매일 재산세를 학급은행에 내야 합니다. 재산세를 학급은행에 내지 못하는 아이들의 책상은 학급은행이 경매에 붙이는데, 이때 높은 가격을 제시한 아이가 책상을 낙찰해 가져갑니다. 부동산을 잃어버린 아이는 임차인이 되어 임대료를 새 부동산 주인에게 내야 합니다. 만약 처음 받은 학급화폐 10개를 모두 소진하면 게임에서 아웃 처리가 되고, 게임이 끝날 때까지 구경만 하면 됩니다. 게임을 1~2주 정도로 진행하면 부동산을 잃은 다수의 학생과 막대한 부동산을 획득한 소수의 학생이 발생하는데, 이를 통해 부동산 투자에 대한 문제점에 대해 함께 의견을 나누는 시간을 가집니다. 게임이 종료되면 학급화폐를 많이 벌게 된 부동산 소유주 아이들의 학급화폐를 다시 국가에 귀속시킵니다. 게임 활동에서 화폐를 많이 번 아이에게 일정 액수의 보상을 해 주어도 좋습니다. 아이들에게 나누어 주는 학급화폐 10개는 학급 경제 규모와 맞먹는 막대한 양이므로 초기에 여분의 화폐를 잘 구비해 놓아야 하며 수거도 잘 해야 합니다. 게임을 좀 더 발전시켜 부동산을 잃어버린 아이들에게 학급은행에서 저금리로 대출을 해 주고 부동산을 다시 사게 하는 방법도 있습니다. 이때 부동산을 소유한 아이가 가격을 책정하여 팔게 하는데, 너무 무리한 가격으로 팔지 않도록 한계치를 교사가 정해 줍니다. 그러다 보면 아이들은 하루하루가 지날수록 부동산 가격이 계속 오르는 부동산 버블도 경험하게 됩니다.

부작용 예방 3불 정책

학급에서 SEC 프로그램을 운영할 때 일어나는 부작용을 예방하기 위해서는 다음과 같은 3가지 금지 정책을 수립하여야 합니다.

① 빌려줄 수 없는 화폐

아이들끼리 학급화폐를 빌리거나 그냥 주는 행위는 철저히 금지해야 합니다. 화폐를 서로 주고받을 수 있게 허락하면 돈을 빌려 놓고 갚지 않는 문제 등이 생깁니다. 경제관념이 부족한 아이의 경우 친구들에게 돈을 빌려 펑펑 써 버리기도 합니다. 사회에서 볼 수 있는 여러 가지 부정적인 경제 현상이 아이들 사이에서도 그대로 재현되는 것입니다. 힘이 센 아이가 반 아이들의 화폐를 빼앗을 가능성도 있습니다. 그러므로 처음부터 화폐를 서로 빌리는 것은 철저히 금지합니다.

② 빌려줄 수 없는 쿠폰

쿠폰 역시 화폐와 동일한 가치를 지니므로, 아이들이 쿠폰을 빌리고 갚지 않거나 강제로 쿠폰을 빌려 가는 문제가 생길 수 있습니다. 간혹 친구를 위해 쿠폰을 사용하고 싶어하는 아이들도 있는데, 이럴 때는 친구를 위해 쿠폰을 사용할 수 있는 쿠폰을 따로 만들어 판매를 하면 됩니다. '자리 선택' 쿠폰이 있다면 '친구 자리 선택' 쿠폰도 함께 판매를 하는 것이지요. 이런 것은 교사 재량으로 운영하도록 합니다.

③ 직거래 금지

기업 활동을 제외한 개인 간의 모든 거래는 금지합니다.

쿠폰 구매나 화폐 기부 등은 모두 학급은행이나 기부 부서를 통해 이루어지도록 합니다. 쿠폰 직거래 같이 아이들 개인 간의 경제활동은 차명 계좌를 통한 재산 은닉이나 탈세의 방법으로 사용됩니다. 그리고 학급에서 공시된 가격과 다른 쿠폰 가격이 음성적으로 형성되는 문제가 발생할 수 있습니다.

화폐 유통, 필연적 경제 현상

학급은행으로부터 흘러나온 화폐는 아이들을 통해 다시 학급은행으로 돌아가게 됩니다. 이러한 화폐 유통 현상은 학급 상황에 따라 다양한 경제 현상을 발생시키는데, 이때 각각의 경제 현상과 관련한 내용으로 경제교육을 하면 아이들이 교실 속에서 여러 경제 현상을 직접 체험할 수 있다는 점에서 매우 효과적입니다. 아이들에게 경제활동을 자율로 맡겨도 다양한 경제 현상이 일어나지만 담임교사가 계획을 가지고 특정 경제 현상이 생기도록 학급운영을 하면 아이들에게 관련 경제 개념을 더 체계적으로 교육할 수 있습니다. 학급은행에 화폐가 부족해지면 화폐를 추가로 발행하는데, 그러면 다양한 경제 현상이 벌어집니다. 하지만 부정적인 경제 현상도 많으므로 교사가 상황에 따라 적절히 개입해서 아이들이 교실 속 경제문제를 잘 해결하도록 도와주어야 합니다. 아이들이 체험할 수 있는 대표적인 경제 현상으로는 자금 경색, 인플레이션과 물가 상승, 기업들의 독점과 담합 현상, 국가 부도, 부동산 버블, 불로소득 등이 있습니다.

부자 아이와 파산하는 아이

학급 SEC 프로그램을 운영할 때 저소득층 아이가 발생하지 않도록 교사는 일자리 배분 및 개인소득 활동을 잘 챙겨 주어야 합니다. 그럼에도 불구하고 벌금을 낼 행동을 많이 해서 파산 위기에 처하는 아이가 해마다 꼭 2~3명씩 나오는데 그 아이들을 국가가 무조건 구제해 주면 안 됩니다. 그 아이가 소속된 모둠에 칭찬을 많이 해 주어 모둠 활동으로 학급화폐를 벌 수 있도록 하거나 저소득층은 면세 혜택, 청소 봉사, 심부름의 기회를 제공하여 학급화폐를 스스로 벌 수 있도록 합니다.

사회복지 기관과 기부

학급에 사회복지 기관을 만들어 운영하면 아이들에게 기부 문화에 대해 교육할 수 있습니다. 기부 문화는 모든 아이들의 참여를 이끌어 내는 것이 중요하지만 특히 소득이 많은 아이가 기부를 많이 하도록 유도합니다. 자기 자신을 위해 학급화폐를 모으고 사용하는 것이 아니라 다른 사람을 위해 기부하는 노블리스 오블리제를 실천하도록 해 봅니다. 사회복지 기관은 1인 1역으로 담당자를 뽑아 일자리로 주면 됩니다. 기부는 아이들이 수시로 할 수 있도록 하되 기부를 장려하기 위해 '세금 면제 1회' 등의 인센티브를 주는 것도 좋은 방법입니다. 복지 기관에서 모은 기부금은 학급은행에 그냥 넣는 것보다는 반 아이들 전체를 위해 사용하는 것이 좋습니다. 이때 주의할 점은 어떤 특정 개인을 도와주면 안 된다는 것입니다. 도움을 받는 아이도 동정을 받는다는 위축감을 느낄 수도 있고, 혹은 반대로 돈을 마구 써 버리는 행동을 할 수도 있기 때문입니다. 복지 기금으로 모둠 경고를 많이 받아서 쉬는 시간 놀이에 참여하지 못하는 모둠을 구제해 주거나 혹은 반 전체 아이들이 즐길 수 있는 문화 활동(게임 대회, 파티 등)을 수업 시간에 가질 수 있도록 하는 게 좋습니다. 개인보다는 단체로 복지 기금 혜택을 받을 때 복지의 장점을 경험하게 하는 것이 더 효과적입니다. 운영 팁이 있다면 기부를 많이 한 아이를 공개하고 칭찬해 주는 것입니다. 아이들로 하여금 자신들이 누리는 복지를 당연하게 여기도록 하면 안 됩니다. 노블리스 오블리제를 실천한 아이에게 감사의 마음을 함께 가지도록 하는 교육도 필요합니다.

학급 경제정책 운영

SEC 프로그램을 운영하는 주체는 학급 전체 아이들입니다. 교사는 최대한 아이들이 시행착오를 겪지 않고 어떤 경제 상황에서 올바른 선택을 할 수 있도록 도와주어야 합니다. 단, 교사는 학급을 어떤 국가 모습으로 이끌지에 대해 결정해야 합니다. 담임은 교실 국가를 자본주의 시장경제와 사회주의 계획경제로 크게 양분해 운영할 수 있고, 수정자본주의처럼 양 경제체제를 절충한 모델로 학급 경제를 이끌 수도 있는데, 이러한 교실 경제체제를 1가지로 일원화해서 1년간 운영하기보다는 한 달에 한 번씩 다양한 경제체제로 변경하여 운영하면 아이들이 각 체제의 장단점을 자연스럽게 체험할 수 있습니다. 이 외에도 더 다양한 경제체제를 학급에 적용할 수 있지만 위 3가지 정도가 적당하며 경제체제 적용 순서는 '사회주의 계획경제 → 자본주의 시장경제 → 수정자본주의' 순서를 권장합니다.

① 사회주의 계획경제

　3월 한 달 정도 적용합니다. SEC 사회주의 계획경제는 철저히 교사가 학생 개인 재산을 통제하는 방법입니다. 아이들의 1인 1역 소득 활동에 일의 경중과 상관없이 동일한 급여를 지급합니다. 그리고 개인적으로 노력해서 얻는 칭찬마일리지 도장을 폐지하고 모둠이 함께 얻는 모둠 칭찬자석 마일리지만 운영합니다. 개인의 재산이 인정되지 않으므로 아이들은 지급받은 화폐를 쿠폰을 사는 데 바로 써야 합니다. 그렇지 않으면 국가가 다 회수해 갑니다. 이러한 경제체제라도 아이들은 꽤 흥미로워합니다. 아이들은 교실에서 학급화폐를 운영한다는 것 자체만으로도 신기하고 재미있게 느끼기 때문입니다. 이 방법은 국가가 개인의 재산을 통제하고 필요에 따라 개인 학급화폐를 회수해 가므로 학급화폐 부족 현상은 없습니다. 대신 아이들이 열심히 1인 1역을 하지 않는 문제점이 생기며, 다양한 경제 현상이 일어나기 어렵다는 단점이 있습니다.

② 자본주의 시장경제

　4~6월 세 달 정도 적용합니다. SEC 자본주의 시장경제는 교사의 개입을 최소화합니다. 2장에서 소개할 'SEC 경제교육 이야기'는 자본주의 시장경제로 SEC 프로그램을 처음 운영했다가 일어난 많은 문제점들과 그 문제점들을 어떻게 해결하였는지, 또 아이들의 반응은 어떠했는지에 대한 재미있는 에피소드들입니다. 자본주의 시장경제로 SEC를 운영하면 교사는 편합니다. 학급임원을 비롯해 아이들이 자유롭고 적극적으로 경제활동을 하기 때문이지요. 마치 부조리한 사회경제 현상

의 교실 축소판이라 할 만큼 시장경제의 많은 문제점들이 발생합니다. 하지만 그러한 교실 경제문제들을 아이들이 잘 해결해 나갈 수 있도록 교사가 돕는다면 경제교육에 있어서 아이들에게 큰 도움이 됩니다.

③ **수정자본주의**

7월 이후에 계속 적용하는 방법입니다. 사회주의 계획경제가 SEC 학급운영에 있어 안정적인 반면 아이들에게는 흥미도가 떨어집니다. 그리고 자본주의 사회에서 볼 수 있는 다양한 경제 현상을 경험할 수 없습니다. 반면 자본주의 시장경제는 많은 경제문제를 일으키며, 그러한 문제점들을 해결하는 과정은 경제교육에 매우 효과적입니다. 아이들이 교실에서 세 달 동안 자본주의 경제체제를 경험했다면 그 다음 달부터는 교실 SEC 프로그램을 수정자본주의로 운영해 자본주의 경제체제에서 만들어진 학급 SEC의 문제점들을 하나씩 해결해 가도록 합니다. 재산 누진세나 쿠폰 소유 개수 제한 등을 실시하여 이러한 문제점들을 해결할 수 있습니다.

신용카드와 체크카드 활동

신용카드와 체크카드 활동은 저학년보다는 중학년 이상에 적합한데, 개인 통장에 그러한 기능을 부여하면 활동이 가능합니다. 체크카드 활동을 하려면 우선 개인 통장에 은행예금 기능이 있어야 합니다. 교실에서 은행예금 프로그램을 운영하고 있다면 체크카드 사용 프로그램도 적용할 수 있습니다. 체크카드란 말 그대로 실제 학급화폐를 사용하지 않고 개인 통장에 예금된 학급화폐를 사용하는 방법입니다. 쿠폰을 살 때 개인 통장 예금 액수를 보여 주면 쿠폰을 판매하는 아이는 쿠폰 가격만큼 예금 액수를 지운 후 쿠폰을 판매합니다.

신용카드 활동은 신용카드로 구매한 쿠폰 가격에 해당하는 칭찬마일리지 도장 적립 빈칸에 선을 먼저 그어 구분한 후 사용 액수만큼 2주 내로 그 빈칸에 칭찬도장을 다 받도록 하는 활동입니다. 체크카드는 화폐를 대신해 통장에 예금된 돈을 사용하는 것이므로 큰 부작용이 없으나 신용카드의 경우 마구 사용하는 아이들이 종종 있으므로 사전에 주의를 주고 아이들의 신용 상황을 자주 체크해야 합니다. 그러므로 신용카드 프로그램은 신용카드 교육만을 위해 일시적으로 운영하는 것이 좋습니다.

연말에 남는 학급화폐, 쿠폰에 대한 보상

SEC 프로그램을 운영하다가 12월쯤 되면 한 가지 문제가 생길 수 있는데, 바로 당해 학급에서 사용하고 있는 화폐가 그 다음 해에는 더 이상 쓸모가 없어진다는 생각에 학급화폐를 함부로 사용하는 현상이 생긴다는 것입니다. 이를 방지하기 위해 교사는 학기 초에 미리 연말에 남는 학급화폐를 어떻게 처리할 것인가에 대해 공지를 해야 합니다. 가장 좋은 방법은 학년이 끝나는 다음 해 2월에 아이들이 가진 학급화폐를 공책, 연필 같은 문구류로 교환해 주는 방법입니다. 간단한 학급파티를 함께 열면 더 좋습니다. 그러면 아이들은 끝까지 화폐를 소중히 여깁니다. 행정실에 확인한 후 학급운영비로 학생 문구류를 구입할 수 있다면 그러한 방법을 활용하는 것도 좋습니다. 그러면 계속 화폐만 모으려는 아이가 생기지 않을까 생각하실 수도 있을 텐데, 교실에서 소유 가능한 화폐 액수를 규제하고 그 이상의 소득을 국가가 모두 환수하는 재산 상한제를 운영하면 문제는 쉽게 해결됩니다.

한눈에 보는 연간 SEC

나만의 1년 SEC 학급운영 중점 주제 정하기

'새 학년도에 새로운 아이들을 만나면 나는 어떻게 그 아이들과 1년을 함께 생활할 것인가?' 모든 교사가 이러한 고민을 할 것입니다.

학급운영의 방침은 교사마다 다르겠지만 1년 동안 함께할 아이들에게 나만의 학급운영관과 프로그램으로 학급을 운영해 보는 것은 참으로 신나는 일입니다. SEC 프로그램은 그 자체로도 아이들이 재미있어할 뿐만 아니라, 다양한 확장성을 지닙니다.

SEC 프로그램 활동 중 매년 중점 사항을 달리해 축소할 부분은 축소하고 강조할 부분을 강조하면, 더 다양하고 재미있는 주제로 학급운영을 할 수 있습니다. 예를 들어 SEC 프로그램에서 인성 부분을 더 강조하고 싶다면 아이들의 기부 문화에 대해 중점을 두면 되고, 학교폭력 예방 생활교육에 중점을 둔다면 학급헌법을 더 강조해 운영하면 되는 것입니다. 학생자치 활동에 관심이 있다면 학생회 활동을 더 강조하면 되고, 경제교육에 관심이 있다면 경제교육 영역을 더 강조해 운영하면 됩니다.

SEC 프로그램의 또 다른 장점은 프로그램 자체가 칭찬과 보상 성격을 지니고 있으므로 SEC 프로그램의 세부 활동을 모두 적용하지 않고 프로그램 3대 구성 요소인 학급화폐, 학급쿠폰, 개인 통장만 운영해도 교사가 관심 있는 다양한 교실 수업 주제에 대해 아이들을 적극적으로 참여시킬 수 있다는 장점이 있습니다.

저는 SEC 프로그램을 10년간 운영하면서 초기에는 SEC 프로그램 안에서 운영 중점을 달리해서 적용했습니다. 그리고 5년째 되었을 때부터는 다른 프로그램을 SEC 프로그램과 융합하여 함께 운영하였습니다. 스마트러닝이 도입될 때는 스마트러닝 수업을, 논술교육이 강조될 때는 독서논술교육을, 역사교육이 강조될 때는 역사교육 프로그램을 1년간 SEC 프로그램과 함께 교실에 적용한 것이지요.

SEC 프로그램을 운영할 때 교사가 관심이 있는 교육 주제 영역을 강조하거나 주제를 융합하여 SEC 프로그램을 운영해 보도록 합니다.

월별 SEC 운영 프로그램

1년 SEC 학급운영 중점 주제를 정했다면 이제 SEC 프로그램을 매월 시행하면 됩니다.

SEC 프로그램의 기반은 대부분 3월에 완성되는데 경제교육 활동의 경우, 아이들이 다양한 경제활동을 만들어 내므로 예측이 쉽지는 않습니다. 하지만 대략 다음과 같이 시행하면 교실에 나타나는 경제 현상이 좀 더 쉽게 예측되고 아이들에게 관련 경제교육을 원활하게 할 수 있습니다. 실제로 교실 경제 상황은 교사가 어떤 정책을 펴는지에 따라 많이 달라집니다.

아래의 표는 사회주의 계획경제, 자본주의 시장경제, 수정자본주의를 거쳐서 1년간 SEC 프로그램을 운영하는 예시로 담임의 학급운영관에 따라 다양하게 변경하여 운영할 수 있습니다.

월	경제 개념	활동 내용
3	통장	개인 칭찬통장 만들기
	화폐	학급화폐 만들기
	재화	학급쿠폰 만들기
	소득	일자리 활동
	금융실명제	환경판에 개인 재산 공개
	사회주의 계획경제	3월 교실 경제 운영 방식
4	자본주의 시장경제	4~6월 교실 경제 운영 방식
	세금	재산세, 쿠폰 보유세
	면세 제도	화폐 5개 이하 소유 학생
	벌금	학급헌법을 어긴 경우
	성과급	1인 1역 우수 활동 학생
5	신용 불량 파산	재산(화폐)이 부족한 학생
	인플레이션	화폐 추가 발행과 쿠폰 가격 상승
	은행예금	재산을 예금할 수 있는 활동
	큰 정부, 작은 정부	교사 개입의 최대화와 최소화
6	유동성 위기	은행에 돈이 고갈되는 현상
	빈부 차이	아이들의 재산 양극화 현상
	사재기	재력가 아이들의 쿠폰 사재기
	통화량	학급에 풀리는 화폐량
	고액권 화폐	화폐 가치 하락 시 필요

7	수정자본주의	7월 이후의 교실 경제 운영 방식
	모나토리움	국가 부도 현상
	재산 상한제	화폐 최대 10개까지 소유
	재산 누진세	화폐 6개 이상 소유는 세금 환수
	쿠폰 상한제	개인당 2개까지 소유
9	기업 활동	기업 창업 활동
	특허	기업 상품의 독점권
	연금, 퇴직금	1학기 회장단에게 적용
	보험	쿠폰, 화폐 분실 대비 보험
	보증금	기업 설립 허가 보증금 은행 예치
10	예금 금리	은행예금 금리 변경
	주식 투자	기업 주식 사고팔기
	주가조작	주식가격 조작 현상
11	부동산 교육	책상 부동산 게임
	경매	부동산(책상) 경매
	불로소득	부동산 상승과 차익
	사회복지	사회복지 기관 운영
	노블리스 오블리제	고소득자가 가져야 할 의무교육
12	체크카드	개인 통장 체크카드 기능
	신용카드	개인 통장 신용카드 기능
2	모둠 파티	사회복지 기금이 채워질 때
	학급화폐 보상	남은 학급화폐를 문구류로 보상

학년별 SEC 운영 프로그램

학년별로 적용할 수 있는 SEC 프로그램 세부 활동을 구분해 요약하면 다음과 같습니다.

이것은 예시 자료일 뿐이며 아이들의 인지 수준이나 교실 상황에 따라 적절히 프로그램 적용 시기를 변경하여 운영하는 것이 좋습니다.

저학년의 경우 주로 칭찬과 보상 및 학급헌법(규칙) 운영에 초점을 맞추고, 중학년의 경우는 학급헌법을 개정하는 학급의회 활동 및 세금 등의 기초적인 경제교육에 중점을 둡니다. 고학년의 경우는 자치법정 및 지방정부법에 해당하는 모둠규칙을 모둠 안에서 운영하게 할 수 있으며 금리, 주식 등의 심화된 경제교육도 가능합니다.

학년	SEC 생활교육			SEC 경제교육		
	기초	중급	심화	기초	중급	심화
1학년	O			O		
2학년	O			O		
3학년	O	O		O	O	
4학년	O	O		O	O	
5학년	O	O	O	O	O	O
6학년	O	O	O	O	O	O
활동 내용	학급헌법 개인 칭찬 모둠 칭찬	의회 활동	모둠규칙 자치법정	개인 통장 학급화폐 학급쿠폰 급여 소득	세금, 면세, 벌금 성과급, 연금 인플레이션 노블리스 오블리제	예금, 금리, 기업, 특허 빈부 차이, 보험, 주식 부동산, 경매, 모니터리움 불로소득, 3가지 경제체제 체크카드, 신용카드

저학년에 맞는 놀이형 심화 경제교육

1인 1역 일자리 활동, 학급화폐 벌기, 학급쿠폰 구매와 사용 정도가 저학년 수준에 적합한 활동입니다. 그러나 주로 고학년 수준에 적용하는 신용카드, 화폐가치, 보험, 금리와 같은 경제 개념도 '1일 놀이 활동' 형식으로 진행하면 저학년에도 교육이 가능합니다.

꽤 긴 시간에 걸쳐 이루어지는 경제 현상 교육은 저학년 아이들이 소화하기도 어렵고 개인 파산 같은 부정적인 경제 현상을 경험할 경우 아이들이 힘들어할 수도 있습니다.

특정 경제 현상 체험을 하루 안에 끝내는 놀이형 경제교육으로 진행하면 어려운 경제 현상 개념도 저학년에 적용할 수 있습니다. 다음은 2학년에 적용했던 경제교육 방법들입니다.

제목	1. 공정 불공정 소비 놀이
목적	소수의 사람(학급임원)이 물건을 독점할 때의 문제점 알기
놀이 방법	1. 아침활동 시간에 공정 불공정 소비 놀이 방법을 학생들에게 설명 2. 각 모둠에게 화폐 10개를 주고 하루 동안 쿠폰을 사게 함. 3. 학급임원은 제비를 뽑아 해당 모둠에게만 쿠폰을 판매 4. 5교시 수업에 쿠폰을 가장 많이 산 모둠이 경기에 승리 5. 학급쿠폰을 공정하게 판매하지 않을 경우 불편한 점을 함께 발표해 본다.
제목	2. 체크카드 사용 놀이
목적	체크카드 사용 방법과 장단점 이해하기
놀이 방법	1. 아침활동 시간에 모둠장은 칭찬통장에 학급화폐 5개를 적립하기 2. 하루 중 경고를 받으면 학급화폐 1개를 벌금으로 내기 3. 각 수업 쉬는 시간에 쿠폰 1개만을 살 수 있도록 함. 4. 쿠폰 1개를 사면 그 액수만큼 칭찬통장에 적립한 화폐를 지우기 5. 하교 시 쿠폰을 가장 많이 구입한 모둠이 우승, 학급화폐로 보상
제목	3. 신용카드 사용 놀이
목적	신용카드 사용 방법과 장단점 이해하기
놀이 방법	1. 아침활동 시간에 칭찬통장을 신용카드로 사용하는 방법을 설명 2. 신용카드 사용 놀이는 체크카드 사용 놀이와 동일하나 화폐 지불 방법이 선불 방식이 아니라 후지불인 것에 차이가 있음을 설명 3. 각 수업 쉬는 시간에 모둠별로 쿠폰 1개만을 살 수 있도록 함. 4. 모둠이 소비한 돈만큼 칭찬 소득을 얻지 못하면 신용 불량 모둠으로 아웃 5. 하교 시 신용카드 소비를 가장 잘한 모둠이 우승, 학급화폐로 보상

제목	4. 신용 거래 놀이
목적	신용 거래의 장단점과 유의점에 대해 이해하기
놀이 방법	1. 각 모둠이 쉬는 시간에 교사에게 신용거래로 쿠폰을 구매 2. 구매 가능한 쿠폰 개수는 제한이 없고 액수는 칠판에 기록한다. 3. 수업 시간에 학생들이 수업 우수 활동으로 칭찬 파란자석 1개를 받으면 갚아야 할 학급화폐 1개를 지불된 것으로 계산한다. 4. 수업 종료 후 신용 거래 액수만큼 칭찬을 받으면 신용 거래로 사 간 쿠폰 1개씩을 해당 모둠에게 상품으로 주기

제목	5. 화폐 가치 놀이
목적	쿠폰, 벌금 가격이 2배로 올라가는 인플레이션 문제 이해하기
놀이 방법	1. 학생들에게 부여하는 칭찬마일리지(학급화폐)를 1일간 2배로 주기 2. 쿠폰 가격과 벌금 액수도 2배로 늘려 금융 활동을 운영하기 3. 교사는 학생 활동에 벌금을 강하게 부과한다. 4. 화폐가 늘어나고 물가가 올라가는 문제점에 대한 느낌을 발표하기

제목	6. 자산 위험 보험 놀이
목적	화폐 분실 보험, 벌금 납부 보험으로 보험의 기능과 장점을 이해하기
놀이 방법	1. '화폐 분실 보험'과 '벌금 납부 보험' 설립 및 가입 2. 보험비를 학급화폐로 납부 후, 당일 화폐를 분실하거나 벌금이 부과되는 상황이 생기면 보험회사가 대납 3. 보험의 장점과 필요성에 대해 느낀 점 발표하기

제목	7. 주식 투자 놀이
목적	주식 투자로 주식의 특징과 장단점 이해하기
놀이 방법	1. 각 모둠을 기업으로 보고 주식을 50주 발행 (주식 1개=화폐 1개) 2. 아침에 모둠 주식을 학급화폐 2개로 사고 그 수를 기록하기 3. 1일 모둠이 받은 칭찬 수대로 가격을 올리고 (파란색 자석 1개는 ×2, 2개는 ×3, 3개는 ×4), 경고는 가격을 내리기 (경고 자석 1개는 ×1/2, 2개는 ×1/3) 4. 수업 종료 후 각 모둠이 받은 칭찬, 경고 수대로 주식가격을 계산 5. 주식 투자에 성공한 모둠에게 화폐 지급 및 느낀 점 이야기하기

SEC
경제교육 이야기

3월 SEC
화폐경제 교실의 시작

3월 첫 시간, 첫 만남

　3월 2일 아이들과 만난 첫 시간에 1년 간의 SEC 화폐경제 학급운영과 중점을 두는 생활교육 내용에 대한 이야기를 해 주었습니다. 선생님이 무섭다고 소문이 나서인지, 아니면 몇 안 되는 남자 교사여서 그런지 첫 시간에 딴짓을 하거나 버릇없이 구는 아이는 별로 없었습니다. 아이들과의 첫 만남에서는 필요한 말만 하되, 조용히 이야기합니다. 교사의 말이 많아지고 언성이 커지면 오히려 아이들에게 영향력은 반감된다는 것을 알게 되기까지는 꽤 시간이 걸렸습니다. 친구에게는 기분 나쁜 말이나 행동이 철저히 금지되고 사소한 것 하나도 그냥 넘어가지 않겠다는 나의 이야기에 아이들은 학교생활에 대한 기대감과 긴장감이 동시에 교차하는 표정을 지었습니다.

아이들이 살짝 긴장해 있을 때, SEC 경제교육 활동에 대한 소개를 해 주면, 아이들의 긴장이 조금씩 풀어지고 표정이 밝아집니다. 교실에서 자기들이 직접 학급화폐를 만들고 쿠폰을 사서 쓰는 활동이라니, 듣기만 해도 재미있게 느낍니다.

'아, 올해는 교실에서 재미있겠다. 선생님도 생각보다 무섭지 않을 것 같은데.'

적극적인 아이들은 손을 들고 SEC 프로그램에 대해 바로 질문을 던집니다. 일자리는 어떻게 얻게 되는지, 세금은 얼마나 내게 되는지 등. 그러나 이 모든 질문에 다 대답해 줄 수는 없습니다. 그 많은 궁금증을 한 번에 해결해 줄 수도 없을 뿐더러 스포일러가 되어 프로그램에 대한 아이들의 기대감을 한꺼번에 날려 버릴 수는 없으니까요.

개인 통장 만들기

1교시 아이들과의 첫 만남이 끝나면 2교시는 바로 아이들 각각의 개인 사진을 찍습니다. 통장 표지는 아이의 얼굴로 꾸미고 통장 뒷면은 학급 단체 사진으로 꾸미는데, 다들 긴장을 해서인지 사진을 찍을 때 밝게 웃는 아이는 몇 명 안 됩니다.

"1년 동안 쓸 사진이야. 한번 웃어 봐."

교사인 나의 이야기를 듣고 웃으며 사진을 찍는 아이들도 있지만 대부분은 여전히 긴장한 상태로 있습니다. 아이들의 프로필 사진을 5장 정도 찍고 그중에서 가장 잘 나온 사진 1장과 단체 사진 1장을 선택해 포토샵 효과를 주어 분위기 있는 개인 통장 앞면과 뒷면을 만든 후 컬러 출력하여 코팅을 했습니다. 30여 명의 아이들 사진을 편집하고 일일이 코팅하는 일은 쉬운 작업은 아니지만 그 작업을 시작으로 아이들과의 소중한 추억이 첫걸음을 내디디게 됩니다. 통장 앞면을 코팅하고 자른 후 통장 속지를 붙일 준비를 합니다. 통장 속지는 아이들이 직접 붙이게 하는데 양면테이프를 사용하면 붙이기도 쉽고 떼기도 쉽습니다. 통장 속지 붙이는 방법을 잘 설명해 주어도 통장 속지를 제대로 붙이지 못해 속지를 뜯어내고 다시 붙이는 아이가 해마다 한두 명씩은 꼭 나옵니다. 이때는 교사가 직접 도와줍니다. 아이들은 자기 얼굴이 들어간 개인 통장을 신기해합니다. 펀치로 통장에 구멍을 뚫어 고리로 연결해 교실 뒤에 걸어 놓으면 환경 정리에도 보기 좋습니다. 이때 아이들에게 나무집게를 한 개씩 주어 사용하게 하면 통장 속지가 흘러내리는 것을 예방할 수 있습니다.

학급화폐와 학급쿠폰 만들기

학급쿠폰을 만들기 위해 아이들에게 사전 설문 조사를 했습니다. 아이들이 필요로 하고 원하는 쿠폰을 만들기 위해서였습니다. 쿠폰 종류를 20여 개로 정한 후 한글 프로그램에서 적정한 크기로 편집해 출력한 후 코팅을 했습니다. 학급화폐는 상금을 걸고 아이들이 직접 화폐단위를 결정하게 한 후 그리게 하였습니다. 3종류의 학급화폐 단위는 아이들의 투표로 결정하는 것이 가능한데, 가급적 종류별로 서로 다른 아이의 작품으로 하려면 그냥 교사가 선택하는 것도 좋습니다. 화폐 디자인은 미술에 소질 있는 아이가 유리합니다. 아이들이 직접 디자인한 화폐 중 학급화폐가 결정되면 교사는 그것을 스캔하여 좀 더 선명하고 깔끔하게 나오도록 포토샵 작업을 합니다. 그리고 한글 프로그램에서 화폐 크기의 표를 만들고 그 안에 스캔 작업한 화폐 이미지를 복사하여 넣은 후 컬러 출력하여 자른 후 코팅을 합니다. 수십 개의 화폐가 들어가 있는 10여 장의 코팅 종이를 보면 아이들의 입이 벌어집니다. 그만큼 교실에서만큼은 학급화폐의 역할이 강력하고 매력적입니다. 코팅된 화폐를 자르는 일은 꼼꼼한 아이들에게 맡기면 되지만 저학년은 가위를 사용할 때 안전사고 위험이 있으므로 교사가 직접 오려 주는 것이 좋습니다. 화폐를 다 만든 후, 전체 액수의 절반은 교사인 제가 보관하고 나머지는 학급임원 3명에게 나누어 주었습니다. 그리고 학급임원이 도장을 찍어 주어야 할 아이들을 배정해 주었습니다. 칭찬마일리지 도장을 찍어 주고 학급화폐를 지급해 주는 역할을 하는 학급임원은 선망의 대상이 됩니다. 그리고 2학기에 많은 아이들이 학급임원에 출마를 하는 계기가 됩니다.

SEC 경제생활의 시작

학급 행정조직은 4개를 만들었습니다. 세금을 거두는 세무부(지금은 교사가 세금을 거두고 있다.), 아이들의 신고를 받아 주고 벌금을 부과하는 질서부, 교실 청소 확인 및 벌금을 부과하는 환경부, 벌금에 불복하여 소송이 생길 때 재판을 담당하는 사법부였습니다. 부서 중 질서부가 가장 인기가 많았는데, 아마도 반 친구들의 신고를 받고 자신들이 만든 학급헌법에 기록된 대로 벌금을 부과할 수 있는 권한이 아이들에는 큰 특권처럼 느껴졌던 것 같습니다. 각 부서장의 임기는 한 달로 하고, 부서장은 주로 학급임원 위주로 구성했습니다.

아이들은 개인 통장에 칭찬마일리지 도장이 10개가 되어 1줄이 차면 학급화폐 1개를 받게 됩니다. 아이들이 처음으로 학급화폐 1개를 버는 기간은 보통 1주일입니다. 하루에 도장을 최대 3개 정도로 짜게 주기 때문이지요. 그래서 아이들은 도장 하나하나에 민감합니다. 수업 발표, 독서록 쓰기 등 자신의 노력에 따라 받게 되는 학급화폐! 아이들은 저마다 꿈을 꿉니다. 학급화폐를 어떻게 사용할지, 그리고 어떻게 재산을 늘려 부자가 될지 말입니다. 재산 상한제는 시행하지 않았습니다. 학급헌법 제정과 개정은 학급회의 때 실시하고 나머지 모든 것은 아이들의 자율에 맡겼습니다. 아이들에게 고정적인 수입을 주기 위해 1인 1역할 일자리를 운영하고, 학급임원은 학급임원 활동 그 자체를 1인 1역할로 인정해 주었습니다. 급여는 주급으로 주었는데 학급임원은 도장 찍는 일, 화폐 나누어 주는 일, 기업 설립 인증 업무 등을 해야 했기에 임금은 다른 아이들보다 많은 학급화폐 3~4개를 주었습니다. 학급임원들이 SEC 프로그램에서 중요한 일을 많이 맡았는데 권력과 부가 쏠리는 문제가 발생할 줄을 처음에는 예상하지 못했습니다.

다양한 유형의 아이들

3월 한 달 동안 SEC 경제생활을 운영했을 때 다양한 유형의 아이들이 생겨났습니다. 학급에서 아이들이 만들어 가는 SEC는 사회의 축소판이나 마찬가지라는 생각을 많이 하게 되었습니다. 어떤 부조리한 사회현상의 원인이 개인의 인성적인 문제에만 있는 게 아니라, 잘못된 사회제도에서 크게 기인한다는 것을 느꼈습니다.

일벌레 학생 : 좀처럼 화폐를 쓰지 않고 철저히 모으기만 하는 유형입니다. 재산과 상관없이 세금이 매주 학급화폐 1개로 정해져 있었기에 세금을 제외하고는 돈을 쓰지 않고 꾸준히 모읍니다. 이런 유형의 아이는 보통 학급에서 6명 정도 나옵니다. 화폐를 쓰지는 않고 계속 모으는 행동으로 인해 이 아이들은 학급에서 화폐가 부족해지는 현상, 다시 말해 은행 돈이 고갈되는 현상의 주범이 됩니다.

수완이 뛰어난 학생 : 돈을 불리는 능력이 뛰어난 유형으로, 교사인 저도 전혀 생각해 내지 못한 방법으로 칭찬마일리지 도장을 더 많이 받는 아이입니다. 일종의 쿠폰 제도의 구멍인 셈인데, 쿠폰 중 '개인 칭찬 더블'이나 '모둠 칭찬 더블'을 조합해서 몇 배 이상의 칭찬마일리지 도장을 한 번에 받는 방법을 취합니다. 승인 권한이 있는 학급임원도 그것을 동의했는데, 학급임원 자신이 그러한 허점을 이용해 재산을 불릴 수 있기 때문입니다.

중산층 학생 : 일정한 소득이 있고 일정한 소비도 하는 유형입니다. 반 아이들의 50% 정도는 중산층으로 고정적인 일자리와 소득이 보장되는 만큼 쿠폰 소비도 적절하게 해 주는 아이들입니다. 중산층 아이들이 많으면 학급경제는 안정이 됩니다. 아이들에게 흘러 나간 학급화폐가 다시 학급은행으로 잘 돌아오기 때문입니다.

소득을 다 쓰는 학생 : 학급에 5명 내외로 나옵니다. 이 유형의 아이들에게 저축은 없습니다. 돈이 모이는 즉시 쿠폰을 사서 다 써 버립니다. 학급규칙을 잘 지키므로 벌금을 낼 정도는 아니기에 돈이 모자라지는 않지만 소득이 있을 때마다 돈을 모으지 않고 쿠폰을 사서 돈을 다 써 버리기 때문에 정작 나중에 자신이 필요한 쿠폰을 사지 못할 때가 있습니다.

빚을 지거나 파산하는 학생 : 파산하는 아이는 거의 없습니다. 그 이유는 파산하는 아이가 생기지 않도록 교사가 모둠별로도 칭찬을 주기 때문입니다. 그럼에도 빚을 지는 아이는 학급에 1~2명씩 나오는데 소득을 아무리 고정적으로 보장해 주어도 지각 등의 벌금 행동을 많이 해서 그나마 있던 학급화폐를 벌금으로 다 내기 때문입니다. 벌금 징수는 질서부 학생들이 했는데 아이들은 서로 잘 봐줄 것으로 기대했지만 생각과 달리 서로 봐주는 경우가 거의 없었습니다. 한 번 벌금을 낸 경험을 한 아이는 다음 자기 차례에 질서부 역할을 맡게 되면 더 철저하게 아이들에게 벌금을 거두는 현상이 생겼기 때문입니다. 아이들이 미리부터 빚을 경험하는 것은 교육적으로 좋지 않으므로 이후 벌금 제도는 폐지하고 벌금 대신 독서록 쓰기나 청소 봉사로 대체를 했습니다.

SEC의 하루

아침 활동

아이들의 하루는 아침 등교로 시작됩니다. 아이들은 교실에 들어오면 제일 먼저 그날 해야 하는 독서나 활동지 풀기 등의 아침활동을 합니다. 만약 교실에 들어온 이후 장난을 치거나 잡담을 하면 해당 아이의 모둠에 경고가 붙습니다. 아침활동을 잘하는 모둠에게는 모둠 칭찬 자석이 붙습니다. 아침활동 소득은 모둠으로부터 시작됩니다.

수업과 학교생활 속 소득

아이들은 수업을 포함해 학교생활 전체에서 자신들이 만든 학급헌법에 따라 칭찬마일리지 도장을 받음으로써 소득을 얻습니다. 저는 발

표 3회에 도장 1개, 좋은 질문을 하거나 답변을 한 아이에게는 최대 도장 3개를 찍어 주었습니다. 이때 개인에게뿐 아니라 그 아이가 속한 모둠에게도 칭찬자석을 붙여 주었습니다. 발표 및 수업에 열심히 참여한 아이들로 인해 모둠 친구들도 혜택을 받게 되는 것입니다. 모둠별 칭찬자석은 수업을 집중시키는 데에도 매우 효과적입니다. 집중을 잘 하지 않는 모둠에게 말없이 노란 경고자석을 붙이면 반 전체가 금세 조용해집니다. 이 방법은 발표를 장려할 때도 유용합니다. 발표를 한 번 한 친구에게는 다음 발표할 기회를 주지 않고 발표를 안 한 친구에게만 발표 기회를 주면 모둠원들은 자신의 모둠이 칭찬자석을 받기 위해 발표를 잘 안 하는 모둠원을 격려하여 발표를 하게끔 합니다. 이 방법으로 모든 아이가 하루에 한 번 이상은 발표하도록 이끌 수 있습니다.

점심시간과 쿠폰 판매

점심시간이 되면 급식을 먹기 위해 아이들이 줄을 서야 하는데, 저는 그날 오전에 모둠 칭찬을 가장 많이 받은 순서대로 줄을 서게 하였습니다. 첫 번째로 줄을 서나 꼴찌로 줄을 서나 시간적으로는 밥을 먹는 데 몇 분 차이가 안 나지만 아이들에게는 꽤 중요합니다. 모둠 칭찬자석이 누적되는 것이 아니므로 오늘 꼴찌 모둠이었다가도 내일은 일등 모둠이 될 수 있습니다.

쿠폰 판매는 점심시간에 했는데, 주로 5교시 시작 10분 전에 잠깐 판매를 했습니다. 그렇게 해야 쿠폰 판매 봉사를 하는 아이가 힘들지 않습니다.

돌발 이벤트, 수업 마무리 보너스

당일 수업 활동에 가장 우수한 활동 모둠이나 모둠 칭찬자석 3개 이상을 받는 모둠 전체에게는 돌발 이벤트를 열어 주었습니다. 주로 간단한 게임 기회를 주었는데, 그중 가장 인기가 많았던 게임은 '회전 빙고게임'입니다. '회전 빙고게임'은 회전 굴림통 안에 1부터 8까지의 숫자가 적혀 있는 작은 공 8개를 넣고 그 안의 공을 세 개 뽑는데, 그 3개의 번호를 맞추는 놀이입니다. 아이들은 종이에 예상 숫자 3개를 적고 교사는 빙고 기계를 직접 굴려 공을 뽑습니다. 게임 방식이 예상 번호를 추측해서 맞추는 로또와 비슷해서 아이들이 '로또'라고 부르기도 했는데, 돈을 걸고 숫자공을 뽑는 것이 아니라 보너스로 주어지는 게임이므로 '회전 빙고게임'으로 불렀습니다. 숫자를 맞출 확률을 계산하고 여러 번 실행해 본 결과 8개의 숫자 공에서 3개를 맞추도록 하는 방법이 제일 좋았습니다. 3번 정도 게임을 하면 1~2명 맞추는 아이가 나올까 말까 하는 정도였습니다.

통장에 칭찬마일리지 찍기

수업 종료 후 아이들은 하루 동안 받은 칭찬마일리지를 개인 통장에 도장으로 받게 됩니다. 도장 개수는 아이마다 다릅니다. 모둠으로 받은 칭찬과 개인이 받은 칭찬을 합산하기 때문에 아이들은 자신이 받아야 하는 도장 수를 학급임원에게 말하고 학급임원이 도장을 찍어 줍니다. 저학년의 경우 칭찬마일리지 도장을 몇 개 받아야 하는지 모둠별로 대략 알려 주면 좋습니다. 일이 있어 당일 도장을 받지 못한 아이들은 다음 날에 찍어 주도록 합니다.

학급쿠폰 사용

학급쿠폰은 자유롭게 사용하도록 했습니다. 수업 진행 중에 아이들이 모둠 발표 우선권 쿠폰을 사용하면 그 순간부터 그 모둠이 발표 우선권을 가지게 되고, 수업 종료 후 칭찬마일리지 도장을 받을 때 칭찬 더블 쿠폰을 사용하면 바로 적용해 주었습니다. 쿠폰 조합으로 모둠 전체가 혜택을 받을 수 있는 쿠폰 사용의 경우, 모둠원의 단합 효과가 컸는데 모둠에서 한 사람이 1개씩만 사용할 수 있도록 하였습니다. 이유는 쿠폰을 많이 가진 아이가 주변 친구들로부터 '네 쿠폰으로 다 쓰자'라는 요구를 받을 수 있으므로 이러한 문제를 예방하고, 소수의 돈 많은 아이로 인해 주변 친구들이 무임승차를 하는 것을 방지하기 위해서였습니다. 아이들은 모둠 전체가 최대의 혜택을 보기 위해 서로 협동을 하여 쿠폰 조합에 필요한 쿠폰을 서로 잘 나누어서 샀습니다.

4월 경기 부양을 위한 양적 완화 정책과 인플레이션

소비가 늘지 않는 자금 경색

3월 한 달 동안 아이들은 열심히 1인 1역할을 해서 돈을 벌었습니다. 또 수업 활동도 열심히 참여하여 개인별로도 소득을 얻고 모둠별로도 소득을 얻었습니다. 그런데 아이들 대부분 자신들이 벌어들인 화폐를 잘 사용하지 않는다는 게 문제였습니다. 열심히 모은 학급화폐를 쿠폰 사는 데 쓰기가 아까웠던 것이지요. 세금으로 2주에 한 번 학급화폐 1개씩 거두었지만 학급은행에서 아이들에게 풀리는 화폐를 감당하기에는 조금 역부족이었습니다.

"얘들아, 왜 쿠폰을 사지 않니?"

"쿠폰보다 돈을 모으는 게 더 좋아요."

"쿠폰을 사야 너희가 하고 싶은 일을 하거나 혜택을 받을 수 있잖아.

돈만 모아 봐야 별 소용없어."

"그래도 쿠폰보다 돈을 모으는 게 더 좋아요."

아이들에게는 학급화폐가 쿠폰을 살 수 있는 도구가 아니라 소유 그 자체로 아이들에게 큰 보상과 만족의 의미가 있다는 것을 이때 깨달았습니다. 아이들에게 강제로 쿠폰을 사게 할 수는 없었습니다. 아이들 자율로 운영되는 SEC 프로그램으로 인해 학급은행에 수거되는 화폐보다는 아이들에게 풀리는 화폐가 더 많아졌고, 학급은행에서 보유한 화폐는 점점 줄어들었습니다.

재산이 없어 세금을 못 내는 아이

4월에 접어들자 학급규칙을 많이 어겨서 벌금을 자주 내거나 돈을 버는 즉시 쿠폰을 다 사서 써 버리는 아이들이 등장했습니다. 벌금 제도는 수업 시간 지각 등 개인별로 몇 가지만 적용하고 있어서 대부분 아이들은 벌금을 못 내는 경우가 없었지만 소득을 얻는 즉시 바로 쿠폰을 사서 써 버리는 아이들이 문제였습니다. 학급에 5명 정도가 나왔는데 당시 이 아이들은 정말 대책이 없었습니다.

"선생님, 세금을 안 내는 친구들이 많아요."

"돈이 없어서 어쩔 수 없었겠지. 급여가 나오면 차감하도록 하자."

"근데요. 일부러 안 내는 것 같아요."

"그게 무슨 얘기야?"

"세금은 안 내면서 쿠폰은 자꾸 사서 쓰고 있어요."

탈세를 한 번 경험한 아이들은 다음에도 그런 행동을 하려는 경향이 있었습니다. 어쩔 수 없는 체납이 아니라 고의적인 탈세였으므로 학급에서 어떤 제재가 필요했습니다.

"그럼 어떻게 하면 좋겠니?"

"세금을 다 낼 때까지 그 아이에게는 쿠폰을 판매하지 않았으면 좋겠어요. 그리고 다음 급여를 받을 때 밀린 세금을 같이 내도록 했으면 좋겠어요."

아이들은 의외로 정답을 잘 알고 있었습니다. 세금을 고의적으로 내지 않은 아이들! 아무리 학급에서 1인 1역의 고정적인 일자리를 보장해 주어도 버는 돈보다 쓰는 돈이 더 많은 아이는 본인이 소비를 줄이지 않는 이상 뚜렷한 해결책이 없었습니다. 소비성이 짙은 아이들은 자연스럽게 세금을 체납하게 되었고 그 체납은 학급은행의 부실로 이어졌습니다.

반 아이들의 의견대로 체납을 자주 하는 아이들은 다음 급여일에 체납 액수를 차감하고 급여를 지급하였습니다. 그러다 보니 급여를 전혀 받지 못하는 아이들이 한두 명씩 생겨났습니다.

SEC 임금을 높이다

아이들의 임금 인상에 대한 요구가 일어났습니다. 1인 1역할 중 학급임원은 학급화폐 3개(부회장), 4개(회장)를 받는데 다른 1인 1역할은 급여가 학급화폐 2개 이하여서 불만이었던 것입니다. 2주에 한 번씩 급여로 받는 학급화폐 2개 중에서 1개를 세금으로 내고 나면 아이들 손에 남는 것은 학급화폐 1개뿐이라는 것입니다. 쿠폰 가격이 보통 학급화폐 2개 이상은 되기 때문에 한 달을 일해야 쿠폰 한 개를 겨우 사서 쓸 수 있는 낮은 임금이라는 주장이었습니다. 하지만 아이들의 이야기는 국가가 고정적으로 소득을 보장해 주는 1인 1역할에만 해당하는 것으로, 아이들의 개인 칭찬 소득이나 모둠 칭찬 소득은 제외한 것이었습니다. 그럼에도 불구하고 아이들은 학급임원보다 1인 1역 급여가 적은 것이 불만이었습니다. 학급임원은 통장에 도장 찍어 주기, 학급은행 역할, 쿠폰 판매, 자치 법정 등의 많은 일들을 모두 맡은 데다가, 대체로 수업에 적극적인 성향을 지니고 있고, 학급에 봉사할 일도 많다 보니 2주간 평균 소득이 일반 아이들보다 많았습니다. 결국 아이들의 불만이 많이 접수되어 학급회의를 열었습니다.

"학급임원들의 급여가 너무 많다는 의견들이 있는데 임원들은 어떻게 생각해?"

"우리들은 하는 일이 많습니다. 매일 아이들 통장에 일일이 확인해 도장을 찍어 주어야 하고 쿠폰도 판매해야 합니다. 하는 일에 비해 결코 소득이 많다고 생각하지 않습니다."

그때 학급임원이 아닌 다른 아이들이 말했습니다.

"학급임원들이 하는 일이 많다는 것에는 동의합니다. 하지만 그 일들은 학급임원들이 계속 하기를 원합니다. 일을 나누어 하자고 해도 나누지 않습니다."

그것은 틀린 말이 아니었습니다. 학급임원들이 그 많은 일들을 모두 감당하고 있는 것은 임원들 스스로가 그 일들을 계속하고 싶어했기 때문입니다. 쿠폰을 판매할 수 있는 학급임원의 역할에는 구멍이 하나 있었는데 바로 선호하는 쿠폰을 자신이 먼저 사 버린다는 것입니다. 최소의 노력으로 재산을 효과적으로 불릴 수 있는 학급쿠폰을 소득이 높은 학급임원이 선점해서 구매하다 보니 학급임원의 재산이 갈수록 늘어 갔습니다. 그러니 이러한 기득권을 학급임원들이 포기하려고 하지 않았던 것입니다. 칭찬마일리지 도장을 찍는 역할과 학급은행 역할 또한 다른 아이들과 나누어 하려고 하지 않았습니다. 학급임원들과 일반 아이들 간의 갈등 상황에서 양쪽 다 만족시키기 위해서는 학급임원들의 임금을 동결하고 비 임원 아이들의 임금은 더 올려 주는 방법을 취할 수밖에 없었습니다. 그래서 임원을 제외한 모든 아이들의 1인 1역 급여로 학급화폐 1개씩을 더 주도록 하였습니다. 그러자 이번에는 학급임원들이 불만을 토로했습니다. 자신들의 임금은 동결되었기 때문이지요. 하지만 아이들이 서로 하고 싶어하는 1인 1역을 학급임원들이 거의 독점하고 있었으므로 자신들이 계속 그 일을 맡아 하게 된 것만으로 만족해야만 했습니다.

일시적인 성과급의 시행

아이들의 소득을 높이면 쿠폰 소비가 늘어날 거라고 예상했기에 성과급 제도를 시행하였습니다. 성과급의 시행 방법은 간단했습니다. 2주간의 1인 1역 활동 후 그 결과를 학급임원들이 상중하로 평가한 것입니다. 학급임원 3명은 자신이 담당한(칭찬도장을 찍어 주기로 한) 아이들을 평가하여 1인 1역 활동이 '하'이면 그냥 급여만 지급, '중'은 급여와 함께 급여의 50%를, '상'은 급여의 100%를 성과급으로 더 지급했습니다. 그리고 학급임원은 담임인 내가 평가하였습니다. 그런데 여기에서 문제가 발생했습니다. 학급임원들이 아이들의 1인 1역 봉사 활동을 전반적으로 다 후하게 평가한 것입니다. 특히 자신들과 친한 친구들에게는 더 좋은 평가를 했습니다. 심지어 1인 1역을 제대로 하지 않아 급여를 주면 안 될 것 같은 아이들에게도 친하다는 이유로 '상'에 해당하는 성과급을 주었습니다. 반대로 사이가 좋지 않은 아이에게는 성과급을 '중'으로 내리는 경향도 보였습니다.

성과급은 한 달 정도 시행한 후 폐지를 했습니다. 아이들이 계속 감당할 수 있는 내용이 아니었고 교사인 나도 '누구누구에게 더 유리하게 평가를 한다.'라는 오해를 받을 소지가 있어서였습니다. 성과급 제도를 꼭 운영해야 한다면 모든 아이들이 평가에 참여하도록 해야 합니다.

돈이 마르다

학급임원을 제외한 모든 아이들의 임금이 오르자 아이들은 기뻐했습니다. 그렇지만 학급은행은 비상이 걸렸습니다. 아이들에게 풀리는 돈은 더욱 많아졌는데 아이들은 여전히 소비를 잘 안 했기 때문이었지요. 5단위 화폐는 여유가 있었지만 1단위 화폐는 부족해졌고 아이들이 화폐를 받으러 올 때마다 제때 지급을 해 주지 못하는 상황까지 발생했습니다.

"선생님, 1단위 학급화폐가 모자라요."

"그럼 5단위 화폐를 주고 나머지를 거슬러 받아."

학급은행에서 아이들이 원하는 단위의 학급화폐를 주는 것이 아니라 큰 단위 학급화폐를 아이들에게 주고 나머지를 아이들에게 거슬러 받아야 하는 현상이 발생했습니다. 화폐를 가지고 있지 않은 아이들의 경우 거스름돈이 없기 때문에 소득을 즉시 지급받지 못했고, 다음 날에 지급을 받는 등 임금 지급이 밀리는 상황도 발생했습니다. 결국 담임인 내가 개입했습니다.

"얘들아, 1단위 학급화폐 5개를 가진 사람은 학급은행에서 5단위 학급화폐 1개와 바꿔라."

아이들이 큰 단위 화폐를 작은 단위 화폐와 교환하면서 학급은행의 숨통이 조금 트였습니다. 하지만 이것도 얼마 가지 못했습니다. 학급임원들이 가지고 있는 반 50%의 학급화폐는 결국 한 달 만에 동이 났고 담임인 내가 보관하고 있었던 나머지 50%의 학급화폐를 학금임원들에게 다시 나누어 주었습니다. 하지만 이것도 몇 주 못 갔습니다.

증세(세금 올리기)에 대한 거부감과 화폐 추가 발행

학급은행에 화폐가 부족한 문제 때문에 학급회의가 열렸습니다.

학급회장의 모두 발언으로 회의가 시작되었습니다.

"현재 학급은행에 돈이 부족한 상황입니다. 이 문제를 어떻게 해결할지 좋은 의견이 있으면 말씀해 주시기 바랍니다."

"세금을 올리는 게 어떨까요?"

다소 눈치 없는 한 아이의 발언에 다른 아이들은 일제히 '우~' 하며 야유를 보냈습니다.

"세금까지 올리는 것은 맞지 않습니다."

아이들의 심정을 대변하는 듯한 의견에 '와~' 하는 환호성이 들렸습니다.

회의가 계속 진행되었지만 쉽사리 결론이 나질 않았습니다. 아이들은 증세를 절대 찬성할 수 없다는 입장이었습니다. 결국 담임인 내가 나섰습니다.

"학급은행에 돈이 부족하니 세금이나 벌금을 높이는 것 외에는 방법이 없어. 선생님의 생각에는 소득이 많은 사람이 세금을 더 내는 게 좋을 것 같은데 너희 생각은 어떠니?"

학급임원의 반발을 예상했지만 현재 상황을 타개하기 위해서는 어쩔 수 없는 선택이었습니다.

"소득이 많다고 해서, 돈을 그냥 버는 것이 아닙니다. 그만큼 남보다 열심히 노력해서 법니다. 세금을 내기 싫어 쿠폰을 바로바로 사서 쓰기 때문에 재산이 없는 친구들도 많습니다. 이런 친구들에게 세금을 면제해 주고 돈이 많다는 이유로 세금을 많이 거두는 것은 공평하지 않다고 생각합니다."

늘 묵묵히 학급 일을 앞장서서 하던 학급회장이 반대 의견을 폈습니다. 평소 조용하던 아이가 강하게 반대 의견을 낸 것에도 놀랐지만 그 내용이 상당히 논리적이라는 데에 더욱 놀랐습니다. 학급 안에서만 통용되는 학급화폐지만 아이들에게는 실제 화폐 그 이상의 의미가 있었던 것입니다.

"그러면 어떻게 하면 좋겠니? 방법이 없잖아?"

"선생님, 화폐를 더 만들면 되잖아요?"

"화폐를 더 만들자고? 그러면 쿠폰 가격이 올라가는 문제가 있어."

아이들 모두가 대답했습니다.

"화폐는 더 만들어도 쿠폰 가격은 그대로 하면 되잖아요, 선생님!"

화폐를 더 발행하면 화폐 가치가 떨어진다는 것을 아이들은 모르는 것 같았습니다. 쿠폰 가격을 올리는 게 원칙이지만 아이들은 쿠폰 가격을 그대로 유지하기를 원했습니다. 소득이 많은 사람이 세금을 더 많이 내는 것은 학급임원뿐 아니라 반 아이들 대다수가 반대했습니다. 재산이 많지 않은 아이들도 언젠가 자기들도 학급임원처럼 부자가 될 것을 기대하고 있었기 때문입니다. 재산세를 부과하기로 정하면 나중에 자기들에게도 불리할 수 있다고 판단한 것이지요. 아이들은 현재의 구멍 난 경제 시스템은 그대로 두고 화폐를 더 발행하는 쪽으로 의견을 모았습니다.

인플레이션의 시작 – 화폐 가치 하락과 물가 상승

아이들이 결정한 대로 학급화폐를 더 발행했습니다. 학급 경제 규모의 50%를 더 발행했기에 쿠폰 가격을 1.5배 올리려고 했지만 아이들의 반대로 유예기간을 두었습니다. 아이들은 기뻐했습니다. 개인 임금은 올랐지만 세금은 오르지 않았기 때문입니다. 결정적으로 학급쿠폰 가격이 오르지 않았기 때문에 쿠폰을 사서 쓰는 아이들이 조금 늘어났습니다. 소비가 조금 늘어났다고 판단하고 쿠폰 가격을 1.5배 올렸더니 이번에는 0.1단위 화폐가 없어 계산이 어려워지는 문제가 생겼습니다. 쿠폰 가격이 학급화폐 1개였던 것을 학급화폐 1.5개로 물가를 올렸더니 0.5개의 잔돈을 거슬러 줄 수가 없었던 것이지요. 할 수 없이 다시 0.1단위 화폐 만들기를 공모하고 화폐를 만들었습니다. 0.1단위 화폐는 학급통장에 찍는 칭찬마일리지 1개에 해당하는 액수였습니다. 쿠폰 가격을 올리자 아이들의 소비가 다시 줄어들었습니다.

"선생님, 쿠폰 가격을 안 올리면 안 되나요?"

"화폐가 많아지면 화폐 가치가 떨어지기 때문에 그만큼 쿠폰 가격도 올리는 게 맞아."

인플레이션에 대해 설명을 해도 아이들은 쿠폰 가격을 올린 것에 대해 여전히 불만이었습니다. 그리고 임금이 올랐지만 아이들의 씀씀이는 잘 고쳐지지 않았습니다. 돈을 모으는 아이는 여전히 소비를 하지 않고 화폐만 모았고, 돈을 잘 써 버리는 아이는 여전히 하루 벌어 하루 쓰고 사는 소비 형태를 보였습니다. 결국 물가가 오르면서 쿠폰을 사서 쓰기는 더 부담스러워졌습니다. 시간이 지나면서 학급에 풀린 화폐는 소수의 부자에게로 흘러들어 갔고 다수의 아이들은 화폐를 추가 발행하기 이전보다 상황이 더 어려워졌다는 것을 체감했습니다. 아이들은 인플레이션을 몸소 경험한 것입니다. 그때까지 신용 불량이 된 아이는 없었지만 소수의 아이에게 부가 축적되는 현상으로 인해 빈부의 차이가 점차 커지기 시작했습니다. 순간의 선택으로 아이들이 증세보다는 화폐를 더 발행하기를 원했지만 그에 대한 대가를 톡톡히 경험하게 된 것입니다.

5월 경제정책의 실패
- 복리예금과 구멍 난 세금 정책

학급은행의 자금 경색

학급은행이 보유하고 있는 학급화폐가 점차 부족해졌습니다. 세금을 올리기 위해 학급회의를 열었는데 반 아이들은 여전히 압도적으로 반대를 했습니다. SEC 프로그램을 진행할 때 최대한 아이들이 이끌어 가기로 약속했기에 아이들의 결정을 존중하였는데, 솔직히 학급은행은 부도 상황에 직면할 것 같았습니다. 해결 방법은 세금을 올리거나 학급화폐를 더 찍어 내는 방법밖에는 없었는데, 증세는 반 아이들 모두 반대하고 있고 학급화폐 추가 발행은 다시 물가 상승을 일으킨다는 딜레마가 있었지요. 아이들에게 의견을 물었습니다.

"학급은행에 돈이 모이도록 하는 방법이 없을까?"

"은행에 돈을 저축하면 어떨까요?"

예금 제도는 좋은 생각 같았습니다. 곧바로 아이들의 의견대로 학급 통장에 예금 기능을 추가했습니다. 통장을 뒷면으로 펼쳤을 때 제일 상단의 1개 면을 예금 칸으로 만들고, 아이들이 학급은행에 예금을 하면 학급임원이 상단의 예금 칸에 예금한 액수만큼 숫자로 적어 주었습니다. 예금 제도는 학급화폐를 분실하는 문제도 해결해 줄 수 있기에 아이들이 많이 이용할 것으로 기대했습니다. 그러면 학급은행에 돈이 부족한 문제도 조금은 해결이 될 것 같았습니다.

하지만 아이들은 생각보다 예금을 잘 하지 않았습니다. 아이들은 통장에 쌓이는 화폐 숫자보다 눈에 보이고 직접 만질 수 있는 화폐를 더 좋아했습니다. 아이들이 가진 학급화폐를 학급은행으로 돌리기 위해서는 아이들에게 또 다른 인센티브가 필요했습니다. 단순히 화폐 분실을 막을 수 있다는 것으로는 아이들의 마음을 움직일 수 없었습니다.

예금이자 정책의 도입

학급임원들이 학급은행에 예금을 하면 이자를 주는 정책을 도입하자는 의견을 내었습니다. 은행에서 이자를 지급해 주면 많은 아이들이 예금을 하리라고 예상한 것입니다. 상당히 설득력이 있는 의견이었습니다. 예금이자 제도를 도입하면 실제 사회에서 운영되는 은행 제도와 거의 유사해지므로 효과적인 경제 공부도 가능할 것 같았습니다. 그래서 학급임원들에게 예금 금리를 결정해 보라고 하였습니다. 학급임원들은 아이들에게 급여가 지급되는 매 2주마다 학급화폐 1개를 예금하면 이자로 학급화폐 0.2개를 주는 것으로 금리를 정했습니다. 예를 들어 학급화폐 1개를 예금하면 2주 뒤에는 1.2개가 되고, 한 달 후에는 1.4개, 두 달 후에 1.8개. 이런 식으로 진행되어 1년 뒤에는 4.8개가 되는 시스템이었습니다. 따져 보면 예금 금리가 거의 500%인 셈이었습니다. 학급화폐 5개를 예금하면 한 달 뒤 이자로만 학급화폐 2개를 더 받을 수 있었습니다. 당시에는 담임인 나도 예금이자가 나중에 큰 문제가 되리라고는 생각하지 못했습니다. 이자를 그 정도는 주어야 아이들이 예금을 할 것 같았고, 수시로 세금도 내고 쿠폰도 사서 쓰기 때문에 1년 동안 학급화폐를 한 푼도 안 쓰는 아이가 없을 거라고 생각했습니다. 학급임원들이 정한 예금 금리를 허락해 주고 임원들에게 예금 업무를 맡겼습니다.

그러나 아이들은 여전히 쿠폰 소비를 잘 하지 않았습니다. 오히려 은행으로 돈이 너무 쏠려 버렸습니다. 너 나 할 것 없이 모두 금리 500%의 불로소득을 향해 예금을 한 것입니다. 통장에 숫자상으로 학급화폐 수를 기록하다 보니 학급에 돈이 부족하다는 인식을 전혀 할 수가 없었던 거지요. 급여는 올랐고 세금은 여전히 적었으니 아이들은 급여를 받는 날에 바로 예금을 해 버렸습니다. 원칙상으로는 학급임원이 학급화폐를 아이들에게 주고 난 후 다시 예금으로 화폐를 받아야 하는데, 학급화폐도 부족하고 일이 번거롭다 보니 학급화폐로 급여를 주지 않고 바로 개인 통장의 예금 칸에 숫자만 올려 적는 방식으로 예금을 받아 주었습니다. 그리고 예금 금리대로 계속 예금 학급화폐 숫자를 높여 주었습니다. 아이들도 저도 전혀 모르는 사이에 눈에 보이지 않는 어마어마한 양의 화폐가 계속 풀려나간 것입니다.

새롭게 시도한 예금 금리 정책이 학급 경제를 부도 상황까지 가게 만드는 결정적 원인이 되었다는 것을 1학기가 끝날 때쯤 되어서야 세금 징수를 위해 개인의 재산 상황을 파악하는 재산 실명제를 시행하면서 알게 되었습니다. 학급, 그러니까 한 나라의 경제가 말 그대로 무너져 가고 있었습니다.

기업 창업 활동의 비과세 정책

5월 중순부터 개인 기업 활동을 시작하였습니다. 아이들에게 창업을 허락해 주고 반 아이들을 상대로 어떠한 아이템을 개발해 팔 수 있도록 하였습니다. 기업 창업은 개인뿐 아니라 동업도 할 수 있도록 하였는데 이에 관한 아이들의 관심이 상당히 높았습니다. 자신들이 구상한 직업을 직접 만들고 소득을 얻을 수 있기 때문에 아이들은 매우 흥미로워했습니다. 이 활동을 장려하기 위해 기업 창업 활동으로 얻은 소득은 비과세를 한다고 공지하였습니다. 그리고 아이들에게 사업 계획서를 나누어 주었습니다. 기업을 창업할 사람은 사업계획서에 간단히 사업 내용을 적고 학급임원의 승인을 받으라고 하였습니다. 아이들은 다양한 사업을 구상해서 창업 계획서를 가져왔습니다. 학급임원들은 대부분 검토를 하지 않고 바로 결재를 해 주었습니다.

기업 창업 활동을 운영하면서 결정적으로 실수한 것이 두 가지였는데 첫째는 비과세 정책, 둘째는 동업을 허락해 준 것이었습니다. 기업에 대한 비과세 정책은 2학기에도 계속되었는데, 경제 위기를 해결하기 위해 2학기에 누진세를 적용하자 아이들은 개인이 가진 자본금을 비과세가 적용되는 기업의 재산으로 돌려 비자금을 만들었습니다. 세금을 내는 시점에 개인 재산을 기업 재산으로 넣어 세금 징수를 피하고 세금을 내는 시기가 지나면 다시 기업에 보관한 화폐를 개인이 가져간 것입니다. 기업 활동 비과세 정책이 탈세의 도구가 되어 버린 것입니다. 그리고 동업 허용은 친구간의 몇 가지 문제를 발생시켰습니다. 기업 창업 활동에 아이들의 모든 안테나가 쏠리자 너 나 할 것 없이 다 창업을 하는 분위기가 조성되었고 친구 관계가 좋은 아이들은 쉽게 동업을 하였지만 그렇지 못한 아이들은 개인 기업을 운영할 수밖에 없었습니다. 동업을 한 아이들에게도 점차 문제가 생겼는데 기업에서 얻은 수익을 공평하게 나누는 데 있어 의견이 일치하지 못해 다툼이 생긴 것입니다.

기업 활동을 교실에 적용할 때 모든 아이들이 기업 활동에 뛰어드는 분위기를 만들면 안 됩니다. 학급 인원의 절반 이하 정도만 기업 활동에 관심을 가지고 한 번 도전해 보도록 하는 것이 좋습니다. 동업을 통해 얻게 되는 여러 가지 교육적인 효과도 있지만 동업을 허락했을 때 생겨나는 부작용이 만만치 않기 때문에 처음에는 동업도 금지하는 편이 낫습니다. 만약 여러 명이 함께 기업 활동을 하는 교육이 꼭 필요하다면 아이들 스스로 동업자를 구하게 하지 말고 교사가 모둠을 짜 준 후 2주 정도 일시적으로 운영하도록 하는 것이 좋습니다.

아이들이 만든 기업의 업종도 다양했지만 쏠림 현상이 있었습니다. 창업된 기업의 40% 정도는 돈을 빌려주고 이자를 받는 민간은행이었고, 40%는 돈 놓고 돈 먹는 방식의 사행성 업종이었습니다. 아이들은 종이 상자로 만든 제비뽑기 기구나 공을 던져 맞추는 놀이 기구 등을 만들어 와서 영업을 하였습니다. 마치 놀이공원에서 돈을 주고 하는 뽑기 장사와 유사했습니다. 그러한 놀이 형태의 기업으로 인해 쉬는 시간과 점심시간에 아이들의 놀거리는 참 많아졌습니다. 하지만 사행성 아이템 사업은 교육적으로 좋지 않았습니다. 학급화폐 2개를 주고 게임에 참여한 후 공을 잘 맞추면 오히려 학급화폐 2개를 더 벌 수 있는 놀이. 아이들은 재미있어했지만 분명 도박 성격이 있었습니다. 1주일간 운영한 후 교육적으로 좋지 않다고 생각되는 사행성 기업은 모두 폐지시켰습니다.

순수하게 자신의 노동력으로 기업 활동을 하는 대리 청소 용역 기업, 자신이 그림을 그려 주고 화폐를 받는 직업 화가, 종이학 같은 종이 공작품을 만들어 파는 제조업자 등 교육적으로 바람직한 기업은 20% 이내였습니다. 중복 기업 활동을 허락했기에 1학기에 설립된 기업 수만 해도 30개가 넘었습니다. 그중 50%는 장사가 안 되어 폐업 위기에 있는 기업, 30%는 고만고만한 수익으로 큰돈을 벌지는 못하고 유지만 되는 상황, 20%만 기업 활동으로 많은 소득을 올렸습니다. 하지만 결국 세금을 부여하지 않은 기업 활동은 재산을 많이 가진 소수가 더 큰 부자가 되는 문제점을 초래했습니다.

불로소득 – 계획적 쿠폰 조합

학급쿠폰을 40여 가지로 만들어 운영했습니다. 아이들이 원하는 쿠폰을 가급적 많이 허용하다 보니 사용시에 부작용이 발생하는 쿠폰들도 있었습니다. 대표적으로 개인 칭찬 2배, 3배 쿠폰과 모둠 칭찬 2배, 3배 쿠폰, 예금이자 더블 쿠폰 등이었습니다. 이러한 쿠폰은 아이들의 불로소득을 가능하게 했기 때문에 아이들은 어떻게든 머리를 써서 쿠폰을 조합하려고 시도했습니다.

4월까지는 이러한 쿠폰 조합으로 인한 문제점이 없었습니다. 왜냐하면 아이들이 쿠폰을 사서 쓰는 소비를 거의 안 했기 때문입니다. 5월이 끝나갈 무렵, 학급에 학급화폐가 많이 풀리자 아이들이 하나둘씩 쿠폰을 조합해서 손쉽게 재산을 불려 나가기 시작했습니다. 개인 칭찬 더블 쿠폰과 모둠 칭찬 더블 쿠폰 여러 개를 함께 써서 그날 받을 칭찬도장의 4배 이상을 받는 아이도 있었습니다. 쿠폰을 살 수 있는 여력이 충분한 아이들은 손쉽게 재산을 불렸고, 그렇지 못한 아이들까지 그러한 불로소득을 원했습니다. 급여 더블 쿠폰도 문제였습니다. 가격이 학급화폐 5개로 비쌌기 때문에 아이들이 함부로 사서 쓰지 못하는 쿠폰이었는데, 학급에 화폐가 많이 풀리자 급여 더블 쿠폰을 써서 임금을 배로 받는 아이들도 생겨났습니다. 이러한 현상들을 담임인 내가 정확히 잡아내지는 못했는데, 그 원인은 예금통장과 체크카드 기능으로 인해 학급화폐가 아이들에게 직접 나간 것이 아니라 통장의 숫자로만 적혀 나갔기 때문이었습니다. 어느 날 아이들이 함께 나누는 대화를 우연히 듣고 그러한 문제 상황을 알게 되었습니다.

"나는 오늘은 5배를 받았어. 도장 10개를 받아야 하는데 쿠폰을 써서 도장을 50개 받았지. 학급화폐 5개나 번 거야!"

"우리 모둠장은 더 많이 벌었어. 개인 칭찬 트리플도 사용해서 7배를 벌었거든."

아이들이 원하는 쿠폰을 다 만들어 주다 보니 생각지 못한 불로소득이 발생했고 이러한 편법은 아이들 사이에 빠르게 번져 갔습니다.

불완전한 불로소득의 개혁

아이들의 대화를 듣는 순간 불로소득 문제가 매우 심각함을 깨달았습니다. 학급회의 시간에 불로소득 금지에 대한 의제를 던졌습니다.

"쿠폰을 사용해서 손쉽게 재산을 모으는 사람들이 있다. 흔히 이것을 불로소득이라고 해. 일을 하지 않고 그냥 돈을 버는 것이지."

"선생님, 우리도 그냥 돈을 버는 것은 아니에요. 열심히 쿠폰을 모아서 노력해서 버는 건데요?"

아이들의 말도 일리는 있었습니다. 모둠원들이 함께 열심히 쿠폰을 조합할 계획을 짜고 실천해서 소득을 많이 얻은 것은 편법이기는 하지만 이것도 일종의 노력의 결과였습니다. 그런 계획을 주도적으로 잘 이끄는 아이들과 함께 모둠이 된 아이들은 2주간 많은 재산을 벌게 되고 그렇지 않은 경우의 모둠은 추가 소득이 거의 없었으니까요.

"하지만, 얘들아. 그래도 그것은 불로소득이야. 상식적으로 생각해봐. 같은 일을 하고 어떤 사람은 정상적인 급여를 받는데 어떤 사람은 쿠폰 조합으로 5배 이상의 소득을 얻는다면 어떻게 되겠니? 다들 열심히 일하기보다는 그런 식으로 쉽게만 돈을 벌려고 할 거야. 그건 바람직하지 않단다."

나의 이야기에 아이들 대부분이 동의를 하는 것 같았습니다.

"자, 그럼 투표로 결정해 보자. 지금 쿠폰 조합을 해서 쉽게 소득을 버는 것에 대해 반대하는 사람?"

최소한 절반 이상의 아이들이 현 제도를 폐지할 것으로 생각해 표결에 붙였습니다. 그런데 그 결과는 놀라웠습니다. 소득이 많은 아이 몇 명을 제외하고는 단 한 명의 아이도 찬성하지 않았던 것입니다. 소득이 많은 아이들을 제외하고는 대부분 폐지에 동의할 것 같았는데 실상은 그 반대였습니다. 아이들이 동의하지 않은 이유는 생각보다 간단했습니다. 자신들도 그러한 혜택을 앞으로 누리고 싶었던 것입니다. 비록 지금은 그러한 쿠폰을 살 여력이 되지 않지만 여유가 되면 자신들도 쿠폰 조합으로 손쉽게 부자가 되고 싶었던 것이지요. 쿠폰 조합 사용 문제는 더 이상 아이들의 판단에 맡길 수 없었습니다. 그렇다고 교사가 일방적으로 정책을 끌어갈 수는 없었습니다. 아이들 스스로 SEC 프로그램을 운영하기로 학기 초에 분명히 약속했기 때문이지요. 그래서 아이들에게 타협안을 제시했습니다.

"모둠 칭찬 더블과 개인 칭찬 더블은 그냥 두도록 하고, 칭찬 트리플 쿠폰과 급여 더블 쿠폰들은 폐지하도록 하자."

모둠 더블 쿠폰은 아이들에게 협동한 만큼 소득을 더 얻는 재미가 있었습니다. 그러한 즐거움까지 다 빼앗고 싶지는 않았습니다. 대신 칭찬 관련 쿠폰 중 동일 쿠폰은 아이 1명당 1일에 1개만 사용하도록 규제를 하였습니다. 모둠 협동이 잘 되는 경우 모둠원 5명이 각각 모둠 더블 쿠폰 1개를 구매해 한꺼번에 사용하면 모둠원 전체가 오늘 받을 칭찬 도장의 최대 6배를 받을 수 있었습니다. 하지만 모둠에서 쿠폰을 사서 쓸 만한 여력이 있는 아이는 많지 않았고 학급에서 운영하는 쿠폰의 수가 각 쿠폰당 10개밖에 없었으므로 한 모둠에서 칭찬 더블 쿠폰을 나누어서 쓴다고 해도 보통 2~3개 정도였습니다.

세금 제도의 개혁 – 탈세 방지와 재산 누진세

기업 활동 비과세는 기업 활동을 장려하기 위해 도입한 제도였지만 아이들은 자신들의 재산에 대한 세금을 낼 시기가 오면 기업에 투자금으로 예치해 탈세를 하는 편법을 썼습니다. 그래서 기업 투자금 제도 자체를 폐지했습니다. 기업 활동은 탈세의 도구가 아니라 순수하게 아이들이 기업 활동을 경험하는 목적으로 운영되도록 한 것입니다.

또한 재산 누진세를 신설했습니다. 재산세는 한 달에 두 번씩 아이들의 보유 재산에 따라 부과하였는데 소득의 불평등을 해결하기 위해서는 누진세 제도가 필요하였습니다. 소득이 별로 없는 아이들도 학급화폐 1개를 내야 하고, 소득이 많은 아이들도 학급화폐 1개를 내야 하니 세금이 불공정했던 것입니다.

세금도 교사인 내가 직접 거두기로 했습니다. 아이들에게 1인 1역으로 세금을 거두게 하는 방법으로는 세금이 잘 걷어지지 않았습니다. 2주마다 1인 1역이 바뀌므로 굳이 세금을 철저히 거두려는 아이들도 많지 않았습니다. 심지어 친한 친구들에게는 탈세를 봐주는 아이들도 있었고 '돈이 없어 세금을 내지 못한다.'며 납세를 하지 않고 버티는 아이들도 생겼습니다. 그리고 무엇보다 적극적으로 세금을 거두려는 아이들에 대해서 같은 학생끼리 세금을 뜯어가는 데 앞장선다는 인식을 하게 되어 교사가 직접 세금을 징수하는 것이 가장 공평하고 제대로 세금을 거둘 수 있다는 판단을 하게 되었습니다.

기업 투자금 탈세 방지와 재산 누진세를 실시하고 교사인 내가 직접 세금을 징수하면 학급의 경제 위기 문제는 곧 해결될 것으로 보였습니다. 하지만 이것은 저의 착각이었습니다. 아이들은 다시금 제도의 허점을 찾아 세금을 내지 않고 계속 재산을 증식할 방법을 찾았습니다. 학급헌법을 고쳐 나가면 그에 맞추어 빠져나갈 구멍도 놀랍게 찾아냈던 것입니다. 그 방법은 바로 비과세 대상인 쿠폰 사재기와 세금 면제 쿠폰 사용에 있었습니다.

6월 경제 버블 위기와
국가 부도

소수 부자의 쿠폰 독점

아이들의 재산 분포도가 점차 양극화 현상을 보였습니다. 대다수는 재산 누진세로 인해 학급화폐를 많이 소유하지 못했고, 소득이 아주 많은 아이는 돈이 워낙 많다 보니 누진세를 적용해도 세금의 영향을 크게 받지 않았습니다. 6월이 되자 기업도 점차 양극화 현상을 보였습니다. 1학기 30여 개의 기업들은 대부분 중소기업 규모였지만 그중 3개의 기업은 대기업이라고 할 만큼 큰 규모로 성장하였습니다. 학급에 생긴 3개 대기업들의 특징은 처음부터 기본 자본을 많이 가지고 있던 아이들이 설립했다는 것, 그리고 주로 학급임원들이 세운 기업이라는 것이었습니다. 학급임원들은 모두 재산이 많았는데, 다른 아이보다 임금이 높기도 했지만 자신들의 쿠폰 판매권을 악용하여 재산을 늘렸습니다. 바로 '세금 면제 쿠폰'을 학급임원들이 선점하여 사용한 것입니다. 총 10개의 세금 면제 쿠폰 중 3개는 늘 학급임원이 독점했습니다.

"선생님, 학급임원이 쿠폰을 안 팔아요. 항상 다 팔렸다고 해요."

"쿠폰이 있는데도 없다고 한 거니?"

학급임원들에게 묻자 억울하다는 표정을 지었습니다.

"인기 쿠폰은 금방 다 팔려요. 다시 들어와도 금방 나가요."

그때 다른 아이들이 말했습니다.

"학급임원들이 쿠폰을 자기들 친한 친구에게 먼저 팔아요."

"정말 그랬니?"

"아니에요. 선생님! 세금 면제 쿠폰이 인기가 많다 보니 아이들이 예약을 해요. 예약을 한 순서대로 판매를 했을 뿐이에요."

아이들의 말을 종합하니 예약해서 인기 쿠폰을 사다 보니 예약 순번이 밀린 아이 입장에서는 친한 사람에게 쿠폰을 먼저 판다고 오해를 한 것이었습니다. 하지만 알고 보니 학급임원 자신은 항상 쿠폰 예약 구매 1순위였습니다.

"쿠폰 구매 예약제는 운영하지 않는 걸로 하자."

"선생님, 쿠폰을 더 만들면 안 되나요? 쿠폰이 10개밖에 안 되니까 인기 쿠폰은 사기가 어려워요."

물건의 수요에 따라 가격이 변한다는 것을 교육하기에 좋은 상황이 되었습니다.

"이제 쿠폰 가격을 3월에 한 것처럼 고정시키지 말고 매달 변동시키도록 하자."

"선생님, 그러면 우리가 손해잖아요."

쿠폰 가격이 올라가리라 예상한 아이들이 말했습니다.

"당장은 그렇게 생각할 수도 있지만, 원래 물건의 가격은 수요와 공급에 의해 변한단다. 쿠폰을 사고 싶어하는 사람은 많지만 쿠폰이 적다면 쿠폰 가격이 올라가는 것은 당연한 거야. 반대로 너희들이 잘 사용하지 않는 쿠폰 가격은 내리도록 하자."

"선생님, 그러면 가격을 올리지 말고 쿠폰을 더 많이 만들어요. 공급이 많아지면 가격이 올라가지 않겠네요."

순간 놀랐습니다. 그 짧은 순간에 아이들은 가격을 올리지 않고 문제를 해결하는 방법을 생각해 낸 것입니다. 더 이상 나도 할 말이 없었습니다. 그리고 아이들이 이 정도 방법을 생각해 냈다면 가격 결정에 관한 경제교육은 충분하다는 생각이 들었습니다.

"그래, 좋아. 쿠폰을 더 만들도록 하자. 발행 쿠폰 수는 너희가 정하도록 해."

아이들은 기존 쿠폰별 10개에서 2배를 늘인 20개를 학급에서 운영하기로 결정했습니다.

소수 부자의 재산 은닉 방법 - 학급쿠폰 사재기

쿠폰 수를 2배로 늘려 학급에 비치하고, 문제가 되었던 쿠폰 구입 사전 예약제를 금지시켰습니다. 쿠폰 수를 늘리자 쿠폰이 필요한 아이들의 요구가 다소 충족되는 것으로 보였습니다. 그러나 또 다른 문제가 생겼는데, 바로 재산이 많은 아이들이 세금을 피하기 위해 재산을 쿠폰으로 바꾸는 현상이 생긴 것입니다. 쿠폰이 현금을 대체하는 일종의 부동산 역할을 한 것인데, 그때까지 쿠폰 보유 제한을 실행하고 있지 않아서 생긴 문제였습니다. 사실 이전까지는 쿠폰의 수가 많지 않았고 또 쿠폰을 많이 사서 쓰는 분위기가 아니었기에 큰 문제는 없었습니다. 하지만 쿠폰 수가 2배로 늘어나고 아이들에게 화폐가 많이 풀리는 동시에 세금이 누진세로 부과되자 아이들이 세금을 피하는 방법으로 쿠폰 사재기를 시작한 것입니다. 화폐를 많이 가지고 있다가 세금으로 내는 것보다는 쿠폰을 사서 보유하는 것이 더 낫다고 판단을 한 것입니다. 또 다른 세금 회피 수단이 생긴 것이지요. 이전의 기업 투자금 면세와 탈세는 화폐 자체를 이동시키는 것이라면 쿠폰 사재기는 화폐를 실물 자산인 쿠폰으로 바꾸어 소유하는 형태였습니다. 점심시간 학급임원들이 쿠폰 판매를 할 때 한 아이가 다가와 이야기했습니다.

"선생님, 쿠폰이 없어요."

"무슨 소리야? 이번에 쿠폰을 더 만들었잖니?"

"그런데 사고 싶은 쿠폰은 없어요. 다 팔렸대요."

학급임원에 확인을 해 보니, 진짜로 몇 개 종류의 쿠폰이 없었습니다. 인기 쿠폰인 '세금 면제 쿠폰', '자리 선택 쿠폰', '칭찬 더블 쿠폰'이 바닥나 있었습니다. 아이들에게 풀린 현금이 쿠폰 매입으로 쏠렸다는 판단이 들었습니다. 하지만 소수의 아이들이 쿠폰을 사재기했을 것이라고는 짐작하지 못했습니다. 그저 화폐가 많이 풀린 만큼 반 아이들 모두에게 쿠폰 구매 기회가 더 늘어났다고만 생각했습니다. 아이들이 다시 제안했습니다.

"선생님, 쿠폰을 더 만들면 안 될까요?"

망설여졌습니다. 쿠폰을 많이 만들면 쿠폰 가치가 떨어질 것 같았기 때문입니다. 그리고 그 많은 쿠폰을 교실에서 다 사용할 수 있을까 하는 의문도 들었습니다. 아이들에게 판단의 공을 넘겼습니다.

"선생님 생각에 쿠폰을 너무 많이 만드는 것은 안 좋을 것 같다. 하지만 이 문제에 대해서는 학급회의를 통해 너희들이 결정하도록 해."

아이들은 쿠폰을 추가 발행하는 것으로 결정했습니다. 대신 인기 없는 쿠폰은 그대로 두고 매진된 쿠폰만 추가로 10개씩 더 발행하기로 하였습니다.

대기업의 횡포? – 신입 사원 모집과 해고

"선생님, 저 오늘 면접 봤어요!"
"응? 무슨 면접?"
"S.N에서 신입 사원을 모집한다고 해서요"

S.N은 아이들이 창업한 기업 중 자산이 많은 3개의 기업 중 하나였습니다. 학급의 3대 기업은 학급임원들이 주축으로 창업한 '세븐스타'와 'CP 부자월드', 그리고 학급임원이 아닌 아이들이 창업한 'S.N'이었는데, 그 중 S.N에서 신입 사원을 모집한 것입니다. 3명의 재력 있는 아이들이 모여 창업을 한 것으로 S.N은 처음 활동을 시작할 때부터 기본 자본이 많았습니다. 3대 기업 중 학급임원 2명이 세운 '세븐스타'는 가장 인지도가 높았지만, 설립 이후 사원을 추가 모집하지 않고 다소 폐쇄적으로 운영되는 기업이었습니다. 그와 달리 'S.N'은 월급을 약속하고 사원을 공개 모집한 것입니다.

"얼마 전에 교실 게시판에 붙어 있던 사원 모집에 참가한 거야?"

"예."

"사원으로 뽑혔어?"

"예, 뽑혔어요."

그런데 'S.N' 기업에서 사원을 공개 모집한 것은 좀 의외였습니다. 보통 친한 친구들이 끼리끼리 모여서 기업을 운영하지 굳이 공개 모집까지 하지는 않았기 때문입니다.

"S.N에서 왜 공개 모집을 했니?"

"S.N에서 1명을 해고했어요. 그래서 1명을 공개로 뽑는대요."

"뭐? 해고를 했다고?"

순간 기업 활동 프로그램이 좀 위험한 수준에 이르렀다는 생각을 하게 되었습니다. 아이들이 기업을 창업하고 소득을 버는 활동은 의미가 있으나 권위적인 사장과 사원의 갑을 관계가 교실에서 형성되는 것은 좋지 않다는 판단이 들었습니다. 일정 기간 놀이형으로 고용주와 피고용인의 역할을 서로 바꾸어 경험해 보는 활동은 아이들의 평등한 관계에서 이루어지므로 교육적으로 좋은 경험이 될 것 같았지만 교실 속의 사원 면접 및 해고는 그렇지 않았습니다.

S.N 기업을 운영하고 있는 아이들을 불러 물어보았습니다.

"사원은 왜 새로 뽑았니? 그리고 왜 해고한 거야?"

"같이 기업 활동을 하고 싶다고 해서 A를 넣어 주었는데, A는 아무일도 안 해요. 우리는 열심히 아이디어를 떠올리고 쿠폰도 만들고 홍보 전단지도 붙이는데, A는 바쁘다고 아무것도 안 하려고 해요. 그런데도 월급은 달라고 하고요."

'S.N'을 창업한 아이들의 말도 일리는 있었습니다. 일하지 않고 월급만 달라는 사원을 누가 그대로 두고 싶을까요? 그래도 해고는 교실 속 아이들이 해야 할 일은 아닌 것 같았습니다.

"그래도, 해고보다는 잘 이야기해서 함께 잘 하도록 하는 게 좋지 않을까?"

"저희는 해고하지 않았어요. A가 갑자기 S.N 기업 활동을 하기 싫다고 해서, 마음대로 하라고 했는데, 아이들에게 자기가 해고당했다고 말했어요."

양쪽 이야기를 들어 보니 해고는 와전된 것으로 대충 상황 파악이 되었습니다. 그런데 왜 사원 모집을 공개로 한 것인지 이유를 물었습니다.

"아이들이 서로 뽑아 달라고 해서 어쩔 수 없었어요. 같이 사업을 하려는 아이들은 많은데 저희들이 월급을 다 줄 수가 없어요. 그냥 1명 선택하면 친한 친구끼리만 뽑아 준다고 할 것 같아서 그랬어요."

폐쇄적으로 기업을 운영하는 '세븐스타'에 비해 'S.N'은 나름 공정한 기업이었던 것입니다. 그러나 교실 속 기업 활동이 이런 식으로 계속되면 아이들 사이에 또 다른 갈등이나 위화감이 초래될 것 같았습니다. 그래서 문제에 대해 아이들과 이야기한 후 사원 모집과 해고 제도를 적용하지 않도록 결정했습니다.

"기업 활동은 처음에 기업을 등록한 친구들끼리만 하고 신입 사원 모집이나 해고는 하지 않도록 하자."

학급은행 파산과 국가 부도 위기

다시 학급화폐가 모자랐습니다. 5월에 만든 50단위 고액 단위 학급화폐를 학급은행에서 유통시키고 아이들에게 1단위, 5단위, 10단위 화폐를 모아 50단위 화폐와 교환을 해 주었습니다. 그리고 가장 많이 사용되는 1단위 화폐를 추가로 발행하였습니다. 그렇게 하지 않으면 학급은행이 곧 파산할 것 같았습니다. 아이들에게 임금도 주고 지속적으로 학급은행에서 돈이 나가야 하는데 시중에 풀린 돈이 학급은행으로 다시 들어오지 못하니 생기는 현상이었습니다. 국가은행으로 학급은행이 하나밖에 없었기에 학급은행의 파산은 곧 국가 부도를 의미했습니다. 이러한 상황을 타개하기 위해서는 어쩔 수 없이 화폐를 대량으로 찍어 내는 양적 완화를 선택할 수밖에 없었습니다. 학급에 돈이 많이 풀렸을 때 생기는 문제는 2차적인 것이고, 1차적으로 돈이 없는 문제를 해결하는 것이 급선무였습니다.

학급 개인 재산 분포도와 재산 실명제

1학기가 끝나갈 무렵 아이들의 재산 상황에 대해 조사를 했습니다. 한 학기 동안 적용한 SEC 프로그램에 대한 아이들의 의견을 수렴하고 2학기에 보완해야 할 점을 찾기 위해서였습니다. 그중 다음과 같은 의견이 있었습니다.

'부자 학생들은 돈이 너무 많기 때문에 학급헌법을 어겨도 벌금을 무서워하지 않는다.'

순간 납득이 잘 되지 않았습니다. 얼마나 돈을 많이 소유했길래 벌금을 신경 쓰지 않는다는 것일까요? 학급에 풀린 학급화폐도 일정했고, 일반 아이들도 1인 1역 급여로 매주 기본적인 소득이 보장되었기에 이론적으로는 벌금을 무서워하지 않을 만큼 부자가 나올 수는 없는 시스템이었습니다.

"오늘은 우리 반 재산 상황을 알아볼 거야. 솔직하게 답하자."
"선생님, 갑자기 재산은 왜 조사하는 거예요?"
돈이 많다고 소문난 아이 중 한 명이 궁금하다는 듯이 물었습니다.
"세금이 제대로 거두어지고 있는지 알아보려고 해."
"가지고 있는 학급화폐만 말하면 되나요?"
"그래, 선생님이 말하는 학급화폐 수에 해당되면 손 들어."

이때 결정적으로 실수를 한 것이 아이들 통장에 예금된 학급화폐를 생각하지 못했고 조사에서 뺀 것입니다. 그리고 아이들이 가지고 있는 쿠폰은 학급화폐가 아니었기에 제외했습니다. 그러다 보니 당연히 아이들의 재산 상황 조사가 제대로 이루어지지 못했습니다.

우선 조사한 것만 살펴보니 아이들의 재산 분포도가 거의 피라미드형을 이루고 있었습니다. 절반 가량은 평범한 재산으로 피라미드의 바닥을 형성하고 있었고, 위로 올라갈수록 그 수는 줄어들었습니다. 그리고 최상위층 3명이 피라미드의 정점을 이루고 있었습니다. 정점을 이루는 3명의 아이 중 2명은 학급임원이었습니다. 권력과 부를 동시에 가지고 있었던 것입니다.

재산이 많은 아이들은 기본적으로 열심히 학급생활을 하는 아이들이었습니다. 발표도 열심히 하고, 과제도 열심히 했습니다. 그리고 모둠 안에서 쿠폰 조합을 잘 이끌어 모둠원들과 함께 부를 만들어 갔습니다. 또 세금도 잘 피해 갔는데, 결정적으로 '세금 면제 쿠폰'을 활용했던 것입니다.

교실 환경판에 재산을 공개하는 재산 실명제를 실시하였습니다. 재산을 표시할 수 있는 게시판을 만들고 아이들의 얼굴로 표시말을 만들어 각자 자신의 재산 상황에 맞는 위치에 얼굴을 붙이도록 하였습니다. 세금을 좀 더 용이하게 거두기 위한 방편이었습니다.

9월 탈세를 위한
쿠폰 투기

쿠폰 투기

9월 초 학급에 쿠폰이 다시 부족해졌습니다. 아이들은 쿠폰을 사고 싶어도 쿠폰이 없다는 이야기를 했습니다. 쿠폰을 분실한 아이들이 많다고 해서 부족한 쿠폰은 더 발행해 주었습니다. 2주 후 다시 쿠폰이 부족하다는 이야기가 들렸습니다.

"어떻게 된 거야? 쿠폰을 많이 발행했잖아? 벌써 다 팔렸다는 거야?"

"예. 다 팔렸어요."

"쿠폰함에 몇 개가 남았어?"

"거의 없어요. 인기 없는 쿠폰도 다 팔렸어요."

어떻게 그 많은 쿠폰이 다 팔렸다는 말인지 이해가 되지 않았습니다. 모자라는 쿠폰을 계속 발행했기 때문에 가격만 어림잡아도 학급에 풀린 학급화폐 액수보다 더 많은데 말입니다.

아이들이 소유한 쿠폰을 조사했습니다. 확인해 보니 반 아이들 대부분이 쿠폰을 10개 이상 소유하고 있었습니다. 세금을 내기 싫었던 아이들이 현금을 보유하지 않고 그냥 쿠폰을 사 버린 것입니다. 학급에 쿠폰이 부족한 이유는 많은 아이들이 쿠폰을 사재기하고 있었기 때문이었습니다. 아이들이 세금 회피를 위해 현금 보유는 최소화하고 부동산격인 쿠폰을 잔뜩 소유한 것이지요. 초기에는 '세금 면제 쿠폰', '칭찬 더블 쿠폰', '내 자리 선택 쿠폰' 등 일부 인기 있는 쿠폰만 사재기를 했는데 이후 학급에 화폐가 많이 풀리고 아이들의 재산이 늘어나자 세금을 회피할 목적으로 너도나도 쿠폰 사재기를 했던 것입니다. 그러다 보니 쿠폰이 동났으며, 쿠폰을 재발행하는 즉시 다시 사재기를 하는 아이들 탓에 쿠폰이 바닥났던 것입니다. 반 아이들 모두가 쿠폰 투기를 한 셈이었습니다.

고금리 이자의 소득 불평등 문제

쿠폰이 바닥났다는 말에 아이들이 소유한 쿠폰 수를 조사하면서 한 가지 의아한 것이 있었습니다. 학급에 풀린 전체 학급화폐 액수보다 아이들이 소유한 쿠폰 액수가 더 큰 것이었지요. 아이들이 쿠폰 투기를 해서 개인별로 쿠폰을 많이 소유했다면 학급은행에 화폐가 많아야 하는데 학급은행에는 화폐가 많지 않았습니다.

"너희들, 쿠폰은 도대체 어떻게 산 거니?"

"예금통장으로 샀어요."

"예금통장으로? 어떻게?"

"1학기에 칭찬통장을 체크카드로 사용했잖아요. 쿠폰을 살 때 학급화폐 대신 통장에 예금된 돈으로 지불했죠."

"너희가 그렇게 돈을 많이 가지고 있다는 것이 잘 이해가 안 돼."

"이자 때문에 그래요."

"이자?"

"예. 은행 이자가 높아서 예금만 해 두어도 돈이 몇 배로 늘어나요!"

드디어 문제의 원인을 알아냈습니다. 1학기에 사용했던 고금리 예금 정책이, 학급화폐를 더 발행하지 않았어도 아이들에게 돈이 많이 풀리게 된 원인이었던 것입니다. 통장에 예금된 학급화폐는 1학기 말에 조사한 개인 재산 조사에서도 누락되었습니다. 교사인 나는 이러한 상황을 전혀 예상하지 못했습니다. 회장단과 학급 아이들이 고금리 이자 불로소득 문제점을 내게 말하지 않은 이유는 간단했습니다. 은행에 예금만 해 두면 얼마 후 몇 배로 자산이 늘어나는데 나에게 괜히 이야기해서 제도가 폐지되는 것을 원하지 않았던 것입니다. 학급임원이 통장에 적어 주는 숫자로 아이들의 재산은 그냥 계속 늘어나기만 했습니다. 그런 상황이다 보니 세금을 피하기 위해 쿠폰 투기를 하거나 통장에 계속 쌓이는 이자로 쿠폰을 사재기한 것입니다.

예금된 학급화폐를 포함하여 아이들이 가진 재산을 다시 조사해 보았습니다. 이번에는 실제로 발행한 학급화폐의 양뿐만 아니라 은행 이자로 아이들이 보이지 않게 더 소유한 재산까지 합산을 하였습니다. 개인 통장에 숫자로 기록된 화폐의 양이 학급에서 발행한 화폐보다 2배가량 더 많았습니다. 자산 증식에 대한 아이들의 계산은 정확했습니다.

여름방학 기간 한 달 동안에도 계속 예금이자를 부과했던 것입니다. 그것도 복리 제도로 말입니다. 그리고 아이들은 세금 회피 방법도 정확히 알고 있었습니다. 학급헌법으로 탈세를 하거나 규제하면 아이들은 다른 학급헌법의 구멍을 찾아 세금을 내지 않을 방법을 찾아냈습니다. 아이러니한 것은 같은 고금리 정책이라도 혜택을 본 아이가 있는 반면 그렇지 못한 아이들도 소수 있다는 것입니다. 재산이 어느 정도 있는 아이들은 돈으로 돈을 계속 벌어들였지만 그렇지 못한 아이들은 여전히 학급화폐 5개 이하를 가지고 있었습니다. 학급 안에서의 소득분배는 시간이 갈수록 불균형을 이루었던 것입니다.

인플레이션과 높은 물가

아이들에게 공지를 하고 물가를 올리기로 했습니다.

"너희들이 은행 이자로 받아 통장에 쌓인 돈이 교실에서 발행한 학급화폐보다 더 많아. 어쩔 수 없이 쿠폰 가격을 2배로 올려야겠다."

"선생님, 그러면 쿠폰이 너무 비싸요!"

"이런 현상을 바로 인플레이션이라고 하는 거야."

쿠폰 가격을 2배로 올리고 추가 발행도 하였습니다. 아이들의 소비 심리는 급속히 위축되었습니다. 쿠폰이 비싸다 보니 아이들은 아예 살 생각을 하지 않았습니다. 쿠폰 가격이 혹 다시 내리지 않을까 하는 기대를 품은 채 이미 사재기를 한 쿠폰을 가지고 버티는 것 같았습니다.

"선생님, 쿠폰 가격을 다시 내리진 않나요?"

"가격을 내리려면 학급은행에서 학급화폐를 그만큼 폐기하면 돼."

하지만 학급은행에는 그만큼 돈이 없었고 은행이 현금을 보유하려면 아이들이 자발적으로 돈을 포기하고 은행에 기부하거나 혹은 학급에서 세금을 늘려야 하는데 아이들이 이 모두를 반대하였기 때문에 정말 방법이 없었습니다. 마음 같아서는 잘못된 것들을 확 다 뜯어고치고 싶었지만 최대한 아이들의 자율성을 보장해 주기로 학기 초에 약속했기 때문에 좀 더 기다리기로 했습니다. 대신 쿠폰 투기 현상의 원인이 되었던 예금 고금리 정책과 불로소득의 문제점을 이야기하고 해결 방안을 찾아보라고 말해 주었습니다.

"예금 금리를 다시 내리는 것이 어떨까?"

"선생님, 불공평해요."

"뭐가 불공평해?"

"지금까지 고금리 이자 혜택을 누린 친구들이 있는데, 우리는 더 이상 그런 혜택을 못 받잖아요."

"금리는 원래 경제 상황에 따라 오르고 내리는 거야."

이렇게 말은 했지만 학급회의 때 금리를 내리는 문제에 대해서는 쉽게 결론이 나지 않았습니다. 아이들 대부분이 고금리 제도를 계속 유지하기를 바랐기 때문이었습니다.

10월 국가 부도(모라토리움) 상황에 생긴 경제 문제들

화폐 유동성의 위기 - 뱅크런

부족한 쿠폰을 추가 발행하고 쿠폰 가격을 올렸지만 학급화폐는 쉽사리 다시 학급은행으로 돌아오진 않았습니다. 아이들은 실물 학급화폐가 아닌 예금통장에 숫자로 기록된 재산으로 쿠폰을 샀기 때문입니다. 세금 정책도 손을 봤지만 강력한 누진세는 아니었습니다. 그리고 무엇보다 학급에 세금 면제 쿠폰이 많이 퍼져 있는 것이 문제였습니다. 아이들이 세금 면제 쿠폰을 많이 소유하다 보니 대부분 세금이 면제되어 세금 제도가 유명무실해졌습니다. 무엇보다 고금리로 불로소득을 많이 얻는 소수의 아이들은 쿠폰 가격이 2배로 올라가도 쿠폰 구입에는 큰 문제가 없었습니다. 시간이 지나자 재산이 많은 3명의 아이를 중심으로, 2배로 값이 오른 쿠폰을 다시 사들이기 시작했고 추가 발급한 쿠폰이 다시 부족해지기 시작했습니다.

아이들의 쿠폰 사재기를 막기 위한 학급회의를 열었습니다.

"쿠폰 소유 제한을 만들면 어떨까?"

"……."

아이들의 대답이 없었습니다. 이유는 간단했습니다. 쿠폰 소유를 제한하면 사재기를 할 수 없고, 결국 세금을 내야 하기 때문입니다. 아이들의 이익이 서로 갈리는 사안에 대해서는 오히려 어떤 제도의 도입이나 폐지가 쉽고 표결에 큰 문제가 없습니다. 하지만 반 전체 아이들이 공동으로 어떤 사안을 반대하거나 지지할 때는 학급회의를 열어도 해결이 쉽지 않습니다. 쿠폰 소유 제한도 마찬가지였습니다.

"선생님, 개인 통장의 체크카드 기능을 폐지했으면 합니다."

"왜 그렇게 생각했니?"

"쿠폰 가격이 올랐는데도 또 쿠폰을 사재기하는 친구들은 소수입니다. 대부분의 아이들은 체크카드로 쿠폰을 사는데, 현금으로 쿠폰을 사게 하면 쿠폰을 많이 안 살 것 같습니다."

통장에 차곡차곡 쌓이는 이자로 자산이 많은 소수의 아이들이 쿠폰을 손쉽게 사재기하는 것을 막을 수 있는 좋은 아이디어였습니다. 반 아이들 대부분이 이 규정에 대해서는 찬성을 했습니다. 하지만 규제는 또 다른 문제점을 만들었습니다.

2주 후 학급임원들이 다가와 말했습니다.

"선생님, 이번 주에 1인 1역 급여를 지급해야 하는데 지금 은행에 돈이 없어요."

"1단위 짜리가 모자라면 10단위 화폐로 지급해 주고 남는 돈을 거슬러 받으면 되잖아."

"선생님, 그래도 모자라요. 이번 달은 급여를 다 줄 수 없어요."

"아니, 그 많은 화폐는 다 어디로 간 거니?"

아이들에게 지급할 학급화폐가 모자란다는 이야기를 듣고 당황스러웠습니다. 도대체 무슨 일인지 학급임원에게 물어보았습니다.

"학급은행에 왜 돈이 없니? 지난 주까지는 1단위 화폐가 부족한 것 외에는 괜찮았잖아?"

"그게, 아이들이 돈을 다 인출해 갔어요."

"돈을 인출했다고?"

"예."

"왜 갑자기 돈을 인출해 간 거야?"

"학급은행에 돈이 없다는 소문이 나서요. 처음에는 한두 명이 쿠폰을 사기 위해 통장에 있는 돈을 인출해 갔는데, 나중에는 아이들이 왕창 몰려와서 예금을 많이 인출해 갔어요."

교실에 뱅크런이 발생한 것입니다. 개인 통장의 체크카드 기능을 폐지하고 학급화폐로만 쿠폰을 사게 하니 아이들이 쿠폰을 사기 위해 학급화폐를 인출했고, 학급은행에 화폐가 부족하다고 소문이 나자 현금을 인출하지 않던 아이들까지 몰려와 예금을 서로 인출해 가기 시작한 것이 바로 학급은행의 화폐가 바닥나게 된 원인이었습니다.

하이퍼인플레이션 : 화폐 추가 발행과 물가 상승

아이들에게 1인 1역 임금을 지급하지 못하는 사태는 막아야 했습니다. 그렇다고 아이들이 가진 재산을 강제로 빼앗을 수도 없었습니다. 결국 화폐를 추가 발행하는 것 외에는 해결책이 없어 다시 화폐를 추가로 발행했습니다. 그리고 쿠폰 가격을 학급화폐 1개씩 다시 올렸습니다. 이제 인플레이션을 넘어 학급 경제가 더 이상 통제가 안 되는 하이퍼인플레이션에 접어들었다는 생각이 들었습니다. 학기 초에는 학급화폐 1개로 살 수 있던 쿠폰을 학급화폐 3개나 주어야 살 수 있을 만큼 물가가 올랐습니다. 그럼에도 물가 상승은 자산이 많은 아이들에게는 큰 문제가 되지 않았습니다. 고금리로 인한 불로소득으로 충분히 쿠폰을 살 수 있었기 때문이었지요. 반면 자산이 많지 않은 아이들은 쿠폰 1개를 사서 쓰기가 더욱 부담스러워졌습니다. 고정적으로 1인 1역 급여를 국가에서 계속 지급해 주는 형태였기에 파산을 한 아이들은 없었지만 빈익빈 부익부 현상 때문에 자산이 많은 아이들과의 상대적인 비교로 박탈감을 느끼는 것 같았습니다. 나도 언젠가는 저렇게 되고 싶다는 부러움도 동시에 느끼면서 말입니다.

중산층의 감소

재산 실명제 환경게시판을 보고 분석해 본 결과 자산이 많지 않은 아이들의 재산 상황은 큰 변동이 없었습니다. 대신 자산 상위를 이루고 있는 아이들의 재산은 1학기 말에 비해 급속도로 증가했습니다. 추가로 발행한 화폐들 대부분은 자산 보유 상위 10%에게 집중되어 흘러들어 간 것 같았습니다.

10월 초에 조사한 학급 개인 자산 현황은 1학기 말에 조사했던 아이들의 재산 상황이 피라미드 모양이었던 것과 달리 중산층이 많이 줄어든 형태였습니다. 화폐가 많이 풀려 아이들 개인이 가지고 있는 화폐는 전보다는 늘어났지만 다른 아이들이 가진 화폐 액수와 비교해 보면 상대적인 비율로 중산층이 오히려 더 줄어든 것입니다. 중산층이 감소하면서 다수의 평범한 자산을 가진 아이들과 소수의 부를 독점한 아이들로 양극화 현상이 생긴 것입니다.

풍요 속 빈곤

2학기에 아이들은 풍요 속 빈곤을 경험하고 있었습니다. 1인 1역 급여도 오르고 교실에 학급화폐도 많이 풀렸으며, 쿠폰도 많이 발행했기 때문입니다. 하지만 쿠폰이 너무 흔해져서 쿠폰다운 쿠폰의 효과를 누리지 못했습니다. 예를 들어 '급식 우선권' 쿠폰의 경우, 1~2명이 그 쿠폰을 쓰면 그날 하루 동안 첫 번째와 두 번째로 급식을 먼저 받을 수 있었지만 반 아이 대부분이 '급식 우선권'을 가지고 있는 바람에 결국은 동일한 조건이 되어 버려 '우선권'이라는 쿠폰 혜택을 경험할 수가 없게 된 것입니다. '내 자리 선택 쿠폰권'도 마찬가지였습니다. 반 대부분 아이들이 우선권 성격의 쿠폰을 가지고 있다 보니 실제로는 있어도 큰 효과를 볼 수 없는 쿠폰이 되어 버렸습니다. 심지어 쿠폰을 가지고 있지 않은 아이는 자리 배정 등에서 손해를 볼 수 있는 상황이 된 것입니다. 쉬는 시간에 게임을 할 수 있는 '쉬는 시간 게임 쿠폰'의 경우도 아이들이 쿠폰을 1개씩은 다 가지고 있었지만 실제로 아이들이 쿠폰의 효과를 볼 수가 없었습니다. 쿠폰이 적을 때는 아이들이 그 쿠폰을 사용해서 바로 게임을 즐길 수 있었는데, 쿠폰을 가진 아이가 많다 보니 먼저 쿠폰을 사용한 친구들의 게임이 끝나기까지 차례를 기다려야 했기 때문입니다.

고금리 불로소득에 대한 동경

반 아이들 대부분은 고금리 불로소득을 동경했습니다. 그래서 금리만큼은 절대 내리고 싶어하지 않았습니다. 몇 명의 아이들이 과도한 불로소득을 얻는 모습을 보면서 그 제도의 문제점에 대해서는 공감도 하고 비판도 하였지만 그 제도를 완전히 폐지하기를 원치는 않았던 것입니다. 불로소득으로 편하게 자산을 늘리는 아이들을 보면서 분명 잘못된 일이라고 생각하면서도 자신들이 앞으로 그러한 혜택의 주인공이 되고 싶었기 때문이지요. 이러한 아이들의 이중적인 마음은 각종 문제를 해결하기 위해 학급회의 때 시도되었던 여러 개혁안들이 빈번히 부결되는 결과를 가져왔습니다.

탈세와의 전쟁과 자금 경색

SEC 학급운영의 승패는 탈세와의 전쟁에 달려 있었습니다. 아이들 대부분은 세금 납부를 '마땅히 내야 하는 사회적 의무'로 생각하지 않고 '내 금쪽같은 재산을 국가가 뜯어 가는 것'이라는 인식을 하였습니다. 그러다 보니 아이들의 각종 경제활동 및 생활양식은 세금을 내지 않으려는 방향으로 흘러갔습니다. 아이들에게 재산세가 부과되자 면세가 되는 기업 투자금으로 돈이 몰렸으며, 이를 규제하자 재산세 대상이 아닌 쿠폰으로 현금을 바꾸는 쿠폰 사재기가 시작되었습니다. 쿠폰 사재기를 규제하기 위해 개인 통장의 체크카드 기능을 없애자 아이들이 현금을 인출하는 뱅크런이 발생하였습니다. 뱅크런은 학급은행의 돈을 바닥나게 하는 현상을 초래했고 아이들에게 1인 1역 임금을 지급하지 못하는 상황까지 발생했습니다. 그리고 학급화폐의 추가 발행은 다시 인플레이션을 심화시켜 하이퍼인플레이션 상황으로 악화시켰고, 교실에 새로 풀린 돈은 고금리 불로소득에 의해 소수의 부자 아이들에게로 다시 쏠리는 양극화 현상이 벌어지는 악순환이 반복되었던 것입니다. 그리고 이 모든 과정에는 처음부터 만들면 안 되었던 세금 면제 쿠폰이 학급은행의 돈이 부족해지는 데 큰 몫을 했습니다.

10월이 끝나갈 즈음 예금 고금리 제도, 약한 세금 징수, 탈세할 수 있는 학급헌법의 구멍, 불로소득의 동경으로 인한 개혁 법안에 대한 아이들의 침묵이 어우러져 학급경제의 여러 문제점들이 최고조로 달했습니다. 아이들의 쿠폰 사재기, 현금 인출로 인한 자금 경색으로 학급 경제는 거의 마비 상태가 되었습니다. 나는 아이들에게 이야기하였습니다.

"얘들아, 이제 곧 나라가 망하겠다."

11월 모두가 공감하지만
원치 않았던 경제개혁의 시작

3가지 개혁 법안

나라 경제가 망하는 상황이 되었기에 더 이상 아이들에게 모든 것을 맡길 수는 없었습니다. 아이들에게 현재의 상태로는 교실에서 SEC 프로그램을 더 이상 진행하기 어렵다고 이야기했습니다. 그리고 이러한 문제를 해결할 방법은 세금 제도의 개혁뿐이라고 설명하였습니다. 그렇게 하기 싫었을 뿐, 아이들도 이미 잘 알고 있었습니다. 나는 담임으로서 할 수 있는 최고의 강수를 두었습니다.

"얘들아, 지금으로서는 더 이상 SEC 프로그램을 운영할 수 없어. 너희가 해결 방안을 찾든지 아니면 프로그램을 중단해야 해."

개혁안을 결정하지 않으면 프로그램을 중단하겠다는 엄포를 놓은 것입니다. 아이들이 학급회의 때 결정해야 하는 개혁안은 다음과 같았습니다.

　첫째, 은행 고금리 폐지

　둘째, 쿠폰 보유 상한제 실시

　셋째, 세금 면제 쿠폰 폐지와 저소득 면세 실시

　첫 번째로 은행 고금리 폐지가 급선무였습니다. 학급화폐를 직접 발행하지 않아도 개인 통장에 학급임원들이 적는 예금 숫자는, 보이지 않는 학급화폐를 계속 발행하는 것과 같았습니다. 그리고 무엇보다 금리가 500% 가량 되어 불로소득이 심하게 발생하는 문제가 있었습니다. 그래서 은행은 화폐 분실을 막아 주는 역할만 하는 것으로 그 기능을 한정하였습니다.

　두 번째로 쿠폰 보유 상한제를 두어, 아이들이 세금을 피하기 위해 학급화폐를 쿠폰으로 바꾸는 것을 막고 쿠폰이 과다하게 풀린 문제를 해결해야 했습니다.

　세 번째로 세금 면제 쿠폰은 탈세의 수단이므로 폐지가 필요했습니다. 1학기에 재산 누진세가 실시되었지만 세금 면제 쿠폰으로 인해 그 기능을 제대로 발휘하지 못했습니다. 탈세의 수단이던 세금 면제 쿠폰을 폐지하면 아이들이 세금을 더 이상 회피할 수 없기 때문에 학급 경제에 안정적이라 예상했습니다. 또한 학급화폐를 5개 이하로 소유하고 있는, 자산이 적은 아이들을 위해서는 재산세 면세를 통한 사회복지 제도가 필요하였습니다.

개혁의 설득과 기부 문화

3가지 개혁안에 대해 아이들에게 설명한 후 다음 학급회의에서 결정을 하라고 하였습니다. 그리고 학급에서 가장 자산이 많은 3명의 아이들과 오후에 개인 상담을 하였습니다.

"너도 알다시피 학급 경제가 많이 어려워. SEC 프로그램이 학급에서 계속 제대로 운영되길 원한다면 재산이 가장 많은 너희들이 모범을 보여야 해. 노블리스 오블리제 알지? 학급에 재산을 기부하도록 하자."

3명의 아이들은 나의 제안에 동의를 하였습니다. 지금 생각해 보면 아이들이 동의를 할 수 밖에 없었습니다. 담임이 이야기하는데 싫다고 하기는 어려웠겠지요. 대신 기부 액수에 대해서는 아이들의 자율로 맡겨 두었습니다. 법으로 규제하는 것보다는 자율적으로 기부를 하는 것이 좋은 방법이라고 생각했습니다. 기부를 하기로 결정한 아이들에게 그동안 수업 시간에 자산을 모으기 위해 해 왔던 노력에 대해 칭찬을 해 주었습니다. 자산이 많은 3명의 아이들이 모범을 보이자 다른 아이들도 재산 기부에 동참을 하였습니다. 물론 모든 아이들이 자발적으로 재산을 기부한 것은 아니었습니다. 학급에서 자연스럽게 기부 문화가 형성되자 마지못해 참여하는 아이들도 일부 있었지만 대부분의 아이들은 흔쾌히 참여했습니다. 아이들은 자신의 재산을 기부하는 문화를 교실에서 새롭게 경험하게 되었습니다.

수업 시간에 사회에서 권력이나 재산을 가진 지도층이 가져야 하는 사회적 의무인 '노블리스 오블리제' 수업을 하였습니다. 그리고 자신의 재산을 사회에 환원하기로 한 빌게이츠, 워렌 버핏 등의 인물을 예로 들었습니다. 부와 권력을 가진 것은 본인의 노력에 의한 결과이기는 하지만 사회적으로 어느 정도 인정받는 위치와 자리에 선다면 지녀야 할 사회적 의무도 크다는 것을 아이들과 함께 나누었습니다.

개혁의 성공

먼저 아이들에게 부과되는 세금 제도를 개혁했습니다. 탈세의 도구로 쓰였던 세금 면제 쿠폰은 폐지를 하고, 학급화폐 5개 이하를 가진 아이들에게 면세를 적용하였습니다. 그리고 세금 면제 쿠폰의 폐지로 학급화폐 6개 이상을 소유한 아이들에게는 화폐 5개 단위별로 세금을 1개씩 누적한 재산세가 제대로 부과되었습니다. 재산 누진세는 저소득 아이들의 재산 면세 제도와 함께 학급 안에서의 부의 불평등 문제를 완화시키는 기능을 발휘하게 된 것입니다.

다음으로 쿠폰 소유 제도에 대해 개혁을 하였습니다. 쿠폰은 3개까지만 소유할 수 있도록 학급헌법을 수정하는 대신, 쿠폰 보유 상한제를 바로 교실에 적용하지 않고 앞으로 2주간 이미 구입한 쿠폰을 최대한 사용할 수 있는 유예기간을 주었습니다. 그 결과 쿠폰 보유 제한으로 인해 아이들의 쿠폰 사재기 문제가 해결되었습니다.

마지막으로 가장 큰 문제가 되었던 은행 복리 고금리 제도는 폐지를 했습니다. 저금리를 운영했기에 사실상 은행은 화폐의 분실을 막는 정도의 역할만 하는 것으로 기능하게 된 것입니다.

12월 1년
SEC 경제교육의 마무리

재산 분포도의 변화

학급에 적용한 개혁안들은 순조롭게 적용되었습니다. 피라미드 모양의 자산 분포도를 이루던 1학기와 중산층이 붕괴된 2학기 초와는 달리 12월에 조사한 자산 분포도는 다이아몬드를 이루고 있었습니다. 자산의 하층이 줄어든 반면 중산층이 다시 증가한 것입니다. 교실에 적용한 3가지 개혁안은 학급 경제를 안정시켰습니다. 아이들이 더 이상 불로소득을 기대하지 않게 되었고 일정 액수 이상을 소유하고 있을 때 자산이 많은 아이는 그만큼 세금을 많이 내고 그렇지 않은 아이는 면세를 해 주는 제도가 정착되었습니다.

남은 학급화폐와 쿠폰의 보상

"선생님, 학급화폐를 가져가도 돼요?"

한 아이가 뜬금없이 질문을 했습니다.

"그게 무슨 말이야?"

"내년에는 이 화폐들을 쓸 수 없잖아요. 기념으로 가져가려고요."

"그럼, 당연하지."

1년 동안 잘 사용하던 학급화폐가 다음 해에는 더 이상 사용할 수 없는 휴지조각이 되기 때문에 학년 말이 되면 학급화폐를 소홀히 여기는 아이들이 몇 명씩 나옵니다. 이러한 문제를 해결하기 위해서는 남은 학급화폐를 다른 선물로 교환해 주거나, 혹은 학급에서 놀이나 게임을 진행할 때 학급화폐를 사용할 수 있는 이벤트를 진행하면 좋습니다.

경제 현상에 대해 설명하기, 자신의 생각을 글로 쓰기

아이들에게 학급에 수시로 생긴 각종 경제 문제에 대해 글쓰기를 진행했습니다. 그냥 하나의 경험으로 스쳐 지나는 것보다 자신들이 겪고 있는 각종 경제 현상에 대해 글쓰기를 하면 아이들이 경제 개념에 대해서 더 확실히 익힐 수 있을 뿐 아니라, 자신의 생각을 정리할 수 있는 기회도 되기 때문입니다. 각각의 경제 현상이 발생하는 원인을 분석하고 그에 대한 해결책을 아이들 스스로 생각하게 하면 체험적인 교육과 동시에, 각종 사회에서 발생하는 경제 현상에 대한 설명도 쉬워집니다.

재미있는 학급생활

SEC 프로그램을 1년 동안 적용한 후 아이들에게 설문을 하였습니다. 아이들에게 어떤 변화가 있었는지 또 아이들이 프로그램을 어떻게 생각하는지 궁금했습니다. 아이들에게 가장 큰 1년의 인상은 '재미있다'라는 것이었습니다. 아이들이 1년 동안 경험한 학교생활의 재미를 그 무엇과 바꿀 수 있을까요? 어떤 아이들은 벌써 내년을 생각하고 있었습니다. 그리고 SEC 프로그램을 하지 않는 학년이 되면 참 학교생활이 재미없을 것 같다는 말을 많이 하였습니다. 아이들이 재미있어했던 것에는 긍정적인 경제활동뿐만 아니라 탈세, 불로소득, 인플레이션 같은 부정적인 경제 경험들도 포함되어 있었습니다. 하나하나가 학급 경제에서 문제가 되었던 것이지만 아이들에게는 살아 있는 경제체험교육이 된 것입니다.

교사로서 아쉬움이 있다면 좀 더 체계적으로 경제 현상을 유발하고 계획성 있게 문제 해결을 하지 못했던 것입니다. 아이들이 직접 경제문제를 해결하게 하는 과정은 시간이 다소 많이 걸리고 문제 해결까지 쉽지는 않았지만 그 모든 과정들이 아이들에게 소중한 추억으로 남게 되었다는 것이 무엇보다 기뻤습니다.

경제 위기 없는
효과적인 SEC 운영 방법

　학생 자율로 SEC 프로그램을 운영할 때는 재미있는 경제 현상과 더불어 여러 가지 부정적인 경제 현상을 유발하는데, 그러한 문제를 경험하고 해결해 나가는 과정도 아이들에게는 큰 교육이 됩니다. 하지만 그 전에 각 상황에 대한 대처 방안을 철저히 마련한다면 시행착오를 줄이고 최대의 교육 효과를 얻을 수 있습니다.

　경제 위기 없이 거의 완벽하게 SEC 프로그램을 교실에 적용하는 방법은 다음과 같습니다. 단, 이 방법은 안정적인 프로그램 운영은 가능하지만 인플레이션이나 자금 경색 등 다양한 경제 현상을 경험할 수는 없습니다. 만약 다양한 경제 현상에 대한 교육에 중점을 두려 한다면, 아래 방법들을 기본으로 하되 일정 기간을 두고 조금씩 운영 방법을 바꾸어 주면 그에 맞는 다양한 경제 현상에 대한 교육이 가능합니다.

재산 상한제

재산 상한제가 있으면 학급에 화폐가 부족해지지 않습니다. 재산이 일정 액수 이상이 되면 국가에 기부금으로 내기 때문입니다. 액수는 교사 재량으로 정하는데, 저는 학급화폐 10개로 정하여 운영하였습니다.

재산세 면세와 누진세

빈부의 차이를 막기 위해 학급화폐 5개 이하는 면세를, 6개 이상부터는 재산 누진세를 적용합니다. 학급화폐 6개부터 1개씩을 누적해 세금으로 부과하면, 결국 아이들은 학급화폐 5개만 소유하게 됩니다. 그러면 아이들은 화폐를 모으기만 하지 않고 적절히 쿠폰을 사게 됩니다.

쿠폰 소유 제한

소유할 수 있는 쿠폰을 제한하면 아이들은 쿠폰을 사서 쓸 수밖에 없습니다. 쿠폰 구입으로 학급화폐를 쓰고, 또 쿠폰을 쓰지 않으면 그냥 세금으로 화폐를 내야 하기 때문입니다. 쿠폰 소유 제한은 2~3개가 적당합니다.

칭찬 마일리지 2주 간격 리셋 진행

모둠 변경은 2주 간격이 적당합니다. 이때 2주간 칭찬마일리지를 가장 많이 모은 아이가 다음 2주간 모둠장이 되게 정하면, 아이들은 2주마다 늘 새로운 의욕을 가지고 SEC 프로그램에 참여합니다.

교실 SEC 상황 게시판 2개

교실에 필요한 SEC 게시판 2개는 '재산 공개 게시판'과 2주간 진행되는 '칭찬마일리지 진행 게시판'입니다. 재산 공개 게시판은 세금 징수나 학급 자산 분포도 확인에 용이합니다.

칭찬마일리지 진행 게시판은 매번 2주간 리셋되므로 모둠이 운영되는 2주간 칭찬마일리지 획득 수를 한눈에 파악할 수 있다는 장점이 있습니다. 이 두 개의 게시판 표시말은 아이들이 직접 옮기도록 합니다.

주제별 교실 경제 현상 체험은 1일~1주일로 운영

인플레이션이나 신용카드 사용과 같은 특정 주제에 대한 교실 속 경제 체험은 저학년은 1일, 고학년은 최대 1주일 안에 끝내는 것이 좋습니다. 시간이 길어지면 아이들의 집중도가 떨어지고 학교 수업보다 경제 현상 체험에 더 집중하는 부작용을 보일 수 있습니다.

경제 현상 놀이교육 방법

주제별 경제 현상 체험은 저학년일수록 놀이 형식으로 진행하는 것이 좋습니다. 고학년도 놀이 형식으로 1일~1주일 정도 특정 경제 현상을 체험하게 하면 아이들에게 재미와 함께 교육적 효과도 높습니다.

기업 활동은 신중하게 - 개인 및 모둠

기업 활동은 잘 사용하면 다양한 경제 체험을 할 수 있는 유익한 프로그램이나, 잘못 사용하면 소외감, 집단이기주의 같은 생활교육의 문제를 발생시킬 소지가 있습니다. 그러므로 기업 활동은 신중히 접근하되 가급적 개인 기업 활동으로 진행하고 단체로 운영할 때는 매번 변경되거나 소외되는 아이가 없는 한시적 모둠 기업 활동으로 진행합니다.

엄선된 쿠폰의 사용

아이들이 만드는 쿠폰 중 교육적으로 좋지 않거나 SEC 프로그램 적용에 무리한 것이 있습니다. 따라서 학급에 적용할 쿠폰은 아이들에게 필요한 것을 의견으로 받되 교사가 그 내용들을 엄선해 주어야 합니다.

파산하는 아이가 없도록

SEC 프로그램은 모든 아이가 개인 통장을 가지고 칭찬마일리지 도장을 개인 혹은 모둠별로 받을 뿐 아니라 1인 1역 직업 활동으로 고정적 급여가 지급되므로 웬만하면 파산하는 아이는 나오지 않습니다. 하지만 벌금 제도를 운영하면 벌금 행동을 많이 하는 아이 1~2명이 매년 파산 위험을 겪는데, 이런 경우 파산 위험이 있는 아이나 그 아이가 속한 모둠에 교사가 칭찬을 많이 해 주는 식으로 잘 조절하여 파산하는 아이들이 생기지 않도록 합니다. 파산을 막으려면 처음부터 벌금 제도를 운영하지 않습니다.

SEC
생활교육 이야기

엄격하나 따뜻하고 좋은 선생님

1년의 첫 달, 첫 주, 첫 시간, 첫인상의 중요성

1년 생활교육의 성패는 아이들이 담임교사를 얼마나 인정하고 신뢰하는가에 달려 있습니다. 아이들과 함께하는 첫 달 3월, 이 기간을 놓쳐 버리면 이후에 생활교육 체계를 잡는 것은 상당히 어렵습니다. 따라서 3월 첫 주의 첫날, 아이들과 만나는 첫 시간은 매우 중요합니다. 자칫 잘못하면 소수 아이들은 교사를 쉽게 생각하고 교사의 말을 잘 따르지 않는 성향을 보이기도 하는데 이는 다른 아이들에게도 선생님의 생활교육에 대한 신뢰 부족으로 이어질 수 있습니다.

아이들에게 만만하지 않으면서도 생활교육에 신경을 많이 쓰는 좋은 선생님으로 첫인상을 주도록 합니다. 아이들에게 생활교육에 신경을 많이 쓰는 교사라는 인상을 심어 주면 아이들은 개인적인 어려움, 혹은 아이들끼리 일어난 여러 일들에 대해 교사에게 잘 이야기해 줍니다. 아이들의 다양한 이야기에 귀를 기울이면 생활교육에서 문제가 될 수 있는 여러 사안들을 미리 파악하고 앞으로 일어날지도 모르는 여러 문제들을 예방할 수 있습니다.

3월 첫날 첫 시간에는 아이들에게 반드시 올해는 학교생활 규칙을 잘 지켜야 한다는 인식을 주어야 합니다. 교사가 교실에 들어왔는데도 계속 이야기하고 있거나, 교사의 말을 받아 말장난을 하려는 아이가 있으면 바로 그 자리에서 주의를 주어야 합니다. 어떤 행동을 했을 때 혼이 나고 혼이 나지 않는지에 대한, 그 미묘한 경계선은 아이들이 본능적으로 잘 알고 있습니다. 그리고 담임교사의 만만함 정도에 따라 그 경계의 선은 달라집니다.

몇 명이 주의를 받으면 '아, 선생님이 좋은 것 같은데, 잘못된 행동을 하면 안 되겠구나.'라는 인식이 생깁니다.

아이들과의 2가지 약속! 원칙을 지키는 선생님

첫 시간에는 교사가 생각하고 있는 몇 가지 원칙을 아이들과 함께 나누는 것이 좋습니다. 저는 항상 다음 2가지를 이야기합니다.

첫째, 거짓말을 하지 말 것

둘째, 친구에게 기분 나쁜 행동을 하지 말 것

이 두 가지를 잘 지키면 크게 혼이 날 일은 없다고 이야기합니다. 이 당연한 두 가지를 지키지 못하는 아이들은 생각보다 많습니다. 보통 친구들과의 다툼은 한 아이가 다른 친구에게 기분 나쁜 행동이나 말을 하기 때문에 생깁니다. 아이들 사이에 다툼이 생길 때 금방 해결되지 않는 이유는 주로 아이들이 거짓말을 하거나 자기에게 유리한 말만 하기 때문입니다. 담임교사는 아이의 잘못에 대한 부분을 객관적이고 정확하게 짚어 주어야 합니다. 아이들의 이야기를 대충 듣고 다음부터 그러지 말라며 그냥 넘기면 안 됩니다. 아이들이 거짓말을 자주 한다면 아마도 그것에 익숙해져 있기 때문일 것입니다. 그런 식으로 거짓말을 하거나 담임의 질문에 묵비권을 행사하면 담임교사가 지쳐서, 혹은 귀찮아서 그냥 넘어가는 경험을 했기에 그러한 행동이 나오는 것일 수도 있습니다. 그렇다면 이러한 아이들의 잘못된 인식을 깨뜨려 주어야 합니다. 잘못이 큰 경우라도 솔직하게 이야기하고 자신의 잘못을 깨닫는다면 선생님이 용서하고 그냥 넘어가 주기도 하지만, 사소한 잘못이라도 거짓말을 하거나 담임교사를 속이려 든다면 끝까지 밝혀내어 더 크게 혼이 날 수 있다는 사실을 아이들이 인식해야 합니다.

아이들 이야기에 휘둘리지 않기

교사는 아이들의 말에 휘둘려서는 안 됩니다. 한 아이가 와서 아무리 자신의 억울함을 토로한다 하더라도 그 아이의 말만 듣고 상황을 판단해서는 안 됩니다. 아이들은 자신의 입장과 감정에 충실하기 때문입니다. 6학년을 담임할 때였습니다. 당시 점심시간에 강당을 청소하러 갔던 여학생들이 강당에 있던 남자 스포츠 강사에 대한 불만을 이야기했습니다. 청소하러 갔는데 이유 없이 혼을 낸다는 것이지요. 그리고 내가 나이가 훨씬 더 많으니 그 스포츠 강사를 혼내 주라는 겁니다.

"너희들, 그 선생님에게 어떤 말을 한 거야? 혹시 스포츠 선생님에게 기분 나쁜 말이나 행동을 한 것은 아니고?"

남자 스포츠 강사가 아무런 이유 없이 청소하러 간 여학생들을 혼낼 리는 없다는 생각을 했기에 그렇게 물어보았습니다. 그리고 내가 그렇게 물었을 때 아이들의 당황하는 눈빛을 보고 아이들이 무언가 이야기하지 않는 것이 있다는 확신이 들었습니다. 그래서 같이 청소하러 간 남학생들을 교실에 부르고 따로 확인을 해 보았습니다. 알고 보니 여학생들이 남자 스포츠 강사를 만만하게 보고 이름을 부르거나 반말을 해서 선생님이 '청소하러 왔으면 청소나 똑바로 해.'라고 혼을 낸 것이었습니다. 여학생들이다 보니 젊은 남자 선생님의 관심을 끌기 위해 그런 행동을 한 것일 수도 있겠지만, 그래도 선생님에게 해서는 안 될 행동인 것입니다. 그럼에도 불구하고 자신들의 잘못된 행동은 쏙 빼놓고 담임인 나를 이용해 그 스포츠 강사를 혼내려고 했다는 점이 더 괘씸했습니다. 아이들 말만 그대로 믿었으면 참 우스운 꼴이 될 뻔했지요. 그 여학생들은 그 일로 더 혼이 났고 그 이후로 다시는 나를 속이려 하지 않았습니다. 아이들은 자신의 감정에 충실하기 때문에 자신에게 불리한 것은 잘라내고 유리한 것은 더 추가를 하는 경향이 있습니다. 이러한 속성을 잘 파악하고 아이들을 대해야 교사가 아이들에게 휘둘리지 않고 상황에 대한 정확한 판단을 할 수 있습니다.

최소의 말과 최대의 생활교육 효과

생활교육의 진가는 많은 말에 있지 않고 짧은 몇 마디에 있습니다. 담임교사는 짧은 몇 마디 말로 아이들의 분위기를 장악할 수 있어야 합니다. 전담을 할 때 5학년에 인쇄물을 전달할 일이 있었습니다. 그중 한 반은 초임 발령을 받은 선생님의 교실이었는데 마침 교실에서 체육 수업을 하기 위해 책상을 뒤로 밀고 아이들을 줄 세우고 있었습니다. 아이들이 무질서하자 담임 선생님의 언성은 갈수록 커지고 아이들의 소란스러움도 그에 비례하여 점점 더 커지고 있었습니다. '선생님의 말이 많고 언성이 높으면 안 되는데……' 라고 생각하며 다른 반에 인쇄물을 전달하러 갔는데, 그 반은 꽤 오랜 경력이 있는 선생님의 반이었습니다. 인쇄물을 받으시더니 '모둠장!'이라고 조용히 한 마디만 했는데 갑자기 고요해졌습니다. 그리고 각 모둠장들이 나와서 인쇄물을 나누어 가져가더니 자기 모둠에게 전달해 주었습니다. 그분은 짧게 몇 마디 했을 뿐인데 확실히 아이들에게 영향력이 있었습니다. 그때 교사의 목소리가 작아져야 아이들의 소리도 작아진다는 사실을 다시 한 번 깨닫게 되었습니다. 저는 아이들이 시끄러울 때 단번에 주의를 집중시키기 위해서 조용한 말소리보다는 종소리를 적용해 보기로 했습니다. 그래서 SEC 프로그램을 생활교육에 도입하면서 '종소리' 2개를 약속했는데, 종을 한 번 칠 때는 아이들이 조용히 선생님의 이야기나 친구의 발표를 듣는 자세를 바로하고, 두 번을 연달아 치면 손을 머리에 올리고 눈을 감는 것이었습니다. 그리고 이것이 몸에 익숙해지도록 하기 위해 가끔씩 '종소리 게임'을 했는데, 모두가 일어선 상태에서 종소리를 들려주고 그에 해당하는 자세를 바로 취하는 게임으로 틀린 아이는 바로 자리에 앉게 되고, 마지막 최후까지 살아남은 아이와 그 아이가 속한 모둠에 학급화폐로 보상을 해 주는 게임이었습니다.

또 하나 아이들을 집중시킬 때 사용한 방법은 담임이 이야기를 할 때 집중을 잘하는 모둠은 SEC 프로그램에서 운영하는 모둠 칭찬자석을 즉시 붙여 주고, 그렇지 않은 모둠은 경고자석을 붙이는 방법입니다. 몇 번만 칭찬자석 및 경고자석을 활용하면 교사가 아이들을 따로 조용히 시킬 필요 없이 아이들이 스스로 조용히 합니다.

3월 2주간 한 줄로 앉기

3월 2주 정도는 아침활동 시간에 아이들을 한 줄로 앉게 했습니다. 아이들이 교실에 처음 들어왔을 때 아침활동에 먼저 집중해야 하는데 2줄로 짝을 이루어 앉거나 모둠으로 앉을 경우 바로 옆이나 앞의 친구와 서로 마주 보거나 가까이 앉게 됩니다. 이렇게 되면 아이들은 아침활동에 집중하기보다는 옆이나 앞에 앉은 친구와 이야기하는데 더 집중을 하게 됩니다. 아침에 등교해 교실에서 아이들끼리 인사하고 잠깐 담소를 나누는 것은 괜찮지만 그 시간들이 길어지면 아침활동은 제대로 이루어지지 않습니다. 한 줄로 앉으면 이러한 문제를 예방하는데 효과적인데, 아이들이 아침활동 규칙에 익숙해지기까지는 한 줄로 앉히도록 합니다. 수업이 시작되면 다시 2명이 짝을 이루어 앉거나 혹은 모둠을 만들어 수업을 진행하면 됩니다.

교사의 자리는 학생 금단의 구역

교사의 자리는 아이들이 쉽게 넘어오지 못하도록 해야 합니다. 아이들이 교사 자리에 쉽게 들어오게 되면 몇 가지 문제점들이 발생하고, 장점보다는 단점이 많습니다. 교사의 책상을 뒤지는 아이가 있는가 하면 화면 보안이 걸려 있지 않은 컴퓨터에서, 시험지 같은 주요한 파일을 열어 보는 아이도 있습니다. 3월 아이들과 몇 가지 규칙을 정할 때 꼭 이야기하는 것 중 하나가 교사 책상을 기준으로 그 앞으로는(칠판 쪽 공간) 허락 없이 못 넘어오게 하는 것입니다. 선생님에게 할 이야기가 있는 아이는 선생님 책상 옆이 아닌 바로 앞에 서서 이야기하도록 약속했습니다. 한 가지 예외를 두는 경우가 있는데 바로 담임이 교실을 비우게 될 때 TV를 켜거나 전화를 받아야 하는 경우에는 학급임원만 책상 앞으로 나오거나 물건들을 사용할 수 있도록 허락하였습니다. 예전 5학년 한 교실에서 체력 측정을 하고 있었습니다. 체력 측정 종목 중 교실에서 할 수 있는 것도 있지만 큰 기계를 이용하는 체지방 측정 등은 보통 강당이나 체육실에서 하게 됩니다. 어느 한 반에서 체육실에서 체력 측정을 마치고 담임보다 먼저 교실에 들어온 아이들끼리 말다툼이 생겼습니다. 그러다가 한 아이가 화가 난다고 담임교사의 책상 서랍을 열어 과도를 꺼내 상대방 아이를 위협한 사건이 일어났던 것입니다. 1차적으로는 담임이 과도와 같은 위험한 물건을 교실 책상에 보관한 잘못이 큽니다. 더군다나 과도가 어디에 있는지를 아이가 알고 있었다는 것은 담임이 아이들 앞에서 평소에 과도를 사용했다는 것이므로 담임의 부주의가 가장 큰 첫 번째 잘못인 것입니다. 두 번째 잘못은 평소에 아이들이 담임 책상의 물건을 만지도록 허락한 것에 있습니다. 담임 책상을 절대 건드려서는 안 될 것으로 생각했다면 그 아이가 쉽게 서랍을 열어 과도를 꺼내지는 못했을 것입니다. 교사 책상 앞으로 못 나오게 하는 마지막 이유는 분실 문제 때문입니다. 종종 도벽이 있는 아이들로 인해 담임의 휴대폰이나 지갑 등을 분실하는 사건들이 발생하는데, 담임 책상 뒤쪽으로 넘어오는 것을 금지하면 도벽이 있는 아이들도 쉽게 담임의 책상을 만지지는 못합니다.

교사와 학생 대화의 규칙

담임은 아이들의 이야기에 귀를 기울여야 합니다. 아무리 작은 소리라도 그것을 무시하거나 성의 없는 태도로 들으면 안 됩니다. 하지만 아이들과 대화할 때는 몇 가지 원칙이 필요합니다.

3월에 아이들에게 대화할 때의 2가지 원칙을 약속했습니다. 첫 번째는 담임인 내가 이야기를 하는 도중에 말을 끊지 않고 끝까지 들은 후에 하고 싶은 이야기를 할 것, 두 번째는 버릇없이 말하지 않고 예의를 지키자는 것이었습니다. 교사의 이야기에 불쑥불쑥 끼어드는 아이는 수업의 흐름을 방해하거나 때로는 자신이 담임이 되어 수업 분위기를 망치기도 합니다. 교사가 이러한 유형의 아이들과 말싸움을 할 필요는 없습니다. 처음부터 그러한 행동에 대한 규정을 정해 두고, SEC 학급헌법에서 아이들이 만든 규칙에 따라 청소 봉사나 글쓰기 숙제, 혹은 벌금을 부과하면 효과적으로 예방됩니다.

아이들이 버릇없이 이야기하는 경우는 주로 말대꾸나 교사의 말을 받아서 말장난을 하는 경우입니다. 이런 행동은 기본적인 예절을 어기는 것이므로, 정확하게 지적을 하고 바로잡아 주어야 합니다. 아이가 예절에 어긋나는 말을 할 때 과하게 반응하지는 말고 10초 정도 아이의 눈을 본 후, 교실 분위기가 차분해지면 차분한 목소리로 '다음부터 그런 행동을 하면 안 된다.'고 말해 주면 됩니다. 주변의 아이들뿐만 아니라 버릇없이 이야기를 한 아이도 자신의 잘못된 행동을 잘 알고 있습니다. 그러므로 차분하면서도 단호하게, 또 짧게 이야기합니다. 그리고 만약 이야기가 길어질 것 같다면 쉬는 시간에 연구실로 따로 불러 이야기를 합니다.

아이를 인격적으로 대하는 교사

아이의 문제 행동을 지적하고 혼낼 때는 인격적으로 혼을 내야 합니다. 순간의 감정에 못 이겨 해서는 안 될 말들을 해서는 안 됩니다. 아이들은 잘 알고 있습니다. 자신이 잘못한 것도 알고, 선생님이 그 잘못에 대해 혼을 내는 것인지 아니면 자신을 감정적으로 비난하는지를 느낍니다. 아이들의 문제 행동을 목격하는 순간 담임의 언성이 높아지기 쉽지만, 적절하게 감정을 컨트롤할 수 있어야 합니다. 그리고 아이의 문제 행동이 크다면 이후 설명하겠지만 아예 화를 내지 않는 것이 더 낫습니다. 교사의 언성이 높으면 아이들은 내성이 생기고 그만큼 생활교육의 효과가 떨어집니다. 조용하면서도 단호하게 아이의 잘못된 행동에 대해 지적을 하고 아이 스스로 자신의 행동이 잘못된 것임을 깨닫게 해 주어야 합니다.

만약 한 아이를 혼냈다면 집에 갈 때는 그 아이를 불러 위로해 주는 것이 좋습니다. 교실에서 혼이 날 때 눈 하나 깜짝하지 않고 버티던 아이가 수업이 끝난 후 연구실로 따로 불러 선생님이 그때 느꼈던 솔직한 감정과 또 혼을 낼 수밖에 없는 이유 및 그 아이를 신뢰하고 기대하는 점을 이야기했을 때 눈물을 흘리며 반성하는 모습을 많이 보았습니다. 하교하기 전 아이들의 마음을 풀어 주는 것은 담임교사와 학생의 신뢰 관계를 위해 매우 중요합니다. 혼이 나는 동시에 담임교사와 인격적인 만남과 대화가 오고갈 때 아이들은 마음을 엽니다. 저학년은 또 다른 이유가 하나 더 추가됩니다. 저학년은 주로 하교할 때의 기분이 그날 하루의 기분이 되는 경우가 많습니다. 하루 종일 기분이 좋다가도 하교하기 전에 혼이 났다면 집에 가서는 하루 종일 혼이 난 것처럼 이야기할 가능성이 있는데, 하교하기 전에 선생님이 아이의 마음을 만져 주면 가정에서의 불필요한 오해를 막을 수 있습니다. 아이들을 인격적으로 대하는 방법은 아이들의 이야기를 최대한 많이 들어주고 아이들의 기분을 존중해 주는 동시에 아이의 잘못을 정확하게 짚어 주는 것입니다.

"담임인 나는 너를 신뢰하고 네 기분은 이해해. 하지만 그때 너의 그런 행동은 분명히 잘못된 거란다."

선생님은 모든 것을 알고 있다

선생님께 어떤 이야기를 했을 때 철저히 자신을 지켜 줄 수 있다는 확신이 든다면, 그리고 모든 문제들이 해결된다는 확신이 있으면 아이들은 담임에게 생활 속의 이런저런 문제에 대해 이야기를 합니다. 3월 처음 아이들을 만나면 이 부분에 대해 확실한 믿음을 주어야 합니다.

"어떤 문제가 있으면 선생님한테 즉시 와서 이야기해. 주변 사람 눈치가 보이면 편지를 써서 몰래 주어도 좋고, 하교 후에 연구실에 와도

된단다. 혹시 너희를 괴롭히는 아이가 있다면 선생님은 그 아이가 그런 행동을 못하도록 1년 동안 끝까지 지도할 거야."

학교폭력에 대한 신고 분위기도 잘 조성해 주어야 합니다. 싸움이 났을 때 고학년의 경우 아이들이 선생님에게 그 사실을 숨기는 경향이 있습니다. 아이들에게 수차례 강조하여 '학교폭력에 관련한 신고는 고자질이 아니라 친구를 지키는 행동'이라는 인식을 심어 주어야 합니다. 사소한 말이나 행동이라도 실수가 아니라 고의적으로 친구를 기분 나쁘게 하고 사과를 하지 않는다면 즉시 신고를 하라고 합니다. 저는 학교폭력에 대해 신고를 한 경우는 신고한 학생이 속한 모둠에 교실 SEC에서 운영하는 칭찬자석 스마일(칭찬마일리지 3개)을 붙여 주었습니다. 개인이 아니라 모둠으로 보상을 한 이유는 모둠으로 보상을 할 경우 아이들은 개인이 아니라 모둠원들이 함께 학교폭력에 대해 신고를 한 것이 되고, 각 모둠별로도 서로 경쟁이 되어 학교폭력은 담임에게 즉시 신고하는 것이라는 교실 분위기가 단시간에 만들어지기 때문입니다. 더불어 특정 아이가 학교폭력을 선생님께 신고했다는 것에 대한 가해 아이의 보복을 방지하기 위해서입니다. 한 사건에 대해 서로 다른 모둠이 함께 신고한 경우 그 모든 모둠에 동일한 보상을 해 줍니다.

이때 주의할 점이 두 가지가 있는데 첫 번째는 잘못을 한 아이의 경우 그 아이가 소속된 모둠에는 불이익을 주면 안 된다는 것입니다. 모둠의 잘못은 모둠 전체에 경고가 주어지지만 개인의 잘못은 개인이 책임지도록 해야 합니다. 두 번째로는 고의성이 아니라 실수로 친구에게 기분 나쁜 말이나 행동을 하게 되었고, 또 그것에 대해 사과를 했다면 주의 정도만 주고 넘어가는 것이 좋다는 것입니다. 학교폭력에 대한 철저한 신고 분위기는 아이들의 즐겁고 안전한 교실생활을 위한 필수 요소입니다.

　아이들의 일상을 파악하기 위해서는 상담을 활용하는 것이 좋습니다. 아이들과 정기적으로 상담을 하면 아이들은 교사를 더 신뢰하게 되고 평소에 듣지 못했던 이야기를 많이 들을 수 있습니다. 교사의 교실 정보력은 담임교사에 대한 아이들의 신뢰로부터 얻어집니다.

때론 속아 주고, 때론 웃어 주라

　3월 한 달 동안 아이들의 생활교육이 어느 정도 자리를 잡았다는 확신이 든다면 3월 말부터는 아이들을 조금 풀어 주는 것이 좋습니다. 생활교육이 잘 정착되었는지를 확인하는 방법은 다음 두 가지를 살펴보면 되는데 모두 담임교사가 없을 때 아이들이 어떻게 행동하고 있는지를 살펴보는 것입니다.

　첫째는 아침활동 시간입니다. 교사가 교실에 없을 때 아이들이 교실에 등교하자마자 자리에 앉아 친구들과 잡담을 하지 않고 아침활동을 조용히 하고 있다면 교실 생활교육이 자리를 잡은 것입니다.

　둘째는 전담 시간의 이동입니다. 전담 시간이 되면 교사가 아이들을 인솔해서 전담실까지 데리고 가야 합니다. 하지만 전담 수업을 마치고 교실로 다시 올 때는 아이들끼리 오게 되는데, 이때 뛰는 아이 없이 질서를 지키며 교실로 돌아온다면 아이들의 생활교육이 어느 정도 자리를 잡은 것입니다.

　아이들을 풀어 주라는 것은 잘못을 그냥 넘기라는 말이 아닙니다. 아이들이 실수로 어떤 잘못을 했을 때 원칙적으로 지적하고 따지기보다는 때론 부드럽게 주의를 주고 넘어가라는 것입니다.

중간고사 이후 시험지가 가정으로 배부되었고 부모님의 확인 사인을 시험지에 받아 오게 한 적이 있었습니다. 시험지의 부모님 사인을 확인하던 중에 한 여학생의 시험지 사인이 부모님 사인이 아닌, 아이가 위조한 사인이라는 것을 알게 되었습니다. 예전 같으면 크게 혼을 냈을 텐데 생활교육이 자리를 잡은 상황이었기 때문에, 또 오죽하면 부모님께 시험지를 보여 주지 않았을까 하는 측은한 마음도 들어 다른 친구들에게 들리지 않게 다음과 같이 나지막하게, 그리고 단호하면서도 부드럽게 이야기했습니다.

"OO야, 다음부터는 이렇게 하면 안 된다. 무슨 말인지 알지?"

5월경 아이들이 축구를 하다가 유리창을 깨뜨렸습니다. 운동장이 아닌 운동장으로 가는 좁은 길목인 화단 쪽에서 공을 차다가 유리창을 깬 것입니다. 다행히 다친 사람은 없었지만 아이들은 공을 차면 안 될 곳에서 공을 찼다는 잘못을 했기에 혼이 날까 봐 사색이 되어 있었습니다. 나에게는 즉시 아이들이 유리창을 깼다는 신고가 들어왔습니다. 해당 아이들을 교실로 부르고 왜 운동장이 아닌 화단에서 공을 찼는지 물은 후, 학급규칙에 따라 1주간 점심시간에 독서활동을 시켰습니다. 그리고 유리를 깬 것에 대해서는 더 이야기를 하지 않았습니다.

"그래, 얼마나 공을 차고 싶었으면 그랬겠니? 하지만 다음부터는 운동장에서만 공을 차도록 해라."

혼이 날 줄 알았던 아이들은 나의 의외의 반응에 놀랐습니다. 그리고 '선생님은 실수로 한 것은 이해를 해 주시는구나.'라는 생각을 하게 되었습니다. 아이들의 잘못이 고의성이 없고 크지 않다면 담임은 때로는 웃으며 넘어가 주는 것도 필요합니다. 대신 아이들에게 SEC 학급헌법에 따라 청소, 독서록 쓰기 등의 활동을 부과하면 됩니다. 정말 본의 아니게 상황이 그렇게 발생했을 뿐 아이가 잘못한 것은 아닌 일도 많기 때문입니다.

예전에 한 번은 점심시간에 급식실에 갈 때였습니다. 마침 학교 급식실 복도 중앙에 조화가 꾸며져 있었는데 1학년 아이들이 지나가다가 여학생 한 명이 건드리는 바람에 조화가 우르르 넘어가 버렸습니다. 교장선생님이 학교 환경 구성으로 아끼는 조화였는데, 순간 '이를 어떻게 하나'라는 생각도 들었지만 '조화가 왜 이렇게 쉽게 넘어가는가'라는 생각도 들었습니다. 그때 놀라서 토끼눈이 되었던 아이의 표정이 눈에 선합니다. 나는 아이를 다그치지 않고 그냥 웃었습니다.

"괜찮아. 빨리 밥 먹으러 가자."

그리고 조화를 다시 세웠고 마침 급식실 복도 청소를 하고 있던 6학년 아이들에게 흩어진 흙과 나뭇잎 등의 뒷정리를 시켰습니다.

아이들의 생활교육이 어느 정도 자리를 잡았다는 판단이 들면 아이들의 고의성이 없는 실수에 대해서는 때론 웃어 주고 때론 속아 주는 운용의 묘가 필요합니다. 그러한 모습이 있을 때 아이들은 '우리 선생님은 엄격하시지만 따뜻하고 좋은 분이시다.'라는 생각을 하게 됩니다.

SEC 생활교육 기반 학급헌법

기나말과 기나행

　SEC 생활교육의 기반은 아이들이 직접 정한 학급헌법입니다. 3월에 학급헌법을 만들 때 아이들에게 꼭 조사해야 하는 것이 지금까지 친구들에게 들었던 '기분 나쁜 말'이나 '기분 나쁜 행동'에 대해서인데, 아이들은 기분 나쁜 말을 '기나말', 기분 나쁜 행동을 '기나행'으로 줄여서 불렀습니다. 이것을 꼭 조사해야 하는 이유는 학교마다 또 학급별로 아이들의 문화가 다양하기 때문입니다. 그래서 아이들 사이에서 통용되는 기분 나쁜 말과 기분 나쁜 행동도 모두 다릅니다. 이것을 파악하면 아이들이 지금까지 어떤 말과 행동으로 학교폭력을 당했는지, 누가 누구를 속상하게 했는지를 알 수 있습니다. 지금 내가 맡은 아이들이 속한 또래 문화를 파악하기 위해서는 꼭 필요한 조사인 것입니다. 조사를 할 때 아이들이 쓰고 있는 '기나말'과 '기나행'은 앞으로 금지가 되며 그것을 어기면 아이들 스스로 정한 벌칙을 받게 된다고 이야기를 해 줍니다. 그러면 아이들은 '기나말'과 '기나행'에 대해 자세히 씁니다. 동시에 '아, 올해는 이런 기분 나쁜 말이나 행동을 하는 친구들이 없겠구나.'라는 안심과 함께 담임을 신뢰하게 됩니다.

어느 해에 '기나말', '기나행'을 조사했을 때 많은 학생들이 '썸씽게임'을 적었습니다. 어떤 게임인지 이해가 안 되어 아이들에게 확인해 보니 그 전 해에 한 남학생이 만든 게임으로 다른 친구들의 턱을 집게 손가락과 가운뎃손가락으로 간질이는 놀이였습니다. 갑자기 그런 장난을 당하는 아이들이 느낀 당혹감과 불쾌감은 매우 컸습니다. 문제는 남학생들끼리 이루어지던 장난이 여학생에게까지도 하는 상황이 되었는데 해당 담임교사는 그 사실을 전혀 모르고 있었던 것입니다. 학급헌법을 만들기 위한 '기나말', '기나행' 조사에서 그 내용들이 밝혀졌고, 그 순간부터 그 게임은 교실에서 금지되었습니다.

학급헌법에 교사의 학급운영관을 담다

아이들이 정한 '기나행', '기나말' 금지 행동과 아이들이 제안한 여러 규칙들을 담임교사가 최종 정리해서 학급헌법으로 만들어 줍니다. 이때 담임교사의 학급운영관이 반영되면 좋습니다. 담임의 학급운영관은 학급헌법에 SEC 칭찬 행동과 금지 행동으로 표현할 수 있는데, 만약 독서 활동에 중점을 두고 있으면 독서 활동에 SEC 칭찬마일리지 도장을 많이 부여해 주면 되고, 공동체 활동에 중점을 두고 있다면 모둠

협력 활동에 SEC 칭찬마일리지 도장을 많이 부여해 주면 됩니다. 금지 행동의 경우도 마찬가지인데 이런 부분들에 대해서는 담임교사의 학급운영관에 따라 학급헌법 규정에 적용하면 됩니다. 저는 무엇보다 사소한 말장난이라도 다른 친구들에게 피해를 주는 행동만큼은 철저히 금했습니다. 또 '밀고 당기는 행동'도 금지시켰습니다. 아이들은 '밀당'으로 줄여 불렀는데 경험상 '밀고 당기는 행동'이 모든 안전사고의 시발점이 되었기 때문입니다. '밀당'은 주로 남학생들이 많이 합니다. 5학년 담임을 맡았을 때 전담 수업을 갔던 한 아이가 급히 달려왔습니다.

"선생님, ○○가 쓰러져 울고 있어요!"

"어떻게 된 거야?"

"○○이랑 부회장이 장난치다가 부회장이 ○○를 올라타는 바람에 넘어졌어요."

부회장은 덩치가 큰 남학생이었고 ○○은 덩치가 보통이었습니다. 교실에서는 '밀당'을 하지 못하는데 담임이 없는 전담 수업시간이었기에 그런 행동이 나온 것입니다. 다행히 크게 다치지는 않았지만 그 부회장 아이는 많이 혼났습니다. 그런 행동을 말려야 할 학급임원이 먼저 그런 장난을 쳤기 때문이었습니다.

아이들이 학급헌법을 만들고 나면 그 학급헌법에 꼭 교사의 학급운영관도 함께 적용하도록 합니다.

아이들이 만든 학급헌법 벌칙

아이들이 스스로 학급에서의 금지 행동을 학급헌법으로 만들었다고 하더라도 그것을 어기는 아이들은 분명히 나옵니다. 아이들의 나쁜 습관이 하루아침에 금방 고쳐지지는 않습니다. 아이들에게 벌칙 규정을 정하라고 하면 주로 SEC 학급화폐로 벌금을 내게 하자고 하는 경향이 있는데 이 방법은 별로 좋지 않습니다. 분명 금방 파산하는 아이들이 생기기 때문입니다. 벌금은 아이들에게 화폐가 많이 풀렸을 때 기간을 두고 한시적으로 운영하는 것이 좋습니다. 아이들이 벌칙에 대해 규정을 만들어 보도록 하고, 교사가 다음과 같은 방법을 함께 제시해 주도록 합니다.

첫째는 봉사 활동입니다.

아이들에게 부과하는 봉사 활동은 주로 청소 활동 뒷정리입니다. 한 아이만 청소 시키는 것은 그 아이에게도 부담이 되므로 그날 반 아이들의 청소 활동이 끝난 후 마지막 쓰레기통 정리나 교실 칠판을 닦도록 하는 게 좋습니다.

둘째, 쉬는 시간과 점심시간의 학습활동입니다.

쉬는 시간과 점심시간에 화장실과 보건실에 가는 것을 제외하고는 교실에서 독서나 학습활동을 하도록 하는 것입니다. 다른 친구들이 놀 때 함께 놀 수 없기 때문에 이 방법은 꽤 효과적입니다. 단 교사도 교실에 계속 있어야 하며 학습을 하는 친구를 방해하는 아이에게 동일하게 벌칙을 부과해야 합니다. 유의할 점은 이런 벌은 그날 하루로 끝내야 한다는 것입니다.

셋째, 독서록 쓰기입니다.

간혹 쉬는 시간과 점심시간에 독서하는 것을 크게 개의치 않는 아이들이 있는데, 이런 아이들에게는 독서록 쓰기 등의 과제를 주는 것이 좋습니다. 저는 아이들에게 1000자 원고지를 주고 내용을 꽉 채우도록 했습니다. 주제를 줄 때도 있지만, 글을 잘 쓰지 못하는 아이들에게는 사회나 과학 공부 내용을 요약해서 적도록 하고, 그날 다 쓰지 않으면 다음 날 다시 쓰도록 했습니다.

넷째, 한자 쓰기입니다. 1000자 글쓰기 외에 초등학생용 한자를 주고 쉬는 시간과 점심시간에 그 한자를 쓰고 외우게 하는 것입니다. 기본 10자를 주고 각각 10번씩 쓰게 합니다. 한자 쓰기는 아이들에게 학습도 되고 부모님들도 좋아하는 효과적인 벌칙입니다. 한자를 다 외우면 쉬는 시간과 점심시간 학습을 바로 해제해 주고 친구들과 놀 수 있게 해 준다고 하면 아이들은 더 적극적으로 외웁니다.

아이들이 정한 벌칙을 그대로 학급헌법에 적용해서는 안 됩니다. 담임교사의 필터링이 필요합니다. 어떤 학급의 규칙에 한 아이가 잘못을 하면 그 아이에게 하루 종일 말을 걸지 않는 벌칙이 있었습니다. 일종의 '왕따 벌'인 셈인데 이런 것은 아이들이 직접 만들었다고 하더라도 교사가 허용해서는 안 되는 것입니다.

일관성 있는 SEC 학급헌법

아이들의 생활교육에 있어 일관성을 지키는 것은 매우 중요합니다. 특정 아이에게 학급헌법 규정보다 더 과하게 벌이나 칭찬을 해 주면 안 됩니다. 일관성 있는 생활교육은 아이들로 하여금 담임교사를 신뢰하게 만듭니다. '우리 선생님은 공정하시다.' 아이들이 이러한 생각을 가질 수 있도록 행동해야 합니다. 담임교사 중 간혹 친구의 괴롭힘을 이야기하는 아이에게 고자질을 하지 말라는 말로 무책임하게 지나치는 경우가 있습니다. '고자질'과 '친구의 괴롭힘을 이야기하는 것'은 엄연히 다릅니다. 고학년이라고 해서 다 컸으니 너희들끼리 알아서 하라고 해서도 안 됩니다. 그것은 아이들을 방임하는 것입니다. 학급헌법을 만들었다면 끝까지 일관성 있게 지켜 나가도록 해야 합니다. 아이들의 다양한 소리에 귀를 기울이는 것이 쉽지는 않지만 그러도록 노력해야 합니다. 그러면 아이들의 생활교육이 자리를 잡아 나가게 됩니다. 아이들 스스로 학급헌법을 만들어 지켜나가는 데 익숙해지기 때문에 교사의 개입도 많이 줄어들게 됩니다. 더불어 학기 초보다 아이들의 문제 행동도 많이 감소합니다. 학급헌법에 없는 내용들은 새롭게 아이들과 함께 회의를 통해 추가하면 되고, 반대로 학급헌법에 문제가 되는 부분이 있으면 필요에 따라 수정하거나 삭제하면 됩니다.

체벌 없는 학급헌법

당연한 것이지만 학급헌법은 체벌이 없어야 합니다. 때리는 것만 체벌이라고 생각하기 쉬운데 아이를 혼자 서 있게 하는 것이나 교사의 고성 등도 때에 따라 체벌로 인정됩니다. 생활교육을 위한 SEC 학급헌법을 정할 때 상황에 따라 체벌로 분류되는 행동들은 철저히 금해야 합니다. 아이들에게 벌칙을 정하게 하면 체벌을 만들어 내는 경우가 생각보다 많습니다. 예전에 아이들이 수업에 지각을 하면 그 수업시간에는 교실 뒤에 서 있도록 하는 규칙을 만들었습니다. 아이들이 만든 규칙이니 별 문제 없다고 생각할 수도 있지만, 다수의 아이들은 앉아 있고 혼자 한 시간 동안 교실 뒤에 서 있는 것은 소외감을 느끼게 하므로 체벌로 분류됩니다. 아이가 지각을 한 경우는 앞에 제시한 것처럼 봉사 활동이나 학습 관련 과제 수행을 제시하는 것이 좋습니다. 아이들이 만든 학급 벌칙 중 체벌로 분류될 수 있는 영역들은 교사가 철저하게 파악해 빼도록 합니다.

학급헌법! 담임의 시선이 머무르는 곳

아이들의 생활교육이 자리를 잡기 위해서는 교사의 시선이 항상 아이들에게 머물러 있어야 합니다. 아이들이 안 보일 때 그 아이들이 어디에 갔는지 즉시 파악할 수 있어야 하는 것입니다. 교사의 시선이 닿지 않는 곳에서 아이들은 여러 가지 학교생활 문제나 안전사고 위험에 노출될 가능성이 있으므로 SEC 학급헌법에는 선생님의 허락 없이 가면 안 되는 장소에 대한 내용들이 들어가야 합니다. 교실과 복도, 화장실 같이 담임교사와 함께하는 공간에서는 아이들이 따로 담임교사에게 이야기를 할 필요가 없지만 보건실, 도서실 같은 특별실에 갈 때에는 담임에게 꼭 이야기를 하도록 해야 합니다. 아이들이 담임의 시선이 없는 곳으로 이동할 가능성은 쉬는 시간보다는 주로 점심시간에 많은데 학교란 공간은 생각보다 안전 사각지대가 많습니다.

2학년을 담임할 때였는데 쉬는 시간이 끝났는데도 한 여학생이 교실에 들어오지 않았습니다. 아이들에게 물어봐도 그 아이가 어디로 갔는지 잘 몰랐습니다. 그때 한 아이가 말했습니다.

"선생님, 도서관에서 올 때 보니 운동장 쪽으로 가던데요."

아이들에게 자습을 시켜 놓고 학급임원과 함께 운동장에 가 보았습니다. 그 아이는 운동장 놀이터 구석 화단에 앉아 혼자 놀고 있었습니다.

"너 교실에 왜 안 왔니?"

"그냥 화단에 와 보고 싶었어요."

"그러면 선생님한테 이야기해야지. 선생님과 친구들이 걱정했잖아."

2학년 아이다운 생각과 행동이었지만 아이가 어떤 장소로 이동할 때는 담임에게 꼭 이야기를 하도록 교육해야 한다는 것을 깊이 느낀 사건이었습니다. 또 이런 일도 있었습니다.

점심시간에 다음 날 행사 준비로 인해 시청각실에 가야 할 일이 생겼습니다. 시청각실이 5층 꼭대기에 따로 떨어져 있어서 평소 인적이 드문 곳이었는데 3명의 아이가 시청각실의 외진 복도에서 불장난을 하고 있는 것을 발견했습니다. 아이들은 라이터로 종이를 태우고 있었습니다. 급하게 뛰어가서 불을 끄고 아이들을 혼낸 후 해당 담임교사들에게 보내긴 했지만 확인해 본 결과 아이들의 그런 불장난이 처음이 아니었는데, 아이들이 점심시간에 시청각실 복도에서 불장난을 하기까지 담임교사가 계속 파악하지 못했다는 것은 분명 문제가 있다는 생각을 했습니다.

학급헌법에 아이들의 출입을 금지해야 할 곳은 평소 인적이 드문 장소인 옥상과 옥상으로 올라가는 계단 층계 쪽 공간, 지하 계단, 시청각실 등인데 특히 옥상은 추락 사고의 위험이 큽니다. 이러한 내용들을 학급헌법에 명시하고 아이들이 이런 장소로 꼭 이동해야 할 일이 있을 경우 꼭 선생님께 이야기하도록 규칙을 정합니다.

안전을 위한 기본생활규칙 학급헌법

　SEC 학급헌법에는 아이들이 지켜야 할 학교 기본생활규칙이 포함되어야 합니다. 기본생활규칙은 아이들의 안전과 매우 밀접합니다. 학교에서 지켜야 할 기본생활규칙은 여러 가지가 있겠지만 그중 가장 기본적인 것은 실내에서 뛰지 않는 것입니다. 실내에서 뛰지 않도록 지도하는 것은 생각보다 쉽지 않습니다. 아이들은 복도에서도 잘 뛰고, 교실 그 좁은 공간에서도 담임이 없을 때는 뛰어다닙니다. 한 명은 도망가고 한 명은 잡으러 가는 모습! 실내에서 뛰는 행동은 모든 안전사고의 위험을 더 크게 만듭니다. 그냥 걸어가다가 부딪히는 정도라면 크게 다치지는 않겠지만 뛰다가 부딪히면 이빨이 부러지거나 하는 등의 큰 사고가 날 수 있습니다. 계단에서 뛰다가 굴러 넘어지면 크게 다칠 수 있기 때문에 더 위험합니다. 뛰는 행동에 있어서만큼은 철저히 지도하여 교사가 없는 곳에서도 아이들이 뛰지 않도록 지도합니다.

SEC 1일 생활교육 과정

아침활동

　SEC 1일 생활교육의 첫 시작은 아침활동입니다. 담임은 가급적 아이들보다 먼저 교실에 와 있어야 합니다. 담임이 교실에 먼저 와 있으면 아이들이 교실에 와서 떠들지 않고 바로 조용히 아침활동을 합니다. 담임이 교실에 있으면 아이들은 조용히 독서 등의 아침활동을 하지만 그렇지 않은 경우는 아이들이 방임됩니다. 맞벌이 가정 아이의 경우 일찍 등교하기 때문에 상황에 따라 담임이 가장 먼저 교실에 들어오지 못할 경우도 있습니다. 하지만 최소한 3월 한 달은 힘들더라도 담임이 제일 먼저 교실에 와서 아이들을 맞도록 합니다. 3월 한 달의 아침활동이 아이들의 몸에 익으면 4월 이후로는 아이들이 담임보다 더 빨리 교실에 오더라도 떠들거나 하는 일 없이 스스로 아침활동을 잘 하게 됩니다.

아이들의 일과가 그날 아침에 결정될 때가 많기 때문에 아침활동은 매우 중요합니다. 아침에 등교해서 아이들이 나누는 대화 내용들이 그날 오후에 아이들이 계획하는 대부분의 활동으로 이어집니다. 아침활동 시간에 다툼이 발생하면 오후까지 다툼이 이어지게 되며 친구와 게임 이야기가 오고 가면 오후에 게임하러 PC방에 가자는 이야기로 이어집니다. 따라서 최대한 아이들이 아침활동에 차분히 임할 수 있도록 교사가 교실에 함께하도록 합니다. 아침활동 시간에는 아이들이 장난을 치지 않도록 모둠으로 자리를 만들지 않는 것이 좋습니다.

1교시 직전

1교시가 시작되기 전 담임은 아이들이 모두 등교했는지 확인해야 합니다. 만약 사전 연락 없이 등교하지 않은 아이가 있다면 해당 학부모님에게 즉시 전화를 해서 아이가 어디에 있는지를 확인해야 합니다. 가정에서는 아이가 등교를 했다고 하는데 학교에는 오지 않았다면 뭔가 문제가 생긴 것이므로 담임은 빨리 상황을 파악하여 가정에 공지할 의무가 있습니다.

아픈 아이가 없는지도 확인해야 합니다. 체육과 같이 몸 상태에 따라 참여할 수 없는 수업도 있기 때문입니다. 또 그 아이 몸 상태에 맞게 수업을 할 수 있도록 전담 교사에게도 알려 주어야 합니다.

수업 활동

수업 활동 시간은 아이들에게 SEC 칭찬마일리지 도장이 직접적으로 부여되는 시간입니다. 아이들은 자신들이 만든 규칙에 따라 수업 활동에서 모둠별 혹은 개인별로 칭찬마일리지 도장을 받고 그것을 학급 화폐로 바꿀 수 있습니다. 수업 시간에 아이들이 다음 2가지는 꼭 지키도록 합니다. 첫 번째는 수업 시작 전 교과서를 준비해 책상 위에 올려놓는 것이며, 두 번째는 수업 종이 울리기 전에 각자 자기 자리에 앉아 있는 것입니다. 수업 종이 울리는 동시에 수업 준비가 잘된 모둠에게는 칭찬마일리지 자석, 그렇지 않은 모둠에게는 경고자석을 붙이면 금방 자리가 정돈됩니다.

수업 중 화장실에 가는 것에 대해서도 주의를 주어야 합니다. 화장실에 가고 싶은 것은 생리적 현상이므로 당연히 보내 주어야 하지만 쉬는 시간에 놀다가 미처 화장실에 가지 못해 수업 시간에 가는 경우가 많으므로 주의를 주거나 혹은 당일 1일 동안 쉬는 시간에 한자 쓰기를 하는 등의 과제를 부여하면 아이의 행동도 변화됩니다.

수업 중 짜투리 시간 활용의 규칙도 정해야 합니다. 문제를 빨리 풀거나 학습활동이 빠른 아이의 경우는 문제집이나 다른 공부를 허용해 주되 담임의 허락을 맡게 합니다. 그리고 학습활동을 제대로 했는지 결과물을 검사받도록 하고 수업 짜투리 시간은 독서 등과 같은 교육적 활동으로 활용해야 합니다. 그렇지 않으면 아이들이 자유 시간을 얻기 위해 수업 과제물을 대충 해 버리는 일이 발생할 수도 있습니다.

점심시간

점심시간은 아이들이 좋아하는 시간입니다. SEC 모둠 칭찬자석을 활용해 그날 오전 수업에서 칭찬자석을 가장 많이 받은 모둠부터 순서대로 줄을 서서 점심을 먹도록 합니다. 교사마다 다르겠지만 저는 잔반 검사를 하지 않고 아이들 자율에 맡겼습니다. 아이들이 편식하지 않도록 지도는 하지만, 알레르기가 있는 아이도 있고 몸이 아파 식욕이 없는 아이들도 있기에 잔반 검사를 하여 억지로 잔반을 먹게 하지 않았습니다. 급식실에 갈 때에는 아이들을 한 줄로 인솔하되 교사가 교실 문을 잠근 후 제일 마지막에 나와야 교실에서 물건이 분실되거나 하는 일을 예방할 수 있습니다.

쉬는 시간

쉬는 시간은 말 그대로 다음 수업을 준비하는 휴식 시간입니다. 그냥 마구잡이로 놀아도 되는 시간이 아닙니다. 저는 쉬는 시간에는 운동장에 나가는 것은 금지했는데 이유는 10분 쉬는 시간에 운동장에 나가서 놀다 보면 다음 수업 시간에 지각을 할 가능성이 크기 때문입니다. 아이들에게 쉬는 시간은 화장실에 다녀오고 다음 수업을 준비하는 시간임을 인식시킵니다. 화장실은 화장실 용도로만 사용하도록 합니다. 교사의 눈을 피해 모이는 은밀한 장소가 되게 해서는 안 됩니다. 만약 여러 명의 아이들이 화장실로 우르르 몰려간다면 주의 깊게 살펴볼 필요가 있습니다.

전담 시간

전담시간은 주로 전담실에서 수업이 이루어집니다. 담임은 아이들을 줄 세운 후 전담실까지 인솔해서 전담 교사에게 인계를 해야 합니다. 아이들끼리만 전담실에 가게 해서는 안 됩니다. 종종 전담 수업을 마칠 때쯤 담임이 전담실에 가서 아이들이 어떻게 교실로 돌아오는지 그 모습도 확인해야 합니다. 쉬는 시간 전담 교실 이동에도 담임교사의 시선이 머물러 있다는 생각을 하게 되면 아이들은 질서를 잘 지킵니다.

방과 후

수업이 끝나면 아이들을 집으로 하교시켜야 합니다. 담임의 하교 지도는 아이가 가정에 도착한 그 순간까지입니다. 만약 아이가 수업이 끝난 후 집에 바로 가지 않고 운동장에서 놀고 있다면 교사는 아이를 완전히 하교시킨 게 아닙니다. 만약 아이가 집에 갔다가 학교에 다시 놀러왔다면 이미 하교가 이루어진 것으로 봅니다. 그러므로 방과 후 수업처럼 학교에서 특별히 해야 할 일이 없다면 아이들이 바로 집에 가도록 지도합니다. 교사는 교실 시근 장치에도 신경을 써야 합니다. 교실 문을 열어 둔 채로 퇴근했다가 아이들이 교실에 들어와 사고가 난다면 교사에게도 책임이 생깁니다. 시근 장치 및 전기 코드 등의 교실 뒷정리와 점검을 매일 해야 안전사고를 예방할 수 있습니다.

아픈 아이가 있을 때

아픈 아이가 있을 때는 보건교사의 확인이 필요합니다. 아이들의 말만 들어서는 안 됩니다. 제가 담임을 맡았던 3학년 아이 중 아프다며 수업 중 보건실에 자주 가는 아이가 있었습니다. 아이가 아프면 바로 보건실로 보내야 하는 것이 원칙이므로 '아이가 건강이 좀 좋지 않구나'라고 생각하고 그때마다 보건실로 보냈습니다. 꾀병일 거라고는 전혀 상상을 못한 것입니다. 몇 주 후 보건선생님으로부터 연락이 왔습니다. 아이가 실제로 아픈 것 같지 않은데 보건실에 너무 자주 온다는 것입니다. 곰곰이 생각해 보니 그 아이가 아프다고 말할 때가 대부분 수학 시간이었습니다. 보건실에 가면 비타민을 하나씩 먹고 침대에서 쉴 수 있었기 때문에 수학이 싫었던 그 아이가 꾀병을 부렸던 것입니다. 담임교사는 반 아이의 건강 상황을 잘 알고 있어야 합니다. 그러므로 아이를 보건실에 보낼 때는 보건교사의 확인을 꼭 받도록 합니다.

SEC 생활교육의 완성, 학생상담

내적 변화의 시작, 학생상담

  SEC 생활교육의 근간은 아이들이 직접 만든 학급헌법입니다. 학급헌법은 분명 아이들의 특정 칭찬 행동을 강화시키고 문제 행동은 효과적으로 감소시킬 수 있다는 장점을 지녔지만, 학급헌법만으로는 아이들의 마음을 어루만져 주지는 못합니다. 학급헌법이 생활교육의 외형이라면 생활교육의 내면은 교사와 학생 간의 상담으로 채워지는 신뢰 관계입니다.

  학생상담은 필요에 따라 수시로 진행하는 비정기상담과 정기적으로 진행하는 정기상담으로 나뉩니다. 정기상담을 할 때에는 번호 순서대로 하루에 2명 내외의 아이와 대화를 나누었는데 한 아이당 10분 내외로 1:1 대화 시간을 가졌습니다. 상담은 주로 점심시간 종료(5교시 시작

전) 전에 실시하였습니다. 가급적 교실과 가까운 학년 연구실 같은 곳에서 상담을 진행하고 간혹 교실 복도에 책상과 의자를 배치한 후 아이와 상담을 하기도 했습니다. 처음부터 아이와 심도 있는 상담을 하기는 어렵습니다. 처음에는 보통 아이에게 진로, 학교생활, 가정생활 등에 대해 묻고 서로 이야기하는 형태로 진행됩니다. 두 번째 상담부터는 아이들의 긴장이 조금 풀려 상담 내용이 훨씬 풍요로워집니다. 바쁜 학교 업무 중 학생상담이 다소 힘들고 귀찮을 수도 있지만 아이들에게는 그 10분의 시간이 매우 의미 있는 시간입니다. 그리고 대부분의 아이들은 자신의 상담을 기대하며 기다립니다. 우선 아이들의 이야기를 많이 들어주고, 문제 행동이 있다면 고치라고 말해 주되 최대한 아이를 격려하고 믿어 주도록 합니다. 그러면 아이들도 담임교사를 더 신뢰하게 됩니다. 외적 변화뿐 아니라 내적인 변화도 함께 시작되는 것입니다.

학부모 신뢰 기반 학생상담

저도 처음부터 학생상담을 규칙적으로 하지는 않았습니다. '새 생명 학교'라는 프로그램을 계기로 나도 반 전체 아이들에게 정기적으로 상담을 해야겠다는 결심을 하게 되었습니다. 학생상담을 진행하면서 느낀 점은, 상담을 하면 담임교사에 대한 아이들의 신뢰뿐만 아니라 학부모님들의 신뢰도도 높아진다는 것입니다. 담임교사가 반 전체 아이를 대상으로 돌아가며 상담하고 있고, 비록 10분 정도이지만 선생님이 아이의 학교생활에 관심을 가지고 격려해 주고 있다는 데 대해 학부모님들은 깊은 신뢰를 보였습니다. 이것은 교원평가 결과로 극명히 드러났는데, 이전에 SEC 생활교육 프로그램만을 운영할 때는 매년 교원평가 객관식 문항에 '매우 안 좋음'에 체크하는 학부모님이 1~2명은 있었습니다. 그럼에도 불구하고 대부분의 학부모님들이 '매우 좋음'으로 체크해 주셨기 때문에 교원평가는 매년 학교 평균보다 높게 나왔지만 내가 모든 학부모님을 완전히 만족시키지는 못한다는 한계를 경험했습니다. 원인을 분석해 보니 나의 학급운영관 중에서 '다른 친구에게 기분 나쁜 행동이나 말'을 하는 것을 엄격히 금지함으로써 해마다 크게 혼나는 학생이 1~2명 정도는 나왔기 때문이라는 생각이 들었습니다. 해당 아이는 집에 가서 선생님에게 혼이 난 이야기를 했을 것이며, 해당 학부모님은 자신의 아이가 잘못을 한 것도 알지만 담임교사가 자신의 아이를 별로 좋아하지 않는다는 오해를 할 수도 있을 것 같다는 생각이 들었습니다. 이후에 SEC 생활교육 프로그램과 학생상담을 동시에 진행하자 이러한 문제가 많이 해결되었습니다. 문제 행동을 하는 아이를 바라보는 나의 시선도 좀 더 부드러워졌고, 비록 교실에서 혼이 난 아이들도 상담 시간에 선생님과 솔직한 이야기를 통해 혼이 나 속상했던 마음이 회복되는 경험을 했습니다. 아이에게 아무리 좋은 감정을 가지고 있어도 그것을 표현하지 않으면 아이와 학부모님은 그것을 모릅니다. SEC 프로그램으로 아이들에게 재미있고 안전한 학교생활을 경험시켜 주고 있다면 학생상담으로 아이들의 감정과 내면의 변화까지 이루어지도록 SEC 생활교육을 완성해 봅시다.

아이들이 말하는 사실과 진실은 다르다

학생상담을 진행할 때는 아이들이 말하는 내용을 최대한 많이 들어주어야 합니다. 그렇지만 그대로 다 믿어서는 안 됩니다. 아이들을 믿지 말라는 의미가 아니라, 아이들은 자주 자기에게 유리한 사실만을 말하는 경우도 있기 때문에 주의해야 한다는 것입니다. 6학년 담임을 할 때였습니다. 학기 초에 남학생 2명이 싸움이 나서 사실관계를 확인하기 위해 아이들과 이야기를 해 보았지만 그 싸움이 어떻게 발생했는지 도저히 알 수 없었던 적이 있습니다. 아이들 각각의 이야기 퍼즐이 서로 맞지 않았던 것입니다. 때린 아이는 우락부락하게 생기고 덩치가 컸으나, 맞은 아이는 그 반대였고 얼굴이 순해 보였습니다. 결과적으로 보면 덩치 큰 아이가 작은 아이를 때린 것인데 덩치가 큰 아이는 자신이 먼저 때린 것이 아니라고 했습니다. 겉보기에는 얼굴이 순해 보이는 덩치 작은 아이가 과연 먼저 덩치 큰 아이를 때렸을까 하는 의구심이 들었습니다. 1명씩 1:1 상담을 진행했고 사건의 퍼즐을 맞추자 내 생각과는 달리 순해 보이는 덩치 작은 아이가 먼저 시비를 걸며 덩치 큰 아이를 때린 것으로 밝혀졌습니다. 나도 모르게 아이들의 외모만으로 선입견을 가졌던 것입니다. 거짓말을 잘 하는 아이도 있지만 대부분의 아이들은 거짓말을 하지 않더라도 자신에게 유리한 사실만을 말합니다. 진실을 다 말하지는 않는 것이지요. 그러므로 상담을 진행할 때는 아이들이 말하는 내용을 잘 들어주되, 곧이곧대로 다 믿어서는 안 됩니다. 관련 있는 다른 아이들과의 상담을 통해 전후 사정을 살펴보고 전체적으로 파악한 후 판단을 내려야 합니다. 3월에 아이들의 이런저런 다툼에 교사가 아이들의 말에 속지 않고 공정하게 원인 분석을 한 후 아이들의 잘잘못을 잘 짚어 주고 생활교육을 공정하게 하면 그 이후부터는 아이들이 담임교사를 속이려는 생각을 쉽사리 하지 않습니다. 교사 앞에서와 친구들 앞에서의 모습이 다른 아이들도 있는데 이러한 경우도 교사가 선입견을 가지지 않고 여러 아이들과의 상담을 통해 종합적으로 그 아이의 행동을 파악해야 합니다.

가장 먼저 말하고 싶은 사람, 담임교사!

학기 초 SEC 학급헌법을 만들기 위해 아이들 사이에서 고쳐야 할 행동들을 조사했는데, 그중 하나가 '레드썬'이었습니다. 당시 6학년이었던 아이들에게 레드썬이 무엇인지 물어보았지만 아이들이 쉽사리 말해 주지 않았습니다. 그날 학생상담을 통해 그 의미를 알게 되었는데, '레드썬'이란 담임에게 어떠한 사실도 알리지 않고 아이들끼리만 비밀로 한다는 신호였습니다. 예를 들어 담임이 없는 점심시간에 2명이 치고받고 싸웠다면, 그 장면을 구경하던 아이들 중 한 명이 담임이 올 시간 쯤에 '레드썬'이라고 외치고 그 싸움에 대한 어떠한 이야기도 하지 않는 것입니다. 확인해 보니 아이들의 전년도 5학년 담임교사는 점심시간에 항상 교실을 비워 아이들을 방임했습니다. 그러니 아이들이 그 시간에 치고받고 싸워도 담임이 알 수 없고, 담임이 해결해 주지도 않는다는 것을 알고 있었기에 그런 식으로 1년을 보냈던 것입니다. 나는 쉬는 시간과 점심시간에 늘 교실에 있기 때문에 아이들이 그러한 행동을 할 수도 없었고 계속된 학생상담으로 전체 아이들 앞에서는 말하기 어려운 내용들도 들을 수가 있었습니다. 어떤 문제가 생겼을 때 교사는 아이들이 가장 먼저 의논하고 싶은 존재가 되어야 합니다. 그것의 시작과 완성은 바로 학생상담에 있습니다.

한 명의 아이도 부끄럽지 않게

상담을 정기적으로 운영하면 몇 가지 장점이 있는데 그중 하나가 아이가 숨기고 싶어하는 비밀 상담이 자연스럽게 이루어진다는 것입니다. 몇 명의 아이가 상담을 하러 교실을 나가면 나머지 아이들은 상담을 하러 간 아이에게 어떤 일이 벌어졌는지 궁금해하고 추측하게 됩니다. 하지만 모든 아이들을 대상으로 하는 정기적인 상담을 하면 비밀이 잘 새어 나가지 않고 상담이 잘 이루어집니다. 담임교사와의 상담이 익숙해지면 아이들은 자신의 이야기를 편하게 합니다. 때로는 그것이 오히려 귀찮을 때도 있지만 아이들이 아무런 말도 하지 않고 교사를 멀리 생각하는 것보다는 훨씬 더 낫습니다.

학생상담에서 주의할 점은 개인적인 내용들, 다시 말해 밝히기 쉽지 않은 부모님의 이혼, 건강 상황 등의 가정사는 조심스럽게 접근해야 한다는 것입니다. 요즘은 학기 초에 조사하는 학생 가정환경 조사 양식에 개인정보 관련 내용은 모두 빼도록 되어 있기 때문에 담임은 아이의 가정사에 대해 잘 알 수가 없습니다. 이전 담임이 알려 주거나 혹은 학부모 상담 때 학부모님이 이야기를 해 주지 않는 이상 그 아이의 성장 환경을 알 길이 없고 단지 짐작만 할 뿐입니다. 저학년 아이들은 쉽게 가정 이야기를 하지만 고학년은 그렇지 않습니다. 이때 담임교사가 해야 할 일은 아이에게 먼저 마음을 열고 아이에 대해 보고 느끼는 점을 솔직히 이야기해 주고 부족한 점은 열심히 하라고 격려해 주는 것입니다. 이런 과정을 거치고 나면 아이도 담임교사에 대한 신뢰가 생겨 다음 상담 때 자신의 가정사 이야기를 해 주기도 합니다. 학생 가정생활 영역에 대한 상담 시에는 조심스럽게 질문을 해야 합니다. 만약 가정환경 조사서에 아버지 이름이 없고 어머니 이름만 있다면 부모님이 이혼을 했거나 혹은 아버지가 일찍 돌아가신 경우일 수 있으므로 아버지와 관련한 질문을 하면 안 됩니다. 어머니 혹은 부모님으로 언급하며 조심스럽게 접근하는 게 좋습니다.

어머니가 집에 안 계신 것 같다는 짐작이 드는 아이가 있었습니다. 상담 때 "부모님은 주로 언제 많이 만나니?"라고 물었습니다. 원래 의도는 '아버지가 바쁘실 텐데 일주일 중 언제 가장 많은 시간을 함께하니?'라는 의미였는데 그 아이는 "엄마는 5살 때 이혼하셔서 1년에 한 번 정도 만나요."라는 대답을 하였습니다. 순간 뜻밖의 대답에 저도 당황했지만 아이가 그렇게 먼저 말해 주었기 때문에 아이의 가정생활에 대해 좀 더 깊은 이야기를 진행할 수 있었습니다. 상담 때 아이들이 가장 기대하는 것은 선생님이 자신의 이야기를 들어주고 있고 존중해 주고 있다는 느낌입니다. 교실에서는 아이의 잘못을 단호하게 혼내더라도 1:1 개인 상담 때에는 아이가 했던 잘못을 분명히 알려 주되 아이를 품어주는 모습도 함께 보여 주도록 합니다.

평소 아이들의 모습에서 찾는 상담 주제

학생상담을 위해서 평소 아이들의 모습을 유심히 관찰할 필요가 있습니다. 쉬는 시간이나 점심시간에 아이들이 무심코 하는 말이나 행동을 살펴보면 아이들이 어떤 생각을 하고 있는지 파악할 수 있는데 아이와 상담 때 그러한 내용을 물음으로써 아이와의 대화를 쉽게 이끌어 갈 수 있습니다. 5학년 한 여학생이 쉬는 시간에 "만병통치약 먹으러 화장실에 가자."라고 다른 아이들에게 하는 말을 들었습니다. 순간 '만병통치약이 뭐길래 화장실에 가야 하는 건가?'라는 생각이 들었고, 오후 상담 때 다른 아이들과 대화를 하다가 '만병통치약'의 비밀을 알게 되었습니다. '만병통치약'은 그 아이가 스트레스를 받았을 때 화장실에서 욕을 하면서 외우는 일종의 주문 같은 것이었습니다. 순간 당황스러웠고, 아이의 정서적인 문제가 걱정스러웠습니다. 해당 아이와 상담을 해보니 최근 친구 관계에서 문제가 생겼고, 한 친구가 너무 미워서 나름의 스트레스를 그렇게 해결하는 거라고 말하였습니다. 아이에게 그 감정은 충분히 공감이 되지만 그 방법은 잘못되었다고 알려 주었습니다. 그리고 그 친구와 화해를 하도록 도와주었습니다.

또 다른 경우는 6학년 남학생과 관련한 사건인데 학기 초 체육 시간에 일어난 일이었습니다. 두 팀으로 팀을 나누어 티볼을 하고 있었는데 한 남학생이 공을 잘 치지 못했습니다. 그때 뒤에서 응원하고 있던 한 여학생이 말했습니다.

"야, 공을 네 얼굴이라고 생각하고 쳐!"

그 아이의 말에 몇 명의 아이들이 동조해 같은 말을 했고, 다른 아이들은 웃고 있었습니다.

체육 수업을 진행하며 많은 생각이 지나갔습니다. 다수의 아이들이 한 아이를 '은따'시킨다는 생각에 마음 같아서는 당장 수업을 중단하고 꾸짖고 싶었지만 격해진 마음을 가라앉힌 후 아이들과 다시 이야기하는 것이 더 좋겠다는 판단을 했습니다. 체육 다음 시간은 재량 시간이었습니다. 반 전체 아이와 관련된 일이었기에 체육 시간에 그렇게 놀린 아이들을 모두 일어서게 한 후 왜 그런 말을 했는지 이유를 물었습니다. 아이들은 할 말이 없었습니다. 왜냐하면 5학년 때부터 그런 식으로 그 아이를 무시하는 것이 몸에 익숙해져 있기 때문이었습니다. 담임교사가 평소에 보이지 않던 엄격한 모습으로 문제를 삼으니 아이들은 '아차' 하고 심각성을 느끼며 그제야 자신들이 잘못하고 있었다는 생각을 하게 된 것입니다. 평소에 아이들 모습을 지켜보며 살폈던 내용을 찾아 상담의 연결 고리를 만들면 상담이 더 원활해지고 아이들에게 필요한 내용들에 대해 쉽게 접근할 수 있습니다.

SEC 생활교육에서 만난
아이들 이야기

    매년 제가 맡는 아이들은 유난히 선생님들이 기피하는 아이들이 많았습니다. 학년부장이기에 가장 힘든 학생은 내가 맡아야겠다는 생각을 했기 때문이기도 하고, 학교 반 배정에서 어떤 문제가 생겨 학부모 민원이 들어오면 제가 그 반을 맡는 것으로 해결을 했기 때문입니다. 해마다 다양한 아이들, 또 쉽지 않은 아이들이 속한 학급의 담임을 맡다 보니 SEC 생활교육 프로그램의 중점도 조금씩 변하게 되었습니다. 경우에 따라 SEC 프로그램으로 생활교육의 효과를 바로 본 적도 있지만 사안의 특성상 SEC 학급헌법에 규정을 넣을 수가 없어 학생상담으로만 해결을 한 적도 있습니다. SEC 생활교육을 통해 아이들과 즐거운 추억들을 많이 만들었지만 때로는 가슴 시린 아픔도 있었습니다.

음란물에 노출된 아이

어느 해 6학년을 맡게 되었습니다. 3월 SEC 학급헌법 조항에 넣어야 할 '기나말'과 '기나행'에 대해 조사하였습니다. 아이들은 여러 가지를 적었는데 그중 하나가 '좆돌이 게임'이었습니다. 이름 자체에서 뭔가 '성적인 놀이'라는 짐작을 했는데, 아이들과 이야기해 보니 5학년 때 한 남학생이 다른 남학생의 성기를 손으로 툭 치던 장난이 남학생들 사이에 점차 번지게 되었고 이후 학년 전체에 퍼졌다는 것입니다. 몇 명이 아닌 5학년 남학생 전체에 그런 놀이가 번졌다는 것은 생활교육에 큰 구멍이 생겼다는 증거였습니다. 그 게임을 한 번이라도 경험한 적이 있는 아이를 찾아 6학년 전수조사를 했습니다. 그리고 그런 분위기를 처음 만들고 주도한 3명의 아이를 찾아냈습니다. 아이들과의 1:1 상담을 통해 저의 예상대로 그 아이들이 음란물에 노출된 아이들이라는 사실을 확인했습니다. 저는 해당 학부모님들을 불러 사실을 공지하고 음란물 노출 문제를 해결하기 위한 대처 방안을 논의했습니다. 학교에서도 노력하겠지만 이 부분은 전문 상담 영역이기 때문에 학부모님들이 외부 기관에 전문적 도움을 의뢰하여 상담을 받는 것이 좋겠다고 조언을 드렸습니다. 학교에서 그 게임을 금지하고 아이들 상담과 함께 해당 학부모들에게 공지를 함으로써 그 게임은 바로 사라졌습니다. SEC 학급헌법으로 학교폭력이 즉시 신고되는 학급 분위기가 만들어졌기 때문에 비슷한 장난을 할 가능성도 완전히 차단될 수 있었습니다.

공공의 적 1당 30 J여학생

　5학년을 담임하기 직전인 2월 중순경, 아이들에게 새 학급 배정 통지표가 나간 후 한 학부모님으로부터 항의 전화가 학교에 왔습니다. 자신의 아이가 J여학생과 3년간 같은 반이 되었다는 것입니다. J여학생은 말로 친구들을 괴롭히고 울리는 능력이 탁월한 것으로 알려진 아이였습니다. 매사에 부정적이었고 마음에 들지 않는 상황이면 단소로 남학생 머리를 후려치는 행동도 서슴지 않았지요. 학교에 민원전화를 넣은 학부모님 이야기도 충분히 공감이 되었습니다. J여학생은 반 전체 아이와 동시에 싸워도 절대 밀리지 않을 만한 아이였는데, 특히 항의 전화를 하신 학부모님의 아이를 집요하게 괴롭히고 있었습니다. 2년 동안 계속 같은 반이 되어 아이가 학교생활을 너무 힘들어했는데 또 같은 반으로 3년째 배정되었다는 것입니다. 더군다나 학부모 상담 때 담임교사를 통해 다음 해에는 다른 반으로 배정해 달라고 요청을 했고, 학기 말에 또 한 번 요청을 했는데도 왜 그렇게 같은 반으로 배정되었는지 알 수 없다며 항의를 한 것입니다. 그러면서 다른 반으로 옮겨 달라고 요청을 했습니다. 4학년 때의 담임교사가 아이들을 방임했기에 교실에 여러 문제가 있었는데, 5학년 1년 동안 다시 아이가 괴로워할 모습을 더 이상 참지 못하겠다는 것이었습니다. 학교에서는 학부모님의 요구를 모른 척할 수 없는 상황이었지만 반 배정이 이미 통지가 된 상황이었기에 한 아이만 반을 바꿔 주면 유사한 요구가 많이 생기는 등의 문제 소지가 있었습니다.

　"교장선생님, 제가 그 반 담임을 맡겠습니다."

　제가 그 반의 담임을 맡는 것으로 교감선생님이 해당 학부모님을 설득하셨습니다. 하지만 그 학부모님은 쉽사리 저를 신뢰하지 않으셨습니다.

작년 제가 맡은 학부모님들에게 제가 어떤 교사인지 확인을 한 번 해 보시라는 교감선생님의 말씀에 겨우 그 학부모님을 설득할 수 있었습니다. 그런데 3월이 되고 J여학생을 만나 보니 감당하기 쉽지 않을 것이라는 판단이 들었습니다. 말과 행동으로 정말 집요하게 주변 친구들을 괴롭혔습니다. 친구들의 신경을 살살 긁고 결국 울게 만드는 능력이 탁월한 아이. J가 여학생이다 보니 힘이 센 남학생들도 이런저런 말다툼을 아예 피했습니다. 1명이 반 전체 30명의 아이들과 싸워도 전혀 밀리지 않을 정도였습니다. 그 아이의 행동 특성 때문에 다음 학급헌법 조항을 만들었습니다.

"친구가 기분 나쁜 행동이나 말을 하면 그 친구에게 사과를 하라고 말해. 만약 친구가 사과를 하지 않거나 힘이 센 아이라서 그런 말조차 할 수 없다면 즉시 선생님께 신고할 것! 만약 그렇게 하지 않고 같이 싸우면 똑같이 혼난다. 싸우지 않고 선생님한테 바로 이야기하면 선생님이 확실히 해결해 줄 수 있어. 그렇지만 그 전에 잘못한 친구에게 사과할 기회는 꼭 주어야 해."

친구에게 기분 나쁜 일을 당하면 똑같이 대응하지 말고 그 친구가 사과를 하지 않거나 혹은 힘으로 상대가 안 되는 경우는 바로 담임교사에게 먼저 알리라는 학급규칙이었습니다. 이 규칙으로 인해 J와 얽힌 많은 다툼들을 예방할 수 있었습니다. J가 시비를 걸면 해당 학생은 똑같이 싸우지 않고 담임인 나에게 알려 주었습니다. 나는 그 행동에 대해 J의 잘못을 이야기하고 상담을 자주 하게 되었습니다. 잘못은 확실히 짚어 주되 공감하려고 노력했습니다. 4월 중순, 학기 초 항의 전화를 했던 학부모님으로부터 감사 편지를 받았습니다. 아이가 학교생활을 많이 즐거워한다는 내용이었습니다. J여학생 학부모님에게도 감사 메시지를 받았습니다. J가 5학년 들어 행동이 조금 변했다는 것이었습니다. 그리고 놀이 치료를 시작했다고 말씀하셨습니다. 담임이 아이들의 신고를 귀찮아하지 않고 적극적으로 생활교육에 나서면 아이들은 담임을 신뢰합니다. '누군가 나를 기분 나쁘게 하고 사과를 하지 않으며 똑같이 싸우지 않고 담임에게 즉시 말한다.'는 학급헌법은 J여학생 때문에 생긴 것으로, 저는 당시 'J법'으로 불렀는데 지금까지도 매년 사용하는 학급헌법 조항이 되었습니다.

보스 여학생

6학년 담임을 할 때, 학기 초 학부모 상담 주간이었습니다. 학부모 상담 중 자신의 아이가 학급회장인 L여학생 때문에 힘들어한다는 이야기를 들었습니다. L여학생은 똑똑하고 리더십도 있는 아이였는데 기가 좀 셌습니다. 어떤 점 때문에 힘들어하는지 물어보니 L여학생이 다른 여학생들에게 '옷차림이 촌스럽다.' 등의 핀잔을 자주 준다는 것입니다. L여학생은 해마다 자신을 항상 뒷받침해 줄 만한 부하 같은 여학생 2명을 같이 데리고 다니며 다른 여학생들에게 그런 행동을 하고 있었습니다. 그런 이야기를 하는 학부모님이 한두 분이 아니었는데, L여학생은 담임인 내 앞에서는 양같이 순했습니다. 수업 중 한 남학생이 이렇게 말했습니다.

"선생님, 우리 반 애들 다 스키니 입었어요."

정말로 남학생들까지 몸에 꽉 달라붙는 바지를 입고 있었습니다. 전후 사정을 살펴보니 L여학생이 이런저런 옷차림과 외모에 대해 핀잔을 주니 아이들이 그런 핀잔이 듣기 싫어서 다 스키니를 입게 된 것입니다. 솔직히 그대로 두고 볼 수 없었습니다. 같은 반 친구들에게 공부 좀 잘한다고 2명의 부하 같은 여학생까지 대동해서 그런 행동을 하는 L을 용납할 수가 없었습니다. 그래서 L의 문제가 되는 행동 특성에 대해 다 금지하는 학급헌법을 운영했습니다. L 입장에서는 처음으로 자신의 행동이 제약받는 학급생활이 된 것입니다. 이전까지만 해도 자신은 교실에서 여왕이었고, 담임도 자기 편이었습니다. 2학기 초에 교원평가가 있었고 정식 교원평가가 시행되기 전 시범적으로 몇 개 학교를 지정하여 운영했는데, 저에 대한 학생들과 학부모님의 전체 평가 평균이 좋게 나왔습니다. 하지만 한 학생이 각 설문 문항마다 '매우 안 좋음'에 표시를 했고 서술식 평가에서도 이런저런 부정적 이야기가 많이 쓰여 있었습니다. 그 서술 평가 내용을 읽어 보니 그러한 내용을 쓴 아이가 L이라는 생각이 들었습니다. 저는 고민에 빠졌고, 동학년 선생님의 조언을 들었습니다.

"그런 보스형 아이는 선생님께 인정받고 싶어하는 마음이 커요. 선생님이 좀 지지해 주시면 행동이 바뀔 거예요."

하지만 솔직히 난 그러고 싶지 않았습니다. 좀 예쁘고 공부 잘한다고 다른 친구들을 무시하는 아이는 아무리 뛰어난 학생이라도 쉽게 정이 가지 않았기 때문이었습니다. 그러나 그런 아이까지도 내가 품지 못한다면 믿음의 교사가 아니라는 생각이 들어 마음에 내키지는 않았지만 조금씩 그 아이를 칭찬해 주려고 노력했습니다. 쉽지 않은 과정이었지만 그 아이가 나를 대하는 태도가 조금씩 달라지는 것을 느낄 수 있었습니다. 이후 그 아이가 국제중학교 합격자 명단을 확인했을 때 담임인 내게도 바로 연락을 해 주었습니다. 아이들은 담임에게 인정받고 싶어 하는 욕구가 강하다는 것을 이때 확실히 깨닫게 되었습니다. 특히 보스형 아이는 더 그렇습니다. 담임교사는 학급운영에서 보스형 아이에게 휘둘리지 않아야 합니다. 오히려 그 학생의 잘못된 점을 정확히 짚어주고 고치도록 도와주어야 합니다. 하지만 아이의 내면 변화는 담임이 문제 행동을 지적하는 것으로만 이루어지지 않고 그 아이를 마음으로 품어 주어야만 가능하다는 것을 경험하게 되었습니다.

욕쟁이 아이들

어떤 해에 아이들과 학부모님들 사이에서 유명한 P군의 담임을 맡은 적이 있었습니다. P는 말대꾸는 기본이었고 무엇보다 욕을 잘했습니다. 우리 반 아이가 예전 담임이었던 다른 반 선생님에게 "선생님이 우리 반을 안 맡으신 것은 P 때문이죠?"라고 물을 정도였습니다. 아무도 원치 않는 P군의 담임! 이런 아이를 맡게 되면 어떻게 관계를 맺어 나갈지 고민하게 됩니다. 이미 학교에 저의 생활교육 방식이 소문이 나 있어서인지 3월 첫날 그 아이는 쥐 죽은 듯이 조용했습니다. 그리고 다른 친구들에게 기분 나쁜 말이나 행동을 한마디도 하지 않았습니다. 눈치가 빠른 아이였던 것입니다. 하지만 아이들의 습관은 금방 바뀌지 않기에 3월 중순부터는 학급헌법에서 금지한 행동도 가끔씩 하였고 그때마다 혼이 났습니다. 나 역시 이전과는 달리 내 마음에 들지 않는 아이라도 최대한 품으려고 했기에 그 아이와 상담할 때마다 다음과 같이 이야기했습니다.

"난 너를 좋아해. 하지만 너의 그런 행동은 고쳐야 해. 너도 잘 알지?"

5학년 때 욕쟁이였던 아이는 6학년에 와서는 그런 모습을 거의 보이지 않게 되었습니다. SEC 학급헌법으로 학교폭력이 발생할 경우에는 바로 교사에게 신고하기로 정해져 있었기에 아이들은 학교 밖에서는 욕을 해도 학교에서는 절대 욕을 하지 않았습니다. 욕을 잘하는 아이들은 언어폭력이 잘못된 행동이라는 것은 알지만 큰 문제가 있다고 생각하지는 않습니다. 그래서 아이들은 습관적으로 자신도 모르게 학교에서 순간 욕을 할 때가 있습니다. 만약 아이들이 순간의 실수로 욕을 하게 되었다면 바로 혼을 내기보다는 부드럽고도 진지하게 경고를 해야 합니다.

또 다른 아이인 H는 급식실에서 밥을 먹고 잔반을 버리다가 혼잣말로 중얼거렸습니다. "아, O나 맛없네." 바로 뒤에 담임인 내가 있다는 것을 몰랐던 것입니다. 또 어떤 아이는 복도에서 친구들과 이야기하다 "O발"이라고 욕을 내뱉었습니다. 내가 잠시 복도에 나왔다는 것을 몰랐던 것이지요. 처음에는 황당해서 웃음이 나왔습니다. 하지만 무조건 혼내기보다는 진지하고 조용히 타일렀습니다.

아이들의 욕이 언어폭력에 해당함을 확실하게 인지시키고 신체와 정신에 어떤 나쁜 점이 있는지 교육을 하면 아이들은 일시적으로라도 경각심을 갖습니다. 그리고 학급헌법으로 언어폭력을 금지해 놓고 상담을 해 나가면 아이들이 그에 맞게 행동을 고쳐 나갑니다.

왕따를 당하는 아이가 있을 때

왕따가 있는 학급을 맡으면 어려운 점이 참 많습니다. 일시적으로 왕따를 당한 경우라면 금방 해결이 되겠지만 몇 년간 왕따로 지낸 아이라면 아이들 사이에 그 아이의 이미지가 고착되어 있기 때문입니다. 공부를 너무 못하거나, 지저분하다든지, 혹은 성격의 이유로 왕따를 당하는 아이도 있고 아무런 문제가 없는 아이인데도 몇 명의 아이들에 인해 고의적으로 왕따를 당하는 경우도 있습니다. 어떠한 경우라도 왕따를 당한 아이를 맡게 되면 원인 분석부터 해야 합니다. 해당 아이에게 왕따가 될 만한 빌미가 없는지, 또 누가 왕따를 주동했는지 등에 대해 파악하는 것입니다. 왕따는 확실한 학교폭력임을 3월 학급헌법을 만들 때 말해 주고, 선생님은 절대 그런 행동을 용납하지 않을 거라고 이야기해 줍니다. 그리고 왕따를 당하는 아이와는 상담을 통해 친구들이 아이에게 있어 고쳤으면 하는 점에 대해 점차적으로 이야기를 해 줍니다. 그리고 왕따 행동을 주도한 아이들에게는 엄하게 주의를 줍니다. 같은 반 친구가 뭔가 좀 부족하다고 해서 왕따를 시키는 행동은 명백히 학교폭력임을 알려 주는 것이지요. 이 과정을 계속 거치면 다수의 방관자 아이들이 왕따를 주동하는 아이들을 따르지 않고 담임을 따르게 됩니다.

이때 담임교사는 왕따를 당하는 아이가 문제가 있다고 해도, 그 문제에 대해선 분명히 지적하되, 아이 자체는 존중해야 합니다. 왕따 당하는 아이를 담임교사까지 외면하면 그 아이는 더 이상 교실에서 설 자리가 없어집니다. 아이들은 말하지 않더라도 느낍니다. 담임이 아이를 싫어하는지, 혹은 잘못된 행동만을 싫어하는지 말입니다. 아무리 문제가 많은 아이라도 담임교사가 그 문제 행동은 엄하게 대처하지만 아이를 진심으로 존중해 준다면 아이들 또한 그것을 고스란히 느낍니다. 왕따 문제를 해결하기 위해선 담임교사의 많은 시간과 노력, 꾸준한 상담이 필요합니다. 왕따를 당하는 아이뿐 아니라 왕따를 주동하는 아이들과의 상담이 필요하고, 다수의 방관자 아이들과도 상담이 필요합니다. 이 과정은 쉽지 않고 꽤 많은 시간이 걸리지만 담임이 학급헌법으로 왕따에 대한 확실한 규칙을 가지고 학생상담을 병행하며 일관성 있게 생활교육을 진행하다면 아이들은 결국 선생님이 원하는 방식대로 따라옵니다.

이성 교제에 목마른 아이

초등학생이어도 이성 교제를 하는 아이들이 많습니다. 2학년 아이들이 커플 반지를 교환하고 사귄다는 이야기를 듣고 황당해서 웃었던 적이 있었는데 초등학생들의 이성 교제는 생활교육에서 단순하고 쉽게 넘어갈 일은 아닙니다. 특히 사춘기에 접어드는 5, 6학년은 더 그렇습니다. 이성 교제는 친구들과의 다툼의 원인이 되기도 하고 아이들의 학교생활에 부정적인 영향을 끼치기도 합니다. 이성 교제를 대하는 방식은 담임마다 다를 것이므로 어떤 것이 정답이라고 말할 수는 없지만 담임이 이성 교제를 허용하면 그 반은 계속 이성 교제가 발생하는 학급 분위기로 자리 잡는 경우가 많습니다. 반대로 저처럼 이성 교제를 제한하는 담임을 만나면 비록 몰래 이성 교제를 하더라도 최소한 학급 내에서 드러내 놓고 이성 교제를 하는 경우는 생기지 않습니다. 저는 아이들에게 자주 이야기를 합니다.

"남학생과 여학생이 친한 것은 괜찮아. 또 좋아하는 것도 자연스러운 일이야. 선생님도 그런 경험이 있어. 하지만 친구 이상으로 넌 내 거야, 난 네 거야 이런 식으로까지 발전된다면 그건 너희들에게 좋지 않아."

6학년이었던 우리 반 아이 중에 5학년 때부터 이성 교제 상대를 몇 달 간격으로 계속 바꾸는 여학생이 한 명 있었습니다. 아이와 상담을 해 보니 부모님이 이혼을 하셨고 그에 따른 가정에서의 애정 결핍이 그 아이가 남학생을 계속 사귀고 헤어지고 하는 행동으로 나타난 것이라고 판단되었습니다. 저는 그 아이와의 상담에서 이렇게 말했습니다.

"넌 소중한 존재야. 그런데 너 같이 소중한 아이가 남학생을 쉽게 사귀고 헤어지면 너에게 좋지 않아."

며칠 후 그 아이로부터 최근 사귀던 남학생과 헤어졌고 앞으로는 신중하게 사람을 사귀겠다는 이야기를 들었습니다. 저는 아이가 이성 교제를 한다면 학부모 상담 때 그 사실을 공지합니다. 대부분 그 사실을 전혀 모르고 있다가 놀라는 분들이 많은데 가끔씩은 오히려 학부모님이 더 긍정적으로 생각하고 계셔서 당황했던 적이 있었습니다. 그런 경우는 초등학생이 친구 관계를 넘어 벌써부터 미래의 배우자를 결정하는 것은 적절치 않으니 가정에서도 잘 지도해 달라고 조언을 드렸습니다.

자살 유혹을 받는 아이들

3월에 꼭 해 봐야 할 것 중 하나가 아이들의 정서 심리 검사입니다. 교육청에서 정기적으로 실시하기도 하지만 인터넷에 공개된 설문을 사용해 먼저 3월에 실시하면 아이들의 정서나 심리 상태를 파악하는 데 도움이 됩니다. 아이들과 상담해 보면 드물긴 하지만 초등학생이라 해도 자살 유혹을 받는 아이들이 있습니다. 예전에 정신 건강 설문을 실시하고 그 결과를 통계 내었는데 자살을 생각해 보았다는 아이가 8명이나 나왔습니다. 처음에는 장난으로 설문했다는 생각에 아이들을 꾸중했습니다. 그러나 아이들의 서술식 응답을 읽어 보며 '아, 이건 뭔가 이상하다.'라는 생각을 하게 된 아이가 2명 있었습니다. 자살 시도 내용이 너무 구체적이었기 때문입니다. 죽고 싶다는 생각이 든 적이 있다고 응답한 다른 아이들은 6학년이 되어 갑자기 밤늦게까지 학원에 다녀야 하는 등 학업 스트레스 때문에 충동적으로 든 생각이었기 때문에 아주 심각한 문제는 아니라고 판단되어 해당 학부모님과 전화 상담을 하는 것으로 마무리했지만, 2명의 여학생은 그렇게 할 수 없었습니다. 2명의 아이 중 한 아이는 죽고 싶어서 달려오는 차에 뛰어들려고 했다고 썼는데 원인을 살펴보니 부모님이 주는 공부 스트레스 때문이었습니다. 해당 학부모님을 불러 사실을 공지하고 상담을 했습니다. 처음에는 부모님이 그런 아이의 생각을 이해하지 못했습니다. 다른 아이들에 비해 학업 스트레스를 그렇게 많이 준 게 아니라는 거였습니다.

"어머니! 어머니는 그렇게 생각하실 수 있지만 그 아이에게는 죽음을 생각할 만큼 스트레스가 된 것 같습니다."

"그러면 제가 어떻게 해야 할까요?"

"아이가 힘들어하는 과외 등을 중지하고 좀 쉬게 하세요."

한 아이는 이렇게 해결되었습니다.

자살을 시도한 적이 있다는 두 번째 아이는 그 내용이 더 구체적이었습니다. 이 아이의 설문 내용을 읽는 순간 나 자신도 무서운 생각이 들었습니다. 아파트에서 뛰어내리려 옥상에 갔다는 이야기가 있었기 때문입니다. 부모님이 불화로 별거 중인데 아이는 아버지, 할머니와 함께 살고 있었습니다. 아이 아버지는 일 때문에 집에서 아이와 자주 만나지 못하고 할머니가 어머니 역할을 하고 계셔서 할머니와 상담을 했습니다. 그리고 아이의 상태에 대해 말씀을 드렸습니다.

"저는 상담 전문가가 아니어서 아이의 자살 시도에 대해 아주 구체적으로 조언을 드리지는 못합니다. 이 부분은 전문 상담 기관의 도움이 필요할 것 같습니다. 학교에서는 제가 많이 품어 주도록 하겠습니다."

학교에선 담임인 내가, 가정에서는 할머니가 최대한 아이와 대화하고 더 관심을 가지기로 서로 약속하였습니다. 몇 주 뒤, 그 아이와 다시 상담을 하게 되었습니다.

"요즘은 어때? 또 죽고 싶은 생각이 들었니?"

"예."

"최근에 또 그런 시도를 했었니?"

"예."

순간 아차 했습니다. 자살 충동은 금방 해결되는 게 아니었습니다.

"어떻게 했는데?"

"아파트에서 뛰어내리려고 옥상에 올라갔어요. 근데 뛰어내리려니까 엄마가 자꾸 생각이 나서……."

아이가 울었습니다. 나는 두려운 마음이 들었습니다. 이러다 정말 아이가 자살을 할 수도 있다는 생각이 들었기 때문입니다. 그리고 내가 아이를 위해 해 줄 수 있는 전문성이 없다는 한계를 느껴 마음만 아팠습니다. 그 아이는 교회에 다니고 있었기 때문에 생명 존중에 대한 신앙적인 접근을 하며 아이와 상담을 하였습니다.

"OO야, 자살은 큰 잘못이야. 하나님께서 슬퍼하시는 일이야. 네가 그런 선택을 한다면 선생님도 너무 슬플 것 같아. 넌 소중한 아이야. 다시는 절대로 그런 행동을 하면 안 된다."

아이를 위해 기도해 주었습니다. 그리고 이야기했습니다.

"선생님은 언제나 네 편이야."

아이 보호자이신 할머니와 다시 통화를 했고 해당 내용을 알려 드렸습니다. 그리고 가정에서의 좀 더 따뜻한 돌봄을 요청했습니다. 내가 그 아이를 위해 할 수 있는 것이 무엇이 있을까 고민이 되어 상담 대학원 교수님께 질문을 드렸습니다. 대답은 학교에서 지금처럼 최대한 아이를 지지하고 격려해 주라는 것이었습니다. 그리고 가정에서는 전문 상담 기관의 도움을 반드시 받도록 하라는 의견을 주셨습니다.

그 아이와의 인연은 다른 아이들과 달리 조금 더 특별했습니다. 죽음의 고민을 함께 나누는 상담을 했기 때문입니다. 그 아이는 이제 졸업을 하고 중학생이 되었습니다. 그리고 졸업 후 1년 정도 지났을 때 문자 메시지가 왔습니다.

"선생님, 저 OO예요. 저 이제 엄마랑 같이 살아요. 그래서 OO로 이사 왔어요. 나중에 다시 찾아뵐게요. 감사합니다.^^"

밝은 내용의 메시지였습니다. 아무래도 아빠와 할머니랑 함께 사는 것보다는 엄마와 함께 사는 것이 정서적으로 더 안정이 되었나 봅니다. 그 아이를 만나면서 아이들의 생활교육은 교사의 노력만으로는 분명 한계가 있다는 것을 절실하게 깨달았습니다. 그리고 그 한계가 느껴지면 학부모, 그리고 때에 따라서는 외부 전문 기관의 도움을 꼭 받아야 합니다. 초등학생에게 자살 문제는 극히 드문 경우이기는 하지만, 학기 초 SEC 학급헌법을 정할 때 아이들의 정서 심리 검사도 함께 진행하면 아이들 상담에 좋습니다.

하늘나라로 간 아이와 수호천사 친구들

SEC 프로그램을 학급에 본격적으로 운영하고 있을 때, 학급에 경제 위기가 한창 발생하던 그때에 우리 반 아이 하나가 하늘나라로 갔습니다. 3월 학기 초 아이들과 익숙해지기도 전, 그 아이는 백혈병 진단을 받아 대학병원에 입원을 했기 때문에 저는 아이와 많은 대화를 나누지 못했습니다. 아이 아버지에게 그 사실을 전화로 들으면서도 믿을 수 없었습니다.

"혹시 오진이 아닌가요? 그렇게 건강했던 아이인데……."

아이는 급성으로 진단을 받아 바로 무균실에 들어갔고 병원에서는 치료를 위해 한동안 계속 잠만 재웠습니다. 병원에 가도 아이를 만날 수 없어 전화로만 아이 부모님과 통화를 했습니다. 백혈병을 생각할 때 TV 드라마에서 나오는 것처럼 병원에 아이가 그냥 누워 있고 골수이식을 하고 치료받는 정도로만 생각했습니다. 백혈병도 다양한 유형이 있음을 잘 알지 못했던 것입니다. 마침 병원에서 수면을 안 시키고 있다는 아이 아버지의 이야기를 듣고 병원 무균실로 향했습니다. 아이는 몰라보게 변해 있었습니다. 많이 야위었고 피부색은 햇빛에 탄 것처럼 검었습니다. 외부인은 무균실에 길게 있지 못하기 때문에 그 짧은 시간 동안 아이를 위해 기도해 주었습니다. 얼마 후 학급에서는 수학여행을 가게 되었고 난 아이들과 즐거운 시간을 보냈습니다. 마음 한편으로 병원에 입원해 있는 그 아이에게 한 번 더 찾아가 봐야지 하는 생각을 계속했지만 그러지 못했습니다. 당시 반 아이들에게 SEC 프로그램을 일임했기에 재미있는 여러 에피소드가 많이 생겼고, 교실에서 아이들과 함께하는 시간들이 즐거웠기에 병원에 입원한 아이에게까지 미처 신경을 쓰지 못했습니다. 매일매일 반 아이들과의 즐거움에 빠져, 나의 관심이 더 필요했던 한 명의 귀한 영혼을 제대로 돌보지 못한 것입니다.

'그래, 잘 치료되고 있다니 곧 건강한 모습으로 교실에 돌아오겠지.'

어느 날 반 대표 어머니로부터 전화를 받았습니다.

"선생님, 오늘 OO가 하늘나라로 갔다고 합니다."

반 아이들과 함께 장례식장으로 향했습니다. 6학년 대부분의 아이들과 각 반 대표 학부모님들이 모두 그 자리에 참석을 했습니다. 아이들은 영정 사진을 보고 울었습니다. 이 세상에 더 이상 그 친구가 없다는 것이 실감이 났던 모양입니다. 내 마음도 아팠고 눈물이 났습니다.

"얘들아, 너희들이 너무 울고 있으면 하늘에 있는 OO도 좋아하지 않을 거야."

울고 있는 아이들을 달래어 집으로 보냈습니다. 그 아이를 위해 한 번 더 찾아가지 못하고 기도해 주지 못한 내 자신이 원망스러웠습니다.

'난 왜 그 아이를 위해 한 번 더 찾아가지 못했나? 이렇게 갑자기 세상을 떠날 만큼 생명이 위급한 상황인 것을 진작 알았더라면…… 내가 반 아이들과 즐거워할 때 그 아이는 생사의 기로에 서 있었는데…… 내가 좀 더 관심을 가졌더라면…….'

나는 엉엉 울었습니다. 그리고 마음속으로 외쳤습니다.

'하나님! 다시는, 다시는 나 같은 부족한 교사에게 그런 귀한 영혼을 맡기지 마세요. 저는 좋은 교사가 아닙니다.'

다음 날, 학부모님들이 준비한 하얀 꽃바구니가 하늘나라로 간 아이 책상 위에 놓여 있었습니다. 그리고 그 꽃바구니 주변에는 아이들이 올려놓은 '수호천사 쿠폰'이 수북이 쌓여 있었습니다. '수호천사 쿠폰'은 어떤 아이가 어려움에 처하면 다른 친구가 그 쿠폰을 써서 도와주는 쿠폰이었습니다. 아이들은 하늘나라에 간 그 아이를 끝까지 지켜 주고 싶었나 봅니다.

'OO아, 한 번 더 너를 찾아가지 못했던 선생님을 부디 용서하렴. 아이들이 네게 준 쿠폰을 봐. 이렇게 많아. 하늘나라에서 더 아프지 않고 이젠 편히 쉬길 바래.'

아이들은 항상 내 곁에 있는 것은 아니라는 걸 그때 깊이 깨달았습니다. 그리고 담임교사로서의 관심은 학교에 잘 나오고 있는 아이들뿐만 아니라, 비록 가정에서 잘 돌봄을 받고 있다 하더라도 이런저런 사정으로 학교에 나오지 못하는 아이에게도 늘 관심을 가져야 함을 알게 되었습니다.

상처 많은 외로운 아이들

학교 현장에서는 생각보다 상처를 가진 아이들을 많이 만나게 됩니다. 부모님 중 한 분이 사망을 했거나 혹은 이혼이나 별거 중인 아이들도 있습니다. 사전에 가정환경을 파악하고 있어야 이 아이들과의 상담과 생활교육이 원활한데 개인정보보호법으로 인해 학교에서는 최소의 필요한 정보만 조사할 수 있습니다. 다시 말해 가정상황을 파악하기가 어렵기 때문에 작년 담임의 이야기, 상담 때 아이가 했던 말, 가정환경 조사서 등의 여러 정보의 파편들을 퍼즐처럼 조합해야 합니다. 저는 아이들의 가정 분위기를 조사할 수 있는 방법으로 '금붕어 가족 그리기'를 활용했습니다. 미술 시간에 아이들에게 어항이 들어 있는 종이를 주고 금붕어 가족을 그리게 하는 것입니다. 그리고 하단에는 그 그림에 대한 설명을 적도록 합니다. 아이들은 무의식적으로 자신이 처해 있는 가정환경을 그림으로 나타냅니다. 가정에 상처가 많은 아이들은 독특한 행동 양식을 보여 주는 경우가 많습니다. 아이를 대할 때 아이의 가정환경을 잘 파악하면 생활교육을 이끄는 데 큰 도움이 됩니다.

장애와 질병을 가진 아이

담임은 3월에 장애나 질병을 가진 아이들을 철저하게 파악하고 있어야 합니다. 제가 맡았던 아이 중 장애를 가졌거나 치료가 금방 되지 않는 질병을 가진 경우가 몇 번 있었는데, 틱 장애를 가진 아이와 난독증을 가진 아이가 기억에 남습니다. 틱 장애를 가진 아이가 있다는 것을 2학기가 되어서야 알게 되었습니다. 틱 장애가 주기성이 있어 1학기에는 틱 장애를 보이지 않았고 학부모님도 그 사실을 가정환경 조사서에 기록하지 않았기에 1학기에는 전혀 몰랐습니다. 2학기 초에 누군가 아침활동 시간에 "낑낑" 강아지 소리를 냈습니다. 처음에는 누군가 장난을 치는 줄 알고 순간 화를 냈는데, 학급회장이 그 아이에게 이야기했습니다.

"너 또 틱 하니?"

그 아이는 틱 장애를 가지고 있었는데 한동안 괜찮다가 다시 틱이 시작된 것입니다. 틱 장애에 대해서는 개인적으로 잘 알고 있었기에 더 묻지는 않았습니다. 그리고 SEC 학급헌법에서 정한 반 아이들의 아침 활동 소리 수준을 높여 주었습니다. 아침활동에 적당한 소음과 이야기가 있어도 허용을 해 준 것입니다. 수업과 아침활동을 너무 조용히 진행하면 그 아이의 여러 틱 장애 행동이 확실하게 눈에 띨 것이고 아이들의 시선이 집중되면 그 아이는 스트레스를 많이 받을 것 같았습니다. 그때부터 수업은 모두 모둠으로 진행했습니다. 모둠 수업은 기본적으로 아이들이 소란스럽기 때문입니다.

글자를 읽어도 두뇌에서 해석이 잘 안 되는 난독증을 가진 아이는 수업에 집중을 잘 못했습니다. 그냥 멍하게 앉아 있는 경우가 많았지요. 시험지를 풀어도 처음 몇 개의 문제를 풀고 난 후, 그냥 가만히 앉아 있었습니다. 아이와 이야기를 해 보면 사고도 정상적이고 친구들과의 소통에도 문제가 없었습니다. 단지 문장 해독이 빨리 되지 않아 집중을 잘 못하는 것이었지요. 반 아이들은 그 아이를 그냥 공부를 열심히 하지 않는 아이로만 생각하고 있었습니다. 일상생활 속에서는 그 아이의 장애를 느끼지 못하기 때문이었습니다. 난독증 장애를 가진 아이를 위해서 수업에 집중하지 못할 때 주는 모둠 경고 제도는 운영하지 않았습니다.

질병으로 약을 먹는 아이들도 생각보다 많습니다. 문제는 그 사실을 교사에게 학부모님들이 잘 이야기해 주지 않는다는 것입니다. 담임교사가 편견을 가질까 봐 이야기를 꺼리는 것은 충분히 이해가 됩니다.

그렇지만 담임교사가 미리 알고 있어야 아이를 지도하는 데 실수하지 않습니다. 학급에 천식을 가진 아이가 있었는데, 처음 이 아이가 천식을 앓고 있다는 이야기를 학부모님이 하지 않아 전혀 모르고 있었습니다. 그러다가 어느 날 수업 중 갑자기 아이에게 호흡곤란이 왔습니다. 급하게 보건선생님을 부르고 경황이 없어 허둥지둥할 때 보건선생님이 차분하게 아이를 안정시켰습니다. 그리고 호흡을 길게 내쉬라고 하며 함께 호흡을 하셨습니다. 천식이 오면 숨을 못 쉬기 때문에 순간 공황장애까지 올 수 있으며, 그렇게 되면 숨쉬기가 더 어려워지므로 먼저 아이를 안정시키고 호흡을 도와주신 것입니다.

내가 맡은 아이가 장애와 질병이 있는지는 학기 초에 철저히 확인을 해야 아이들을 안전히 돌볼 수 있습니다.

몰려다니는 아이들

학급에서 친한 친구끼리 어울려 다니는 것은 큰 문제가 없습니다. 하지만 단체로 여러 명 우르르 몰려다닐 때는 주의 깊게 살펴보아야 합니다. 단체 행동을 하는 아이들이 있는 경우 집단주의 성향이 강해 간혹 특정한 세력을 형성하고 다른 아이들을 왕따시키는 등의 문제를 일으키는 일도 있기 때문입니다. 나쁜 행동도 함께하면 시너지가 생깁니다. 서로를 의지하며 더 담대하게 문제 행동을 일삼는 것입니다. 잘못에 대한 책임도 혼자 지는 것이 아니라 함께 나누어 짐으로써 나쁜 행동에 대한 부담도 줄어듭니다. 이러한 행동 특성을 가진 아이들이 있다면 아이들이 그러한 행동을 하지 못하도록 미연에 통제해야 합니다. 학기 초에는 그러한 문제를 보이지 않다가 몇 명의 아이들이 뭉쳐서 그러한 특성을 보이기도 하므로 생활교육을 할 때는 아이들이 몰려다니지 않는지 평소에 유심히 살펴야 합니다.

  6학년 담임을 할 때였습니다. 수학여행 한 달 전부터 장기 자랑을 준비하고 싶다며 학급임원을 포함한 반 여학생 4명이 점심시간에 시청각실을 사용할 수 있도록 허락해 달라고 해서 허락해 주었습니다. 학급임원들은 모범 학생이었기 때문에 문제를 일으킬 것이라고는 생각을 못 했습니다. 문제는 수학여행을 다녀와 생겼습니다. 여학생 4명이 한 달 가까이 점심시간에 모여 댄스 연습을 하다 보니 강한 결속력이 생긴 것입니다. 4명의 아이들은 스스로를 '이쁜이파'라고 부르며 다른 아이들을 무시하는 행동들을 했습니다. 한번 결속된 4명의 여학생들의 관계를 바로잡는 것은 쉽지가 않았습니다. 후에 4명의 아이들끼리도 싸움이 나서야 '이쁜이파'가 와해되었는데, 수학여행 준비에 너무 많은 연습 시간을 허락해 준 것이 화근이었습니다. 이후부터는 장기 자랑 준비 시간 같은 것을 주지 않거나, 주더라도 일주일 정도로 제한했습니다.

  지나치게 몰려다니는 아이들은 생활교육 문제가 발생할 확률이 큽니다. 그러므로 학기 초뿐만 아니라 학기 중간에도 늘 관심 있게 살펴보아야 합니다.

신중해야 할 2학기 전학생

  저는 전학생이 오면 그 아이에 대해 1주간 유심히 살펴봅니다. 새로 전학을 온 아이가 문제를 일으키는 경우를 많이 보았기 때문입니다. 보통 전학은 중학교 진학 준비, 혹은 이사 때문에 하는 경우가 많은데 이사철이 아닌 시기에 전학 오면 다른 학교에서 문제를 일으키고 전학을 오는 경우가 종종 있습니다. 특히 2학기 전학생 중 그러한 경우의 아이가 더 많습니다.

초등학교 3학년을 담임할 때 생긴 일입니다. 한 남학생이 전학 온 지 얼마 안 된 남학생을 신고했습니다.

"선생님 쟤가 이자를 달라고 해요."

"그게 무슨 말이야?"

"제 연필이 쟤 책상에 떨어졌는데요. 그 연필이 이제 자기 것이래요. 제가 다시 가져가니까 자기 연필을 내가 가져갔으니 이제 매일 이자를 내라고 해요."

이자도 시간당 100원이었습니다. 하루에 2400원을 이자로 내라고 한 것입니다. 자기 연필도 아닌데 말입니다. 전학을 오기 이전부터 그러한 행동이 있었을 것 같다는 생각이 들었습니다.

또 다른 경우는 초등학교 5학년 담임을 맡았을 때였습니다. 전학 온 아이가 있었는데 외모가 그렇게 사나워 보이지는 않았습니다. 전학을 온 날 점심을 먹고 교실에 와 보니 그 남학생은 교실을 뛰어다니며 도망가고 있었고 여학생 한 명은 그 남학생을 잡으러 가고 있었습니다. 그 장면을 목격한 반 아이들은 다들 긴장하며 내 눈치를 보았습니다. 그 남학생을 불러 세운 후 여학생에게 왜 잡으러 가고 있었는지 물어보았습니다. 여학생 말을 들어보니 오늘 전학 온 그 남학생이 욕을 했다는 것입니다. "개O, 망할O!" 이렇게 욕을 하며 도망갔고 심지어 주변의 다른 남학생들에게 "너도 욕해 봐. 재미있어!"라며 부추겼다고 합니다. 물론 그 전학생의 부추김에 넘어간 아이들은 없었습니다. 전학 온 날 바로 크게 혼을 낸 적은 그 아이가 처음이었습니다.

그런 장난은 단번에 생기지 않습니다. 이전 학교에서 분명 그러한 행동을 했고, 또 담임교사로부터 제대로 제재를 당하지 않았을 거라는 짐작이 들었습니다.

이후 전학생이 오면 그날 바로 전학생에게 학급에는 아이들이 만들어 지키고 있는 학급헌법이 있다고 설명해 주었습니다. 이 학급에는 꼭 지켜야 할 규칙이 있다고 알려 주는 것입니다. 그리고 학급임원에게 당분간 전학생에게 학교에서 지켜야 할 여러 규칙들을 잘 설명해 주라고 했습니다. 그러면 전학생도 학급 분위기에 잘 적응하게 됩니다.

스마트 기기에 중독된 학생

부모님이 학생에게 연락을 해야 할 상황도 있기 때문에 저는 아이들이 학교에 스마트폰을 가져오는 것은 금지하지 않았습니다. 대신 두 가지 규칙을 두었는데 첫 번째는 스마트폰을 분실했을 때 선생님이 찾아 주지 않으니 각자 잘 관리하라는 것과 두 번째는 학교에 들어오는 즉시 스마트폰을 끄거나 혹은 진동으로 하고 특별히 전화를 하거나 받을 일이 생기면 담임에게 허락을 받으라는 것이었습니다. 그리고 그 규칙을 어기는 경우는 모둠 칭찬을 활용해 바로 신고가 들어오게 하였습니다. 학급에서 이런 규칙을 가지고 아이들을 지도하면 아이들이 학교에서 휴대폰에 관련한 문제는 크게 일으키지 않습니다. 대신 아이들은 방과 후에 카톡 같은 메신저를 사용해 계속 메시지를 주고받습니다. 몸은 떨어져 있어도 스마트폰으로 인해 정신적으로는 메신저로 계속 연결되어 있는 것입니다. 게임이나 메신저 등으로 인해 스마트 기기에 중독된 아이들이 있다고 생각이 들면 해당 학부모에게 알려야 합니다.

한번은 6학년 아이들과 상담하다가 남녀 7명의 아이들이 전날 새벽 1시까지 메신저로 메시지를 주고받았음을 알게 되었습니다. 집에 부모님도 계시는데 어떻게 그때까지 들키지 않고 메시지를 주고받았는지 궁금해 사실을 확인하니 이불을 둘러쓰고 이불 속에서 메신저로 대화를 했다고 했습니다. 그냥 넘길 일은 아니라고 판단이 되어 해당 학부모님에게 그 사실을 알렸습니다. 그리고 학교에서는 담임교사인 내가 잘 통제하고 있으니 가정에서도 스마트 기기 사용에 대해 잘 관리해 달라고 요청하였습니다. 스마트폰은 유용한 기기이기는 하지만 SNS 학교폭력, 게임 중독 및 여러 가지 문제점도 많이 안고 있습니다. 학급헌법으로는 아이들의 가정생활에 이르는 부분까지 다룰 수 없기에 가정에서의 스마트 기기 사용에 있어서는 부모님의 허락을 맡고 사용하도록 아이들을 교육해야 합니다.

SEC 생활교육에서 만난 학부모 이야기

편견 없는 선생님

학부모와의 상담은 학교에서 정기적으로 행하는 정기상담 및 어떤 문제가 생겼을 때 이루어지는 수시상담으로 구분됩니다. 담임교사가 공식적으로 학부모를 처음 만나는 것은 3월 학부모 총회 때입니다. 이때 학부모님들에게 편견 없이 아이들을 대한다는 신뢰를 주어야 합니다.

"저는 아이들을 대할 때 주변 사람들의 이야기를 듣고 선입견을 가지지 않습니다. 제가 직접 경험하고 판단합니다."

학부모 상담 주간에 학부모님 한 분이 저의 이야기에 안심을 했다고 말씀하셨습니다. 알고 보니 그 학부모님 아이가 학교폭력을 행사했다는 소문이 있었는데, 사실관계를 확인해 보니 피해를 당했다고 소문을 낸 아이가 문제였습니다. 피해를 당했다는 아이가 먼저 시비를 크게 걸자 평소에 조용했던 아이가 화가 나 한 대 때렸기 때문에 가해자로 지목받았던 것입니다.

학부모님들에게 '담임은 차별하지 않는다. 공정한 교사이다.'라는 신뢰를 분명히 주어야 합니다. 그러한 신뢰는 반 아이들과의 1:1 상담과 평소 학생들의 생활교육에 노력하는 모습으로 더 쌓여 갑니다.

학부모 확인이 필요한 결석과 조퇴

아이가 지각을 하거나 조퇴를 할 경우 아이의 말만 믿고 허락해 주면 안 됩니다. 보호자의 확인이 필요합니다. 5학년 담임을 맡았을 때였습니다. 한 아이가 지각을 했습니다. 1교시가 10분 정도 진행되었을 때 해당 학부모님에게 전화를 하려는 순간 그 아이의 집에서 전화가 왔습니다. 아이는 다 죽어 가는 목소리로 이야기했습니다.

"선생님, 몸이 너무 아파요. 아파서 학교에 못 가겠어요."

맞벌이 가정의 아이라 어머니도 집에 안 계셨을 터이니, 아이가 걱정이 되었습니다.

"그래? 어머니와는 통화를 했니?"

"네, 아프다고 하니 오늘은 학교에 가지 말고 쉬라고 하셨어요."

"그래, 알았다. 쉬고 있어."

아이 말로는 어머니가 집에서 그냥 쉬라고 말씀하셨다는데, 아이 목소리가 너무 힘이 없고 상황이 안쓰러워서 아이 어머니와 바로 통화를 하였습니다. 그런데 놀랍게도 아이의 말은 거짓말이었습니다. 어머니와 통화를 한 적도 없었고 실제로 아픈 것도 아니었습니다. 완전히 속은 것입니다. 알고 보니 작년에도 그런 행동을 한 적이 있었습니다. 결국 아이의 어머니가 직장에서 잠깐 나와 집에 가서는 아이를 데리고 2교시쯤에 교실로 직접 데려오셨습니다.

교사가 할 수 없는 생활교육의 한계를 밝혀라

학부모님들 중 교사는 만능이어야 한다고 생각하시는 분들이 의외로 많습니다. 교사는 학생 생활교육에 만능일 수 없습니다. 그리고 교사가 감당 안 되는 아이들도 분명 있습니다. 또한 생활교육은 교사만의 몫이 아닙니다. 학교에서는 담임이 책임지겠지만 가정에서의 생활교육은 학부모의 몫입니다.

한 학부모님께서 자신의 딸을 같은 반 여학생 한 명이 자꾸 괴롭힌다는 이야기를 하셨습니다. 학교에서 그런 낌새를 전혀 알아차리지 못했기에 언제, 또 어떻게 그런 행동을 하는지 알아보니 하교 후 학원이나 집에 있을 때 메신저로 아이를 괴롭힌다고 하였습니다. 전후 사정을 파악하니 학교에서는 담임이 있어 그런 행동을 하지 못하고 학교를 벗어나서는 그런 행동을 하는 것으로 짐작되었습니다. 담임이 할 수 있는 일은 가해 아이의 학부모에게 그 사실을 알리고 추후 그런 일이 일어나지 않도록 가정에서 잘 지도를 하라고 요청을 하는 것, 그리고 학교에서 그 학생과 상담을 하여 문제 행동을 고치도록 하는 것이었습니다. 그런데 그 학부모님은 가해 아이가 다시는 방과 후에 학원에서나 집에서 그런 행동을 하지 않도록 지도를 해 달라는 요구를 하셨습니다.

학부모님이 학교를 벗어나 방과 후에 일어나는 아이들의 생활교육에 대해 요구할 때에는 우선 그것은 담임의 권한 밖이라고 분명히 이야기해 주어야 합니다. 그리고 그 한계 속에서 담임교사가 할 수 있는 최선의 방법으로 최대한 생활교육에 노력을 기울여야 합니다.

아이가 다친 경우

 학교에서 아이들이 다치는 경우가 종종 있습니다. 가급적 안전사고가 일어나지 않는 것이 좋지만 여러 가지 교육 활동을 진행하다 보면 본의 아니게 사고가 생기기도 합니다. 간단히 다친 경우는 보건실에서 치료하면 되지만 뼈가 부러지는 등의 큰 사고가 생기면 여러 가지 신경 써야 할 부분들이 많습니다. 이때 가장 중요한 것은 학부모님에게 최대한 빨리 연락을 해서 그 사실을 알려 주어야 한다는 것입니다. 담임이 먼저 연락을 해 주면 '학교에서 수업하다가 이렇게 다쳤구나.'라고 생각을 하지만 만약 담임이 연락하기 전에 학부모님이 그 사실을 먼저 알게 되면 대단히 화가 날 수 있는 상황이 되어 버립니다. '아이가 이렇게 다칠 때까지 담임은 전화 한 통 안 해 주나!' 라고 생각하게 되는 것이지요. 6학년 반별 축구 대항전이 있을 때였습니다. 여학생 축구 경기도 있었는데, 반 아이 한 명이 축구를 하다가 넘어졌습니다. 아이는 보건실에 다녀온 후 계속 축구 경기에 참여하고 싶어했습니다. 좀 내키지는 않았지만 아이가 괜찮다고 해서 그냥 허락을 해 주었습니다. 그리고 오후에 학부모님에게 아이가 괜찮은지 확인 전화를 드렸습니다. 그런데 알고 보니 집에 가서도 아이가 계속 팔이 아파 병원에서 엑스레이를 찍었고, 팔뼈에 금이 간 것이 확인되어 깁스를 하고 왔다는 것이었습니다.

해당 학부모님은 아이가 다쳤는데 계속 축구를 시킨 것에 대해 꽤 불쾌해하셨습니다. 아이가 괜찮다고 해서 허락한 것뿐이었지만 어찌되었든 아이를 보호해야 할 책임이 있는 내가 제대로 판단하지 못한 것은 분명 잘못이었습니다. 학부모님께 사과를 한 후에 만약 "아이가 축구를 하다가 넘어졌는데, 아이는 괜찮다고 하지만 혹시 모르니 병원에서 검사를 받아 보세요."라고 내가 먼저 연락을 드렸다면 그렇게까지 기분 나빠 하시지 않았을 거라는 생각이 들었습니다. 그래서 그 사건 후부터는 조금이라도 다친 것 같은 아이가 있는 경우 보건실에 보낸 후 정확한 진단이 내려질 때까지는 쉬게 하였습니다. 그리고 학부님께도 바로 연락 드리는 것을 원칙으로 하였습니다.

담임 허락 없이 아이를 불러 혼내는 학부모

학교에서 반 아이들의 보호자는 담임교사입니다. 교사는 수업만 하는 학원 강사와는 다릅니다. 아이들의 안전을 책임져야 하는 의무는 담임교사에게 있습니다. 어느 날 학부모님이 직접 자신의 아이를 괴롭힌 아이를 혼내 주러 학교로 온 경우가 있었습니다. 이럴 때 담임교사는 그 학부모님에게 절대 아이를 인계해서는 안 됩니다. 그 아이가 비록 가해 아이가 맞더라도 말입니다. 만약 담임이 없는 사이에 학부모가 직접 교실에 와서 아이를 혼내는 모습을 봤다면 즉시 말려야 합니다. 그리고 어떤 문제 상황이 있으면 학교에 적법한 절차를 거쳐 민원을 제기하라고 말해야 합니다.

한 번은 반 아이들을 데리고 급식실에서 줄을 서고 배식을 기다리고 있었습니다. 급식실에 처음 보는 아주머니가 얼굴에 인상을 쓰고는 주변을 두리번거리고 있는 것을 보았습니다. 느낌이 안 좋아 누구신지, 그리고 지금 무엇을 하고 있는지 물었습니다. 알고 보니 옆 반 아이의 어머니였는데 자기 아이를 괴롭힌 아이를 직접 혼내 주려고 작정하고 학교로 온 것이었습니다. 해당 아이의 담임교사에게 그 사실을 바로 알렸고 그 학부모와 관련 학생이 못 만나도록 조치를 취했습니다.

"이런 식으로 행동하시면 문제가 해결되는 것이 아니라 문제가 더 커집니다."

저는 학부모님을 설득한 후 학부모가 제기하는 민원을 학교 차원에서 처리하였습니다.

학교에서 아이들을 보호할 책임과 의무는 담임에게 있음을 잊지 말아야 합니다.

학부모에게 휘둘리지 않는 교사

5학년 때 생활교육이 제대로 되지 않은 아이들을 6학년 때 맡게 된 적이 있습니다. 주로 점심시간에 학교폭력이 일어났기에 학교폭력 예방을 위해 어느 정도 생활교육이 자리를 잡을 때까지 한시적으로 점심시간을 통제하기로 학교에서 결정하였습니다. 당분간은 점심시간에 운동장에 나가지 말고 교실에서 재미있게 놀라는 것이었지요. 그런데 점심시간 통제에 대한 학부모 민원이 생각보다 강했습니다. 5학년 때 방임되어 있던 아이들이 6학년이 되어 담임교사의 통제를 받으니 불만이 생긴 아이들도 있었고 특히 축구 선수를 진로로 삼고 있는 5명 정도의 학부모님들이 가장 강한 반발을 보였습니다.

   3월 말 학부모 상담 주간에 축구를 좋아하는 우리 반 아이의 어머니가 얘기를 하였습니다.

"선생님께서 요즘 공격을 너무 많이 받으시는 것 같아요."

"그게 무슨 말씀이세요?"

"아까 다른 반에서도 얘기가 나오고 좀 전에도 다른 반 학부모님이 이야기를 했는데요."

   결국 학년부장인 내가 점심시간 통제를 주도하는 것으로 판단하고 일부러 그런 식으로 이야기한 것입니다. 다른 반에서도 '선생님만 공격받고 있다.', '자신은 그렇지 않은데 선생님이 걱정되어 알려 주는 것이다.' 그런 식으로 다른 학부모들 핑계를 대며 점심시간 통제에 불만을 제기하였습니다. 그 이야기를 들으며 '교사를 참 쉽게 보는구나'라는 생각이 들었습니다.

"전 그런 것 신경 안 씁니다. 그리고 점심시간 통제는 교장선생님의 뜻입니다. 작년 생활교육에 많은 문제가 생겨 학교폭력 예방이 자리 잡을 때까지 일시적으로 운영하는 것입니다. 불만이 있으시면 교장선생님께 직접 하시기 바랍니다. 그리고 점심시간 통제에 대해 반대하는 분도 있겠지만, 아이를 보호하기 위해 눈물을 흘리며 제발 통제해 달라고 부탁하는 학부모님도 있습니다. 일시적으로 운영하는 것이기 때문에 찬성하는 분들이 더 많습니다."

   아이들이 학교에서 놀 권리가 있다. 왜 놀 권리를 박탈하나 등등 그분도 할 말은 많으셨습니다.

"OO 어머니, 아이들 생활교육을 위해 6학년 선생님들 모두 쉬는 시간과 점심시간에 아이들과 함께 교실에 있으십시오. 교사회의도 아이들 하교 후에만 합니다. 놀 권리를 박탈하는 것이 아니라 아이들 안전을 위해 일시적으로 제한하는 것입니다. 그것은 학교의 권한입니다. 점심시간에 공부를 시키는 것도 아니고 당분간 선생님의 시선이 머무는 교실에서 재미있게 놀라는 겁니다."

5학년 때 있었던 여러 생활교육 문제점들에 대해 이야기하자 그 학부모님은 더 이상 이의를 제기하지 못했습니다. 학년 전체에 일관성과 타당한 이유가 있는 생활교육으로 인해 3개월 정도 아이들이 적응한 후 '학교폭력 예방 생활태도'가 아이들에게 드디어 자리 잡게 되었고, 점심시간 통제는 그때부터 중지하게 되었습니다.

친구 관계 상담은 대면 상담을 원칙으로

학부모님들과 수시로 소통을 할 수 있는 도구는 전화나 메시지가 있습니다. 아이들과 관련한 사안들 중 학부모님이 굳이 학교에 찾아오지 않아도 되는 사항은 면담보다는 전화나 메시지로 처리하는 것이 더 효율적이지만 아이의 학교 친구 관계 상담은 대면 상담을 원칙으로 해야 합니다. 친구 관계 상담은 다른 아이와 관련한 예민한 내용들이 많기 때문에 전화 상담은 여러 가지 불필요한 오해를 일으키기 쉽습니다. 또 전화가 너무 길어지게 되며 금방 해결되지도 않습니다. 예전에 한 학부모님으로부터 방과 후 학원에서 자신의 아이를 자주 괴롭히는 아이가 있다는 전화를 저녁에 받았습니다. 괴롭힘 같은 것은 담임인 나도 예민하게 생각하는 부분이어서 우선 학부모님에게 학교로 오시라고 말한 후 전화로 먼저 자초지종을 들었습니다. 그런데 전화상담 시간이 무척 길어졌습니다. 9시쯤 전화가 와서 한참 이야기를 듣다 보니 저녁 10시가 넘었는데, 문제는 그 학부모님은 학교로 직접 찾아오지 않으시고 그 문제가 해결되기까지 수시로 전화만 걸었다는 것입니다. 나는 전화를 받을 때마다 꽤 오랜 시간 동안 이야기를 들어주어야만 했습니다. 긴 전화 상담을 통해 문제가 해결된다면 기꺼이 그렇게 하겠지만, 전화 상담의 대부분이 계속 하소연만 들어주는 식이 되어 버려서 '아, 이건 아니다.'라는 생각을 하게 되었습니다. 그래서 그 이후부터는 학기 초 학부모 총회 때 학부모님들에게 분명히 알립니다.

"아이들 친구 관계 상담은 대면 상담을 원칙으로 합니다. 학교에 오실 때 먼저 전화를 하시고 상담 날짜를 잡으셔야 합니다. 전화 없이 그냥 오시면 출장이나 회의로 인해 상담을 못 하실 수도 있습니다."

학부모 상담이 잡히면 상담 내용에 대해 어느 정도 준비를 하고 임해야 합니다. 만약 학부모님이 사전에 연락도 없이 바로 교실에 상담을 하러 온 경우나 교사가 상담 내용에 대해 준비하지 못한 상황이라면 우선 상담을 짧게 끝낸 다음, 상담 내용에 대해 충분히 준비를 하고 나서 다시 상담을 하는 것이 좋습니다. 이것은 갑작스럽게 학부모님들로부터 전화가 온 경우도 마찬가지입니다. 일상적인 내용이 아닌 학생 친구 관계, 학교 민원 같이 통화가 길어질 것 같은 내용은 교사도 그 내용들에 대해 파악하고 적절한 답변을 준비해야 하므로 "그 내용들은 학교로 직접 오셔서 이야기해야 할 사안 같습니다." 혹은 "급한 회의가 있으니 잠시 후 다시 전화를 드리겠습니다."라고 정중히 이야기하고 상담 내용에 대해 교사가 충분히 준비를 한 후에 다시 학부모님과 상담을 진행해야 합니다.

내 아이 칭찬과 신뢰 없는 단점 말하기

학부모님과의 상담은 '내 아이'에 집중되어 있습니다. 내 아이가 어떤 점이 좋고 어떤 점이 부족한지에 대해 모든 관심이 가 있는 것입니다. 담임교사는 이러한 학부모님의 특성을 이해하고 원활한 학부모 상담을 위해 그 아이의 부정적인 면보다는 긍정적인 면으로 먼저 상담에 접근해야 합니다. 아이의 행동이 학교와 가정에서 다른 경우가 많기에 학부모님이 자기 아이의 본모습에 대해 잘 모르는 분들도 많습니다. 하지만 자기 아이가 어떤 문제가 있는지 분명 알면서도 교사와 상담할 때는 전혀 모르는 것처럼 행동하시는 분들도 있습니다. 그 이유는 자신의 자녀에 대한 부정적 모습을 먼저 인정해 버리면 담임교사가 행여나 자녀에 대해 편견을 가질 것이라는 염려 때문입니다. 이런 불안을 불식시키기 위해선 담임교사가 아이의 어떤 부족한 점을 이야기하기 전에 그 아이의 장점을 먼저 언급해 주어야 합니다. "당신의 아이는 이런 점이 문제입니다." 라고 바로 말해 버리면 학부모 입장에서는 '담임이 내 아이를 싫어한다.'는 오해를 하기 쉽습니다. 그리고 그러한 오해는 담임의 생활교육에 대한 불신으로 이어집니다. 저도 처음에는 이런 실수를 많이 범했습니다. 아이 잘못을 품어 주기보다는 내가 직접 고쳐 주어야 한다는 잘못된 생각을 가지고 있어서였습니다. 아이의 학교생활에 대해 평소 관찰한 내용들을 학부모님께 제시하며 "아이가 이런 점을 고쳐야 합니다." 라고 말을 하니 학부모님 입장에서는 부인할 수도 없고 반박할 수도 없지만 담임이 자신의 아이를 신뢰하지 않고 있다는 생각이 들기에 감정이 상할 수밖에 없는 것입니다.

학부모님들과 상담을 할 때는 아이의 긍정적인 면을 먼저 읽고 아이를 좋아한다는 신뢰를 주는 것이 중요합니다. 그러면 해당 학부모님도 대부분 마음을 열고 깊이 있는 내용들에 대해서 말씀을 해 주십니다.

상담 준비가 안 된 학부모님을 대할 때

학부모님들과 상담을 하다 보면 간혹 상담을 할 준비가 안 된 분들이 있습니다. 상담의 자리는 자녀에 대한 상담 자리입니다. 나이 많은 학부모가 젊은 신규 교사에게 '교육 훈계'나 '인생 상담'을 해 주는 자리가 아닙니다. 늦게 교직에 들어와서인지, 아니면 생활교육에 철저하게 신경 쓰는 교사여서 그런지는 몰라도 학부모 상담 때 저에게 훈계를 하는 학부모님은 단 한 번도 만나지 못했습니다. 그러나 주변에서 그런 모습을 많이 목격했습니다. 주로 나이 어린 초임 여교사에게 그러한 경향을 보였습니다. 학부모와의 상담 내용들이 만약 학부모 자녀에 관련한 내용에서 벗어나 다른 내용으로 빠진다면 다음과 같이 이야기를 하고 상담 본연의 주제로 집중을 시켜야 합니다.

"아이 상담과 관련이 있는 내용만 말씀해 주시기 바랍니다."

간혹 어떤 분들은 자신의 직업, 가정 내력 등을 내세우며 이야기를 하는 분들도 있습니다. 이런 분들은 '내가 이런 사람이니 담임선생님은 알아서 잘하라. 내가 담임보다 더 전문가이다.'는 태도를 보입니다. 이런 분들에게는 다음과 같이 말하며 상담에 필요한 기본적 자세를 다잡아 주어야 합니다.

"부모님께서는 지금 학부모 입장으로 교실 상담에 오신 것입니다. 아이 상담에 필요한 내용만 말씀해 주시기 바랍니다."

딱 한 번 위와 같은 경험을 한 적이 있습니다. 상담 때 학부모님이 '집안 재산이 어떻고, 교수가 있는 교육자 집안이고…… 등의 이야기를 많이 하셨는데 왜 상담과 관련 없는 이야기들을 하시는지 상담을 하는 내내 기분이 찜찜했습니다. 당시에 경험이 부족해 제대로 된 대처를 못했기에 학부모와 상담이 끝난 후 한동안 기분이 좋지 않았습니다. 상담 준비가 안 된 학부모님들의 경우 학부모들이 상담 본연의 위치에 설 수 있도록 상담을 이끌도록 합니다.

법적 생활교육
의무가 있는 선생님

생활교육 권리는 적고 책임만 큰 학교 현장

　교사의 법적 권리인 교권이 추락한 것은 어제오늘 일이 아닙니다. 학교 현장에서 교사는 '노동자'의 대우를 받지만 정작 교사에게 요구되는 역할은 '성직자'라는 생각을 할 때가 많습니다. 자신의 아이가 학교폭력 같은 문제 행동으로 담임교사의 연락을 받을 때 "우리 아이가 절대 그럴 리가 없다. 왜 우리 아이만 차별하는가?" 라고 항의를 하면서도 막상 자녀의 부주의로 학교에서 다친 경우에는 학교에서 생활교육을 제대로 하지 않았으니 학교에서 다 책임을 져야 한다고 주장하는 학부모님들이 있습니다. 이러한 상황 때문에 담임교사는 이전과는 달리 객관적으로 증빙할 수 있는 생활교육의 노력이 더 필요해졌습니다. 담임교사가 아이들의 생활교육을 위해 아무리 많은 노력과 헌신을 하더라도 이런저런 사고를 100% 완벽하게 막는다는 것은 불가능하기 때문입니다.

담임교사의 법적 생활교육 의무

담임교사의 학생 생활교육에 대한 법적 의무는 어디까지일까요? 법원 판례가 다르고 각 상황마다 특수성이 있기에 정확히 꼭 집어 말할 수는 없지만, 담임교사는 학교에 학생이 등교한 후 하교를 완료한 순간까지 학생을 안전하게 지켜야 할 법적 의무를 지닙니다. 학생이 하교를 완료한 이후에 생긴 일도 학교에 신고가 들어오면 학교에서 그 문제를 해결해야 합니다. 법적인 책임은 없더라도 말입니다. 하지만 수업 과정에서 어떤 사고나 문제가 발생하면 담임교사는 생활교육의 법적인 의무를 다했는지 확인을 받게 됩니다. 이것은 담임교사 외에 관리자도 마찬가지입니다. 학교장은 학교에서 일어나는 모든 일을 결정하는 전권이 있는 반면, 모든 일을 최종적으로 책임져야 하는 위치이기 때문입니다. 그러면 이때 이런 궁금증이 생깁니다.

"담임이 열심히 생활교육을 했는데 우연찮게 일어난 사고는 어떻게 한다는 말인가?"

담임이 아무리 학교폭력 예방 교육을 많이 했어도 아이들끼리 서로 치고받고 싸운 후 크게 다치는 일이 발생할 수 있습니다. 담임이 아무리 안전교육을 열심히 했어도 아이들이 장난을 치다가 전혀 예상치 못한 사고가 날 수도 있습니다. 이런 경우는 평소 담임이 생활교육 의무를 잘 이행했는지에 대한 조사 결과에 따라 달라집니다. 만약 서류와 같이 객관적으로 증빙할 수 있는 생활교육 지도 자료를 남기지 않았다면 법적인 문제로 비화되었을 때 생활교육을 제대로 열심히 했다는 것을 증빙하기가 매우 어려워진다는 문제가 생깁니다.

체험학습 때 일어난 안전사고

어느 학교에서 체험학습을 하다가 학생이 체험장에 있는 구조물을 확인하지 못하고 장난을 치다가 구조물에 부딪혀 사망하는 안타까운 사고가 발생했습니다. 그 후, 학교는 꽤 오랫동안 법적 소송에 휘말려야 했습니다. 학부모 측에서 당일 학생을 인솔한 교사 모두를 형사 고발했기에 민사소송 외에 형사소송도 함께 진행되었습니다. 민사 외에 형사소송에서는 법원이 최종 '무죄'로 판결했습니다. 형사소송에서 무죄로 판결받은 이유는 현장학습 전에 학교에서 공문 결재 후, 체험학습 당일 체험장에서도 안전교육을 했으며, 결정적으로 아이들이 체험활동을 할 때 교사들도 그 자리에 함께 있었던 것이 사진과 동영상으로 증명되었기 때문입니다. 선생님들이 자기 반 아이들의 체험활동 모습을 사진과 동영상으로 계속 촬영하고 있었는데 그 영상에 아이들 외에 교사들도 함께 찍혔던 것입니다. 사고가 났을 때 담임교사가 그 자리를 비운 것이 아니라는 것이 그렇게 증명이 되었습니다. 안전사고가 났을 때 담임이 있어야 할 자리에 담임이 있었는지는 법적 책임을 따지는 데 있어 매우 중요한 부분입니다. 하지만 가장 중요한 것은 그러한 안전사고가 처음부터 발생하지 않도록 아이들을 잘 보살피는 것입니다.

나이스 교육과정과 사고 난 수업 일치의 중요성

각종 안전사고가 학교에서 일어났을 때 그 사고가 생긴 시간을 확인하게 됩니다. 담임이 함께해야 할 수업 시간이면 해당 담임에게 책임을 묻게 되는데, 보통 교육과정을 확인합니다. 만약 수학 수업을 하다가 사고가 났다면 나이스 교육과정이 진짜 수학 수업이었는지 확인을 하는 것입니다. 학기 초 결재를 맡은 교육과정 상에는 국어 수업이었는데 담임교사가 교육과정 변경 결재를 맡지 않고 임의로 체육 수업을 하다가 사고가 나게 되면 담임의 책임이 더 커집니다. 공적인 활동인 수업 시간을 학교장의 결재 없이 임의로 바꾸었기 때문입니다.

학교생활에는 담임이 아이들과 함께할 수 없는 시간(점심시간에 운동장에서 아이들이 노는 경우 등)도 있습니다. 이런 경우는 평소에 담임이 학생들의 안전교육을 위해 어떤 노력을 했는지 그 결과물을 요구받게 됩니다.

생활교육 의무 이행을 증명하는 7가지 방법

생활교육을 할 때 객관적인 자료를 남겨야 할 필요성에 대해서는 모두 공감했을 것입니다. 그러면 담임의 생활교육 노력을 증명할 수 있는 몇 가지 방법에 대해 알아보도록 합시다.

① 고정 알림장의 활용

알림장은 학교에서 담임교사가 학부모에게 보내는 공식적인 메시지입니다. 알림장은 학부모님이 공식적으로 확인해야 하는 것이므로 생활교육을 할 때에는 알림장을 활용하도록 합니다. 저는 학교에서 아이들이 지켜야 할, 안전사고와 관련한 여러 내용에 대해 매일 2개씩 고정 알림 내용으로 일주일 동안 번갈아 가며 쓰도록 하였습니다. 아이들에게 다음과 같은 고정 알림장을 배부하고 알림장 제일 앞에 붙이도록 한 후 각 요일에 해당하는 고정 알림 내용을 1번, 2번에 쓴 후 당일 쓰게 되는 알림 내용은 3번부터 쓰게 하였습니다.

요일	내용
월	1. 하교 후 방과 후 수업이 없으면 곧바로 집으로 가기 2. 너무 일찍 등교하지 말고 일찍 온 경우는 도서관에 있기
화	1. 학교폭력을 경험하거나 목격하면 즉시 선생님께 신고하기 2. 학교 모든 곳에서 선생님 허락 없이 뛰지 않기
수	1. 계단 위쪽, 특별실, 옥상 등의 구석진 곳에 가지 않기 2. 화장실, 보건실은 용무가 있을 때만 가기
목	1. 친구를 기분 나쁘게 하는 행동과 말을 하지 않기 2. 학교에 고가 제품을 가져오지 않기
금	1. 등교와 하교할 때는 교통안전에 유의하기 2. 낯선 사람은 절대 따라가지 않기

여기에서 중요한 것이 있는데 알림장에 있는 교사의 확인란과 학부모의 확인란에 모두 확인 사인이 필요하다는 것입니다. 만약 그것이 없는 경우는 학부모가 학교에서 보내는 알림장 내용을 인지했다는 것을 증명할 수가 없습니다. 이것은 학급 홈페이지에 매일 올리는 알림장 내용도 마찬가지입니다.

홈페이지에 올리는 생활교육 관련 알림장은 평소에 그러한 안전교육을 했다는 것을 말할 수는 있어도 학부모가 그것을 확인했다는 부분에서는 증명이 어렵습니다. 고정 알림 내용을 아이들에게 쓰게 했다면 이제 교사의 사인과 함께 학부모의 확인 사인도 꼭 받도록 합니다.

② 학생 생활교육 일지 쓰기

담임교사는 매일 한 번씩 3분 정도라도 짧게 아이들 생활교육을 한 후 그 내용들을 생활교육 일지로 남겨야 합니다. 이때 중요한 것은 개략적인 내용을 요약해서 쓰면 안 되고 교육 장소, 수업 시간, 소요 시간 등을 분 단위로 자세히 써야 한다는 것입니다. 구체성이 부족하면 꾸준히 생활교육을 했다는 것을 증명하기 어렵습니다. 생활교육 일지를 쓸 때는 요일별로 생활교육 내용을 정하고 시간을 정해 놓는 것이 좋습니다. 이렇게 시간과 내용을 요일별로 정하면 담임은 학교 생활교육 여러 면에서 빠뜨리는 것 없이 아이들을 교육할 수 있으며 아이들 역시 자신들이 평소에 지켜야 할 내용들을 꾸준히 인지하여 여러 안전사고를 예방하는 데 도움이 됩니다. 이때 중요한 것은 컴퓨터로 작성하지 말고 수기로 작성해야 한다는 것입니다. 컴퓨터는 나중에 한꺼번에 작성했다는 오해를 받을 수도 있기 때문입니다.

③ 학생 및 학부모 상담 일지 쓰기

학생 및 학부모 상담 일지는 평소에 담임교사가 각각의 아이들에게 어떤 생활교육을 했는지에 대한 증빙 자료가 됩니다. 다소 귀찮기는 하지만 학생 및 학부모님들과 상담을 했다면 관련 내용들에 대해 일지로 남기도록 합니다. 생활교육 일지와 마찬가지로 상담 장소, 시간, 내용 등을 구체적으로 기록해야 합니다. 일상생활에서 큰 문제가 안 되는 것은 굳이 상담 일지로 기록하지 않아도 되지만 학교폭력이나 건강 등 생활교육에서 민감한 부분들에 대해서는 꼭 기록을 해야 합니다. 특히 관심 아동(폭력성이 큰 아동)은 관련 내용에 대해 빠뜨리지 않고 자세히 기록해야 합니다. 학생 및 학부모 상담 일지는 2개로 구분해서 따로 쓰는 것이 더 좋습니다. 그리고 상담 일지 역시 수기로 작성합니다.

④ 생활교육 결과물 남기기

현장체험학습이나 혹은 평소에 중요한 생활교육을 수업 중에 실시했다면 아이들에게 소감문 쓰기 등의 학습지 활동을 같이 하는 것이 좋습니다. 예를 들어 학교폭력 예방교육을 실시했다면 아이들이 학교폭력 예방을 위해 앞으로 어떻게 노력할 것인지에 대해 글쓰기를 하는 것입니다. 시간이 부족하다면 쉬는 시간을 활용해 3줄 내외라도 짧게 아이들의 생각과 다짐을 쓰게 하고 그 수업 결과물들을 잘 보관하고 있어야 합니다. 이렇게 하면 각각의 아이가 학교폭력 예방 생활교육을 어떻게 받았는지 구체적으로 알 수 있는 자료가 됩니다.

⑤ 정기적 학생 백지 설문하기

SEC 생활교육을 할 때는 매월 1회는 학교폭력 및 안전과 관련한 실태 조사를 실시하였습니다. 밑줄이 그어진 백지 설문지를 주고 학교폭력을 당했거나 혹은 목격한 적이 있는지를 적게 하는 것입니다. 3월 백지 설문은 학급헌법을 만들기 위해 이전 학년에서 겪었던 '기분 나쁜 말', '기분 나쁜 행동'을 조사하는 목적이라면 4월부터의 백지 설문은 학급헌법 내용을 추가하고 아이들의 생활이 안전한지 정기적으로 확인하는 데 목적이 있습니다.

⑥ 아이들과 함께 있는 모습을 사진이나 영상으로 남기기

　주로 현장체험학습 때 유용한 방법입니다. 현장체험학습을 할 때는 장소를 이동해야 하므로 아이들의 수업 결과물을 남기기가 힘듭니다. 그러므로 사진과 영상으로 아이들 모습을 남겨 두도록 합니다. 아이들의 평소 수업 모습을 틈틈이 사진이나 동영상으로 찍어 놓으면 나중에 학급 앨범이나 졸업 UCC 등을 만들 때에도 큰 도움이 됩니다.

⑦ 학교장의 결재 받기

　학생들의 여러 생활교육 자료들을 그냥 가지고 있는 것보다는 정기적으로 관리자의 결재를 받으면 더 좋습니다. 학교에서의 여러 생활교육 활동들을 학교장이 법적으로 인정받는 공문서가 되는 것입니다. 매번 결재를 받는 것은 번거롭기 때문에 분기별로 한꺼번에 받되, 온라인으로 올라가는 업무 포털에서는 관련 자료들을 모두 올리기 어려우므로, 내부 결재 공문으로 관련 내용에 대해 약식으로 기안을 올려 결재 받은 후 관련 생활교육 자료에도 약식 결재란을 만들어 관리자의 도장이나 사인으로 결재를 받습니다.

　이상과 같은 것들을 평소에 잘 준비하고 있으면 예상치 못한 상황이 발생하더라도 교사가 생활교육 의무를 평소에 충실히 했다는 것을 쉽게 증명할 수 있습니다.

생활교육 사안이 큰 문제가 발생했을 때의 10가지 유의점

학교 현장에서 집단 학교폭력이나 아이가 크게 다치는 것과 같은 큰 사안의 생활교육 문제가 발생하는 경우는 생각보다 자주 있습니다. 내가 아무리 생활교육을 열심히 한다고 하더라도 사고는 순식간에 일어날 수 있습니다. 위에서 언급한 대로 평소 생활교육을 한 자료들을 잘 가지고 있다고 할지라도 그것이 끝이 난 것은 아닙니다. 담임교사는 근본적인 생활교육 문제를 해결해야 합니다. 사안이 큰 생활교육 문제를 해결해 나갈 때는 다음에 주의해야 합니다.

① 화내지 않고 냉정해지기

사안이 심각한 학교폭력이 발생할 경우 담임교사가 해당 학생들을 대할 때 화를 내면 안 됩니다. 철저히 냉정하고 객관적으로 문제 해결 과정을 원칙대로 지켜야 합니다. 화를 내면 안 되는 이유는 화가 났을 때 가해 학생에게 말이나 행동 실수를 할 수 있기 때문입니다. 이러한 실수들은 가해 학부모가 후일 무작정 학교를 걸고넘어질 때 큰 빌미가 될 수 있습니다. 학부모의 이런 특성은 다음과 같은 심리에서 나옵니다. '그래, 우리 아이가 가해자 맞다. 학교가 이것을 무마해 주지 않거나 우리 아이에게 불이익을 주면 학교도 그에 상응하는 대가를 치르게 하겠다.'

아이를 책망하는 사소한 말과 행동이 가해 학생 측 학부모가 학교를 공격하는 빌미가 될 수 있으므로 어떤 상황에서든 감정적이기보다는 냉정함을 잃지 않아야 합니다.

② 편들지 않되 공감해 주기

아이들 사이에 안전사고가 일어나면 담임교사 입장에서는 피해자에게 마음이 더 갑니다. 이것은 어쩔 수 없는 인지상정의 마음입니다. 그러나 학교에서 담임교사의 입장은 피해 학생의 담임일 뿐 아니라 가해 학생의 담임이기도 하다는 것을 간과하면 안 됩니다. 담임교사가 심정적으로는 피해 학생에게 더 마음이 가더라도 철저히 중립을 지켜야 합니다. 절대로 어느 한쪽을 더 지지하고 있다는 느낌을 주어서는 안 됩니다. 만약 그렇지 못한 경우 '담임이 공정하지 못하다.' 라는 오해를 받을 수 있게 되며 이것은 담임에 대한 불신으로 이어집니다. 편을 들지 않되 해당 학부모님들과 상담을 할 때 "화가 나신 것을 이해합니다." 라며 그 마음을 최대한 공감해 주어야 합니다. 하지만 그 이상의 가치판단을 해서는 안 됩니다.

담임교사가 학부모와 상담을 할 때 공감을 해 주면 해당 학부모님은 담임을 신뢰합니다. 하지만 공감을 한답시고 사안에 대한 가치판단을 하게 되면 다른 한쪽 학부모님으로부터 불공정하다는 오해를 받을 소지가 있습니다.

③ '가해자', '피해자'라는 표현 쓰지 않기

학교폭력이나 각종 안전사고로 아이가 다친 경우 교사들은 가해자, 피해자라는 말을 쓰기 쉽습니다. 실제로 어떤 문제 상황이 발생했을 때 가해자와 피해자를 알아내는 것은 그렇게 어렵지 않습니다. 비록 마음으로 그렇게 판단할 수는 있다 해도 그러한 말을 학부모님들에게 절대 쉽게 해서는 안 됩니다. 가해자와 피해자라는 말을 담임이 하게 되면 담임이 피해자 편을 들어 사고의 원인이 된 학생을 가해자로 몰아 갔다는 비판을 받을 수도 있습니다. 가해자와 피해자라는 말 대신 '그 일로 다친 학생', '그 학생을 밀었던 학생' 이렇게 그 사건에 관련한 내용으로 표현해야 합니다. 가해자와 피해자라는 말 자체에 이미 가치판단이 포함되어 있기 때문입니다. 사안이 클수록 학교에서 일을 처리할 때는 최대한 공정성을 보여 주어야 합니다.

④ 수업 시간 침해하지 않기

어떤 사안이 발생하면 담임교사는 즉시 해당 학생들에 대해 안전 조치를 취한 후 발생한 일에 대해 조사를 하게 됩니다. 이때 주의할 점은 가급적 수업 시간에는 그런 조사를 하지 않아야 한다는 것입니다. 학습권 침해를 했다는 민원을 받을 수도 있기 때문입니다. 만약 수업 시간에 아이를 불러 조사할 경우 그 아이의 문제 행동에 대해 같은 반 친구들이 알게 될 수 있고, 가해 학생 학부모가 담임이 비밀 유지를 하지 않았다는 점을 문제 삼을 수도 있습니다. 사안이 클수록 그러한 조사도 신중히 해야 합니다. 조사를 할 때는 쉬는 시간이나 점심시간을 활용하도록 합니다.

⑤ 다른 반 학생은 다른 반 담임교사가

때로는 다른 반 학생과 연루되는 사고가 생기는 경우도 있습니다. 이런 경우는 어느 한 선생님이 대표로 조사해서는 안 됩니다. 특히 피해 학생의 담임이 다른 반 가해 학생을 직접 불러 혼자 조사해서도 안 됩니다. 진상 파악은 각 반 담임교사가 하는 것이 원칙입니다. 다른 반 교사의 도움이 필요한 경우에는 해당 학생의 담임이 그 자리에 꼭 함께 있어야 합니다. 이것을 지키지 않으면 자기 아이의 담임도 아닌데 왜 다른 반 담임이 조사를 했는지에 대해 학부모의 민원 소지가 될 수도 있습니다.

⑥ 중재는 학부모의 의중대로 공정히

피해를 당한 학부모님은 사건 초기에는 상당히 격앙되어 있습니다. 학교에서는 충분히 그 감정에 공감을 해 주되, 섣불리 나서서 중재하려고 하면 안 됩니다. 사안이 간단한 경우는 "이렇게 하시는 것이 좋지 않을까요?"라는 의견을 제시해도 별 문제가 안 되지만, 사안이 큰 경우에는 피해 학부모의 경우 법적 소송까지로도 확대될 수 있기에 섣부른 중재의 개입은 '학교가 사건을 은폐하고 합의를 종용했다.'라는 민원의 빌미가 됩니다. 사건 중재는 학교의 의중대로 하는 것이 아니라 학부모의 의중을 존중해서 진행해야 합니다. 피해 학생 학부모의 의견을 충분히 듣고 나서 학교와 상대측 학부모에게 원하는 조치가 무엇인지 정확하게 파악한 후 일을 진행합니다. 학교 권한 밖의 일은 학교에게는 그러한 법적 권한은 없다고 한계를 명확하게 이야기해 주어야 불필요한 오해가 생기지 않습니다.

⑦ 학부모 상담 내용의 서면 기록 및 확인

피해 학생 학부모가 원하는 조치가 무엇인지 최종 확인을 했다면 그러한 학부모 요청 결과를 서면으로 남겨야 합니다. '이러한 조치를 원합니다.'라는 것을 직접 학부모가 쓰거나 혹은 학부모가 원하는 내용을 교사가 정리해 보여 주고 그 내용이 맞는지 학부모의 확인을 받은 후 최종 학부모의 확인 서명을 받아야 합니다. 학교에서 종종 이야기를 뒤집는 학부모들을 많이 보았습니다. 처음에는 '이렇게 일을 처리해 달라.'라고 해서 일을 처리하였는데 나중에 갑자기 말을 뒤집어 '자신은 그러한 요청을 한 적이 없다.'라고 발뺌을 하는 것입니다. 결국 피해 학부모는 가해 학생을 처벌할 생각이 전혀 없었는데 학교가 가해 학생을 처벌하려 했다는 식으로 학교가 모든 책임을 뒤집어쓰게 되는 경우를 몇 번 보았습니다. 사건 초기에는 감정이 격앙되어 이런저런 말을 많이 하시지만 시간이 지나면 피해 학생 학부모의 생각도 많이 바뀝니다.

⑧ 사안 처리 과정을 상세하게 남길 것

담임교사는 어떤 사안이 완전히 해결되기까지 모든 과정을 서면으로, 그리고 가급적 수기로 기록해 놓아야 합니다. 담임은 공정해야 합니다. 가해 학생 학부모와 피해 학생 학부모뿐만 아니라 학교 관리자의 이야기에도 휘둘리면 안 됩니다. 그리고 객관적인 일 처리 과정을 증빙하기 위해서는 그 과정을 모두 상세하게 기록해야 합니다. 기록의 진정성을 위해 날짜, 시간을 분 단위로 기록하고 해당 학부모 상담뿐만 아니라 학교 관리자에게 어떤 보고를 했고 어떻게 지시를 받았는지에 대해서도 상세히 기록해야 합니다. 만약 문제해결 과정 중 학교 안팎에서 어떤 압력을 받게 되더라도 단호히 거절해야 합니다. 그리고 그러한 내용까지도 상세하게 기록으로 남겨야 합니다. 이것이 자신을 지키는 방법입니다.

⑨ 개인정보 보호하기

　문제가 생긴 학부모들 사이에서 한 학부모가 상대측 학부모의 전화번호를 담임교사에게 요구하는 경우가 있습니다. 직접 전화를 해서 학부모끼리 해결하겠다는 것입니다. 이 경우 절대 해당 학부모의 허락 없이 연락처를 알려 주면 안 됩니다. 개인정보를 유출한 행동으로 담임의 책임이 커질 수 있습니다. 학부모가 연락처를 요구할 때는 해당 학부모에게 전화를 걸어 상대측 학부모님이 전화번호를 알고 싶어하는데 알려 주어도 괜찮은지를 꼭 확인받아야 합니다. 사안이 큰 경우는 피해학생 학부모가 대체로 가해 학생 학부모들을 만나려고 하지 않습니다. 합의 자체를 싫어하기 때문입니다. 그러므로 문제를 해결하는 과정에서 개인 정보 유출을 하지 않도록 신경 써야 합니다.

⑩ 비밀 유지의 의무

　담임교사에게 주어지는 의무 중 하나는 비밀 유지의 의무입니다. 해당 학생들의 담임교사 및 관리자를 비롯한 관련 교사들만 그 이야기들을 알고 있어야 하며, 문제 해결 과정들에 대해 다른 교사나 학부모들에게 절대로 그 내용을 발설해서는 안 됩니다. 교사에게는 비밀 유지의 의무가 있기 때문입니다. 학부모는 그렇다 치더라도 같은 학교 교사들에게도 말하면 안 되는지 의아한 분들이 있을 것입니다. 학교 안에서 일어난 여러 일들은 내가 이야기하지 않더라도 교사들 사이에서 어떻게든 소문이 나기 때문입니다. 그렇다고 하더라도 비밀 유지의 의무가 있는 담임교사는 절대 그런 사실을 다른 교사에게 말하면 안 됩니다.

　위에서 언급한 내용들은 생활교육 문제를 해결할 때 신경 써야 할 가장 기본적인 것들로 실제로 어떤 사안이 발생하면 교사가 신경 써야 할 부분들은 더 많습니다. 담임교사 혼자 모든 내용들에 고민하지 말고 학교 관리자 및 필요하다면 교원 단체의 무료 변호사 상담 및 관련 전문기관의 도움을 받아 최대한 공정하게, 또 민원의 소지 없이 학생들의 생활교육 문제들을 해결해 가야 합니다.

  무엇보다 가장 중요한 것은 생활교육 문제들이 처음부터 발생하지 않도록 평소에 담임교사가 아이들을 잘 보살피는 것입니다. 담임교사는 아이들과 늘 가까이 있고 상담을 통해 평소 아이들의 상황을 잘 살피도록 합니다. 그리고 학급에서 아이들이 만든 여러 학급규칙들을 학급헌법으로 만들어 스스로 지키게 함으로써 학생 중심의 생활교육이 이루어지도록 늘 아이들을 격려합니다. 아이들을 위한 교사의 진실한 생활교육 노력은 학생 및 학부모들의 신뢰로 이어지며, 학생들의 안전한 학교생활의 밑바탕이 됩니다.

SEC
나만의 학급경영 현장연구 만들기

SEC
학급경영 현장연구의 시작

실패로 인한 새로운 도전

현장연구 첫 해 모든 연구 도전에 실패했을 때 한 모임에서 최근 진로교육 연구대회 도 2등급을 받았다는 후배를 만나게 되었습니다. 그 후배와 잘 아는 사이는 아니었지만 모두가 부러워하고 축하하는 분위기 속에서 나의 실패한 연구 결과가 그 후배와 비교가 되어 '나도 올해 연구대회에 도전해 보았다.'는 말을 할 수가 없었습니다. 대회에서 좋은 결과를 얻은 후배를 바라보니 많은 생각이 스쳐 지나갔습니다.

'도대체 어떻게 해야 입상을 할 수 있을까?'

'난 능력이 없는 교사인가? 도전자 중 40%가 입상인데 난 그 절반에도 속하지 못한단 말인가?'

누군가 입상한 후배에게 물었습니다.

"어떻게 입상한 거야?"

"아, OO 장학사님의 조언을 받았는데요. 전국대회는 탈락했습니다."

"대단하다. 그래도 도 2등급이 어디야!"

입상한 교사의 여유와 조언을 얻을 사람이 있다는 것이 부러웠습니다. 그에 비해 나는 아무것도 갖추어진 것이 없었습니다. 입상의 벽이 너무 높아 보였습니다. 지금은 그때 왜 실패했는지 명확한 이유를 알고 있지만 당시에는 그 벽을 어떻게 뛰어넘고 극복해야 하는지에 대한 지식이 전혀 없어 다음에 다시 현장연구에 도전할 용기가 잘 나지 않았습니다. 입상 결과로만 보면 난 수업을 잘 못하는 교사가 되었고, 수업 사례도 그다지 특별하지 않으며 내가 만든 교수학습 자료도 별로였고, 교실에서 인성교육을 잘한 것도 아니라는 평가를 받은 거나 마찬가지였습니다. 그렇지만 그대로 포기하고 싶지 않았습니다. 아이들을 향한 나의 열정을 최소한 꼭 한 번쯤은 연구대회 입상으로 객관적인 인정을 받고 싶었습니다.

많은 시행착오를 거치며 현장연구 주제를 잡는 법과 현장연구보고서를 작성하는 방법에 대해 알게 되었습니다. 그리고 이제 그 내용들에 대해 SEC 학급경영 현장연구 예시를 들어 자세히 설명드리려고 합니다. 지금부터 SEC 경제생활교육 프로그램을 통해 설명하려는 학급경영 현장연구의 하드웨어와 소프트웨어 작성법은 입상하기 위한 기교가 아닙니다. 아이들에게 도움이 되는 연구 주제를 잡는 법과 1년간의 노력 결과를 잘 표현하는 방법으로, 효과적인 현장연구를 위해 매우 중요한 부분이니 잘 기억하도록 합니다. 그리고 나아가 SEC 프로그램을 응용해 만들 수 있는 좋은 후속 연구 주제를 예시로 들어 보려고 합니다.

구체적인 예시를 통하여 어떤 우수한 학급연구 프로그램이 있을 때 다른 연구자가 그것을 어떻게 자신만의 좋은 후속 현장연구 주제로 만드는지, 그 방법을 설명하고자 합니다.

SEC 학급경영 현장연구로 본
소프트웨어 심사 팁 – 창의성과 필요성

현장연구 주제에 대한 심사 기준은 여러 가지가 있지만 개인적으로 가장 중요하다고 생각하는 것은 연구 주제의 창의성과 필요성입니다. 이 두 가지 요건을 어떻게 찾는지 살펴보도록 합시다.

현장연구 주제 필요성의 근거는?

연구 주제의 필요성은 어디로부터 정당성을 얻을까요? 정답을 먼저 말하면 교육부 정책입니다. 시도교육청 정책을 따를 수도 있지만 도대회가 아닌 전국대회 입상까지 바라본다면 시도교육청 교육정책이 아니라 교육부 교육정책에 맞는 연구 주제를 정해야 합니다. 교육부에서 강조하는 교육정책은 보통 정권이 바뀔 때마다 그 내용이 변합니다. 그러므로 학기 초에 내려오는 교육부 관련 공문과 교육부 홈페이지 및 평소 교육정책 뉴스에 관심을 가지고 있도록 합니다. 이것은 비단 현장연구 뿐만 아니라 개인의 발전 및 아이들에게 현시대가 요구하는 최신 교육을 적용할 수 있는 방법이기도 하므로 꼭 연구가 아니더라도 관심을 가져야 할 부분입니다. 시대가 바뀌어도 중요도가 변하지 않는 교육 주제가 있는데 그것은 바로 인성교육과 진로교육입니다. 교육이 존재하는 한 그 방법은 변할지라도 학생들의 인성교육과 자신의 미래를 찾아가는 진로교육은 절대로 그 중요도나 가치가 낮아지거나 변하지 않을 것입니다.

학교 현장에서 강조하고 있는 인성교육의 큰 축 중 하나는 학교폭력 예방교육입니다. 학교폭력 예방과 관련한 교육부 정책은 배려심, 공감력, 공동체 의식 등의 여러 인성덕목 함양 연구 주제들에 대해 정당성을 부여합니다.

교실에서 운영했던 SEC 경제생활교육 프로그램은 학교폭력 예방교육에 적합한 영역이 있었습니다. 교육부의 학교폭력 예방교육 정책이 학생들이 직접 학급헌법을 만들어 운영하는 SEC 생활교육 프로그램의 필요성에 정당성을 부여한 것이지요. SEC 경제생활교육 프로그램 중 생활교육 프로그램에 중점을 두어 학급경영 현장연구를 운영하는 것이 심사위원들에게 충분히 프로그램의 필요성에 대해 어필할 수 있었던 것입니다. 특히 교사 주도가 아닌 학생 중심의 생활교육 방법은 교육부의 인성교육 정책에 들어맞았습니다. 그러므로 현장연구 주제를 정할 때 연구 프로그램 A(독립변인)와 연구를 통해 변화시키려는 B(종속변인)를 교육부가 최근 강조하는 교육정책으로 맞추도록 합니다.

연구 주제가 창의적인가?

보고서 심사를 할 때 보고서 내용을 읽지 않더라도 제목만 봐도 입상할 보고서인지 탈락할 보고서인지 대략 짐작이 가능합니다. 연구보고서 제목은 'A를 통한 B 함양'이 기본인데, 모든 연구 제목에는 현장연구 프로그램인 A가 꼭 들어가야 합니다. 만약 연구 프로그램 A가 흔히 볼 수 있는 교육 활동이라면 심사위원들은 식상하게 느낍니다. 다른 연구보고서와 차별성이 없고 내용이 진부하다고 느끼기 때문입니다. 심사위원들은 늘 새로운 프로그램을 찾습니다. 이전에 없었던 새로운 교육방법을 사용한 현장연구 프로그램에 우수한 점수를 줍니다. 연구대회의 입상은 절대평가가 아닌 상대평가이므로 차별화된 연구 프로그램의 창의성은 매우 중요합니다. 이것은 교실 속 아이들에게도 마찬가지입니다. 해마다 유사한 내용과 방법으로 수업을 받는 아이들에게, 새로운 방식의 현장연구 프로그램은 호기심을 불러일으키고 새로운 재미를 선사합니다.

SEC 경제교육 프로그램은 이전 연구들에 비해 차별성이 컸습니다. 1년간 학급국가 시스템을 도입하여 학급화폐로 교실 경제를 운영하고 인플레이션 및 국가 부도 등의 경제 현상을 교실 속에서 직접 체험할 수 있는 프로그램은 기존에 별로 없었기 때문입니다. 물론 SEC 프로그램을 교실에 적용한 것은 그보다 훨씬 더 오래 전의 일이었지만 기존의 연구보고서 중에 그러한 경제교육을 한 보고서는 거의 없었습니다. SEC 경제교육 학급운영으로 처음 전국초등교육연구대회에서 전국 3등급을 받았는데, 지금 그때의 보고서를 살펴보면 입상을 한 것이 신기할 정도로 허점투성이였습니다. 오타는 물론 내용이 잘못된 곳도 많았고 당시에는 멋있게 보이려고 했던 조잡한 도식을 비롯해 연구 검정도 문제가 많았습니다. 그럼에도 불구하고 출품된 보고서 중 20%만 입상하는 대회에서 심사위원들이 뽑아 주었습니다. 그 이유는 바로 연구 주제의 차별성 때문이었습니다. 만약 당시의 연구보고서가 보고서 형식의 기본만 잘 갖추었더라도 더 높은 등급을 받았을지도 모릅니다.

다른 보고서와 구별되는 주제 실천 활동이 있나?

창의적인 연구 주제는 필연적으로 다른 연구보고서와 차별된 연구 실천 활동이 따릅니다. 연구자는 이러한 차별된 연구 실천 활동을 최대한 보고서에 부각시켜야 합니다. 이것을 잘하면 입상을 하더라도 높은 등급을 받지만 그렇지 못한 경우는 창의적 연구 주제를 연구 실천 과제로 잘 살리지 못해 탈락할 수도 있습니다. 쉽게 비유하자면 심사위원은 다음과 같이 생각합니다.

"연구 주제가 좋은데, 어떻게 실천했는지 살펴볼까? 그런데 연구 실천 활동은 평범하네."

SEC 경제교육 프로그램은 연구 실천 활동 자체가 다른 보고서와 차별성이 있을 수밖에 없었습니다. '인플레이션 극복 활동', '자금 경색 해결 활동' 이러한 소제목 활동이 들어가면 당연히 다른 보고서에 비해 눈에 띕니다. 만약 연구 주제가 창의성 면에서 입상이 간당간당한 정도라면 다른 연구보고서와 차별화된 연구 실천 활동을 꼭 만들어 넣도록 합니다. 예를 들어 평범한 주제의 경제교육을 실시했다면 여러 소주제 실천 활동 중에서 한 개의 활동을 특화시켜 매달 시행하는 것입니다.

그러면 주제는 평이해도 매달 열심히 활동했다는 평가를 받습니다.

참고로 설명하자면 연구대회 보고서 수준은 대회별로 차이가 있으며, 해마다 교사들의 쏠림 현상도 있기에 보고서 수준을 명확하게 비율로 말할 수는 없습니다. 하지만 대규모 인원이 도전하는 큰 대회의 경우는 경험상 대략 다음과 같은 보고서 수준을 보입니다.

전체를 100%로 본다면 연구 주제가 창의적인 보고서는 10%, 크게 창의적이지는 않지만 그래도 괜찮은 주제라는 평가를 받는 보고서가 10%, 주제가 평범한 경우가 30%, 주제가 좋지 않은 경우가 30%, 입상을 시키면 안 되는 보고서가 20% 정도입니다. 이러한 비율이 매년 유지되는 이유는 연구를 잘하는 교사는 몇 번 입상 후 연구 점수를 모두 채우게 되면 대부분 더 이상 연구를 안 하고 졸업을 하는 반면, 동시에 새롭게 연구를 도전하는 초보 연구자 교사들이 매년 다시 생기기 때문입니다. 그래서 연구 주제가 평균만 되어도 보고서 형식의 실수를 최대한 줄이고 다른 연구보고서에 비해 차별화된 연구 실천 활동만 잘 살린다면 그것이 바로 강점이 되어 심사에 유리해지는 것입니다.

생애 주기가 있는 창의적인 연구 주제

연구 주제도 생애 주기가 있습니다. 처음 시도된 연구 주제는 그 자체로 새로운 연구 방법이므로 '탄생기'에 해당합니다. 탄생기의 연구 프로그램은 그 자체로 최소한 입상을 보장합니다. 다음으로 그 연구 프로그램이 유명해지고 점차 알려지면 다른 많은 교사들이 그 연구 프로그램을 응용해 사용하게 되는데 이때가 바로 '성장기'입니다. 성장기에는 해당 프로그램의 입상을 바로 보장하지는 않기에 차별화된 연구 실천 활동이 필요합니다. 성장기를 지나면 연구를 하는 사람들 대부분이 그 프로그램을 잘 알게 되어 식상해하는 '쇠퇴기'가 옵니다. 쇠퇴기의 연구 프로그램은 더 이상 입상하기가 어렵습니다. 마지막은 '소멸기'인데 현장연구 주제로 교육적 가치를 완전히 잃어버리는 시기입니다. 구체적인 예를 들어 보겠습니다. 예전에 유비쿼터스 환경의 정보화교육이라는 뜻으로 u-러닝이 유행했습니다. 무선 인터넷과 태블릿 노트북을 이용한 u-러닝교육은 그 자체로 새롭고 이전 m-러닝과 차별화된 새로운 교육 프로그램이었습니다. 바로 탄생기인 것입니다. 이후 교육부의 투자로 무선 와이파이 구축 및 무선 인터넷이 되는 태블릿 노트북이 일반화되자 대부분 그것에 익숙해지는 성장기가 오게 되었지만 이제는 더 이상 u-러닝 자체로는 경쟁력이 없어졌습니다. 당시는 무선 인터넷이 대중화된 시기가 아니었기에 u-러닝은 교실 안에서만 가능한 갇힌 교육이라는 비판을 많이 받았고 교육 효과 면에서 많은 물음표를 받아 왔기에 학교 현장에서 정보화교육에 관심이 많은 소수의 교사들을 제외하고는 외면을 받았습니다. 쇠퇴기가 온 것입니다. 그러던 중 2012년에 교육부에서 스마트러닝 개념을 제시했습니다. 그 결과 u-러닝 개념은 완전히 죽어 버렸습니다. 소멸기가 온 것입니다. 스마트러닝의 경우도 비슷한 전철을 밟고 있습니다. 스마트러닝 개념이 처음 등장했을 때 당시 스마트폰이 출시된 지 얼마 안 되어 고가였고 반 아이들 중 일부만 스마트폰을 소유한 시기였습니다. 이때는 QR코드를 이용한 수업 같이 스마트폰 어플 몇 개만 사용해도 이전에 볼 수 없었던 창의적인 수업이 가능했습니다. 몇 년 뒤 스마트폰이 대중화되고 QR코드 활용 수업도 보편화되어 이때부터는 스마트러닝 자체만으로는 연구 주제로 큰 경쟁력이 없게 되었습니다. 성장기에 접어든 것이죠. 스마트러닝도 정부의 새로운 교육 정보화 정책에 따라 그 개념이 쇠퇴기를 지나 소멸기를 거칠 것입니다. 스마트러닝 다음으로 강조되고 있는 소프트웨어 교육과 Computational Thinking(컴퓨팅 사고력)도 마찬가지입니다.

제가 교실에 적용해 온 SEC 경제생활교육 프로그램은 아직까지 많은 교사가 시도한 프로그램은 아닙니다. 하지만 이 책으로 인해 본 프로그램이 많이 알려지게 된다면 이 프로그램 자체로는 현장연구 심사에서 경쟁력이 부족한 성장기에 접어들 것입니다. 그리고 만약 학교 현장에 많이 대중화된다면 현장연구 주제로는 별로 새롭지 않은 쇠퇴기가 될 것입니다. 그러나 현장연구 주제로는 부족한 쇠퇴기가 올지라도 SEC 경제생활교육 프로그램 자체에 아이들에게 재미있는 학교생활 및 여러 가지 교육적 효과가 있으므로 학급운영 프로그램으로는 지속적으로 활용될 거라고 기대됩니다.

그러면 우수한 학급연구 프로그램이 '소멸기'에 접어들었다고 하면 현장연구 관점에서는 더 이상 쓸모없는 연구 주제가 되어 버리는 것일까요? 정답은 그렇지 않습니다. 좋은 연구 주제는 관점을 바꾸어 운영하거나 다른 주제 활동과 접목하면 새로운 연구 주제로 다시 탄생하게 됩니다. 새롭게 '탄생기'를 맞이하는 것입니다. 이에 대한 구체적인 이해를 위해 이제 현장연구 주제를 선정하는 원리를 살펴보도록 합시다.

2가지 현장연구 주제 선정 원리

　현장연구 주제 선정의 첫 번째 원리는 창의적인 주제를 선정하는 것입니다. 하지만 SEC 같은 새로운 연구 프로그램은 이전에 시도되지 않았던 것인데 처음 현장연구에 도전하는 초보 입장에서는 그러한 새로운 주제를 만들어 내는 것이 매우 어렵지 않을까라는 의문이 들 수 있습니다. 실제로 이전에 없었던 새로운 연구 프로그램은 거의 없습니다. 기존에 없던 새로운 주제라면 보고서 형식에 맞게 내용만 잘 재구성하면 연구대회에 바로 입상할 수 있겠지만, 대부분의 현장연구 주제는 그렇지 못한 것이 사실입니다.

　이런 경우는 앞서 언급한 것처럼 기존 우수 학급 현장연구 프로그램의 관점을 바꾸거나 다른 주제 활동과 접목해 새로운 프로그램으로 만들어야 합니다. 이것이 바로 현장연구 주제를 정하는 두 번째 방법인 '+α의 원리'입니다. 이전 우수한 현장연구 프로그램을 기반으로 새로운 내용을 하나 이상 더 추가하여 재구성하는 것은 잘못된 것이 아닙니다. 오히려 훌륭한 선행 연구를 기반으로 한 좋은 후속 연구가 됩니다. 하지만 이때 주의할 점이 있는데, 앞선 연구 프로그램을 그대로 사용하면 안 된다는 것과 출처를 분명히 밝혀야 한다는 것입니다. 그렇지 않으면 표절 시비가 붙을 수 있습니다. 선행 연구 프로그램을 그대로 사용하면 다른 연구 과정을 거쳤다고 하더라도 분명히 표절입니다. SEC 프로그램을 만약 현장연구에 그대로 적용한다면 선행 연구 표절이 되므로 SEC 프로그램을 이전과는 또 다른 프로그램으로 발전시키고 연구 기반 프로그램 출처를 분명히 밝히면 문제가 없습니다. SEC를 새로운 주제로 재탄생시켰다면 연구 프로그램 명칭도 변경하는 것이 좋습니다.

예를 들면 'SEC'라는 명칭 대신 작은 국가라는 의미로 '마이크로네이션'이라는 용어로 대체해서 쓰면 불필요한 표절 시비를 예방할 수 있습니다. 그러면 프로그램 내용도 이전과 다른 더 발전한 것일 뿐 아니라 완전히 새로운 연구 프로그램으로 재탄생하게 됩니다. 그러므로 우수한 학급경영 현장연구 프로그램 주제를 만들고 싶다면 선행 연구 입상작 분석을 많이 해야 합니다. 전국대회 1등급 보고서는 이미 우수한 연구 주제로 검증된 보고서들이므로 내용들을 분석해 보면 새로운 현장연구 아이디어가 떠오를 때가 많습니다. 우수한 연구 주제는 더 우수한 연구 주제의 기반이 되기 때문입니다.

연구 주제와 연구 제목의 차이

보고서 컨설팅을 해 보면 많은 분들이 연구 주제와 연구 제목을 구분하지 못하는 것을 알게 됩니다. 좋은 연구 주제를 잡았다고 하더라도 연구 제목으로 잘 표현하지 못하는 경우가 많습니다. 연구 주제는 어떤 교육 주제의 큰 영역이며 연구 제목은 그 주제 영역을 실천하기 위한 구체적인 프로그램입니다. 예를 들어 경제교육을 연구 주제로 잡았다면 SEC 프로그램은 연구 제목이 되는 것입니다. 연구 주제를 연구 제목으로 바로 사용하면 연구 내용이 너무 광범위해집니다. 예를 들어 〈경제교육을 통한 B 함양〉으로 제목을 잡았다고 해 봅시다. 독립변인 A인 경제교육은 너무 광범위합니다. 경제교육을 구체적으로 어떻게 했는지가 제목에 나오지 않습니다. 경제교육 자체는 구체적인 연구 프로그램이 아니라 큰 연구 주제 영역이기 때문입니다. 이런 경우 심사에서 부정적인 평가를 받을 수 있습니다. 대신 〈SEC Small Economy Classroom 프로그램을 통한 B 함양〉이라고 제목을 변경해 봅시다. 그러면 연구 주제인 경제교육을 위해 구체적인 SEC 프로그램을 사용했다는 것을 보여 주는 연구 제목이 됩니다. 연구 주제는 영역이 넓습니다. 그리고 그 연구 주제를 실현하는 구체적인 방법이 바로 연구 프로그램이며, 이것은 연구 제목(독립변인 A)에 꼭 들어가야 합니다. 그래서 연구 제목은 구체적이며 폭이 좁고 깊이가 깊은 성격을 띱니다.

여기에서 주의할 것은 연구 주제는 주기가 있으므로 시간이 흐르면 처음 연구 제목으로 사용했던 주제가 더 강조되고 범위가 넓어져서 더 이상 연구 제목으로 사용하지 못하는 경우도 있다는 것입니다. 폭이 좁고 구체적인 성격을 지녔던 연구 제목이 폭이 넓고 영역이 큰 연구 주제로 변하는 것입니다. 예를 들어 보겠습니다. 스마트러닝 개념이 처음 등장했을 때 〈스마트러닝을 활용한 B 함양〉이라는 제목이 가능했습니다. 스마트러닝 자체가 새로운 개념이었기 때문에 연구 프로그램으로 활용 가능했던 것입니다. 하지만 스마트러닝이 확산된 이후에는 스마트러닝에도 CI(집단지성)학습, 블렌디드 러닝, 앱활용 교육 등 여러 가지 영역이 존재하게 되었습니다. 더 이상 '스마트러닝'이라는 용어만으로는 연구 제목으로 사용할 수 없게 된 것입니다. 스마트러닝은 연구 제목(구체적 프로그램)이 아닌 연구 주제 영역(스마트교육)으로 확장이 된 것입니다. 이제는 〈스마트러닝 기반 A를 통한 B 함양〉으로 다른 구체적인 프로그램 A가 함께 사용되어야만 경쟁력 있는 연구 프로그램(연구 제목)이 됩니다. 이것은 앞서 설명한 기존의 우수한 연구 프로그램에 +a를 하여 새로운 연구 프로그램으로 재창조하는 방법과 유사합니다.

연구 제목에 사용할 창의적 연구 용어 찾는 법

짧은 초기 심사에서 입상과 탈락에 큰 영향을 미치는 요소가 바로 연구 제목입니다. 심사위원은 연구 제목을 보고 해당 연구보고서의 첫 이미지를 강하게 가지게 됩니다. 제목이 신선하면 뭔가 새로울 것이라는 기대감을 가지고 심사하게 되며 반대로 식상하면 별로 창의적인 것이 없을 것이라는 선입견을 가지고 심사를 하게 됩니다. 물론 내용이 부실한데 제목만 창의적이라고 입상하는 것은 아닙니다. 뭔가 기대하고 보고서를 보더라도 내용이 부실하면 탈락시키기 때문입니다. 그렇지만 연구 제목이 자신의 연구 내용을 더 돋보이게 만드는 것은 분명하기에 최대한 창의적이고 새로운 용어를 사용하여 연구 제목을 만들어야 합니다.

연구 제목 중 한참 웃었던 제목이 있는데 바로 〈나는 교사다〉라는 연구 제목이었습니다. 짐작하건데 처음 연구를 하는 교사로 보였는데, 초보 연구자는 어떤 것이 창의적인 연구 제목인지 판단할 수 있는 감이 부족합니다. 그래서 진부한 제목을 창의적이라고 생각하기도 하고 제목으로 부적절한 것을 좋은 제목으로 오해하기도 합니다. 초보 연구자 입장에서는 연구 내용을 최대한 잘 어필할 수 있는 연구 제목으로 만들 수 있는 용어를 찾기가 참 어려운 것입니다. 이제 이 문제를 해결하기 위한 몇 가지 방법을 살펴보겠습니다. 다음 방법을 사용한다면 본인의 연구에 알맞는 창의적 용어를 찾는 데 큰 도움이 될 것입니다. 단, 용어를 참고할 때는 이전 참고자료와 똑같이 사용하는 것은 표절 시비가 생길 수 있으므로 용어에 새로운 내용을 추가해서 나만의 연구 용어로 발전시키도록 합니다.

첫 번째 방법은 연구계획서 연구 제목 분석입니다.

4월경에 각 시도교육청별로 연구계획서 제출 명단 공문이 학교로 옵니다. 그때 계획서 제출자 명단에 연구 제목도 함께 수록된 경우가 많은데, 제목들을 쭉 읽어 보면 그중 괜찮은 용어를 많이 볼 수 있습니다. 현장연구 입상작 보고서 제목을 분석해도 되지만 이미 탈락한 60% 보고서 제목이 걸러진 것이기에, 다양한 용어를 찾기에는 연구계획서 제목 분석이 더 효과적입니다. 하지만 새로운 연구 제목이 많은 반면 바로 탈락하는 수준 이하의 연구 제목도 많으므로 잘 가려서 선택해 분석해야 합니다.

두 번째 방법은 인터넷과 신문 기사 검색입니다.

연구 주제와 관련한 신문 기사를 검색해 보면 현장연구에 도움이 되는 다양한 기사를 접할 수 있습니다. 그리고 신문 기사에는 내가 선택한 연구 주제와 관련한 어떤 새로운 개념(용어)이 함께 제시되는 경우가 있습니다. 이러한 새로운 개념에 대한 용어를 신문 기사로 찾으면 좋은 연구 제목으로 활용할 수 있습니다.

세 번째 방법은 교육부 최신 교육정책 분석입니다.

교육부의 최신 교육정책은 학교에 공문으로 내려오거나 혹은 교육부 홈페이지에 올라옵니다. 또 각종 언론보도를 통해 그 내용들이 소개됩니다. 그러한 내용들을 읽어 보면 이전에 사용하지 않던 새로운 용어가 등장하는데 그러한 용어를 잘 사용하면 교육부 정책에 맞는 연구 제목이 됩니다.

SEC 학급경영 현장연구로 본
하드웨어 심사 팁 - 일관성

　이제 연구보고서 하드웨어 심사 관점에서 주의할 점에 대해 알아보겠습니다. 연구보고서 소프트웨어(연구 주제)에서 제일 중요한 것이 창의성과 필요성이라면 하드웨어에 속하는 연구보고서 형식에서는 일관성이 중요합니다. 보고서를 작성할 때는 내가 선택한 현장연구 주제와 연구 제목이 일치하는 내용으로 각 보고서 형식에 맞게 써야 합니다. 내용과 형식의 일관성이 있어야 하는 것입니다. 하드웨어인 연구보고서 작성법은 이전 책에 이미 소개했으므로 여기에서는 심사위원들이 주로 연구 하드웨어(보고서 형식)를 어떤 관점을 가지고 심사를 하는지에 대해 설명하고자 합니다.

연구 제목 〈A를 통한 B 함양〉

가장 기본적인 논문형 연구 제목 형식입니다. 비논문형 보고서의 경우 '~한 A로 ~한 B를 꿈꿔요'처럼 부드럽게 풀어 써도 되지만 제목에는 꼭 연구 프로그램인 독립변인 A와 연구 결과인 종속변인 B가 들어가 있어야 합니다. 이 부분이 잘못되면 연구 실천 내용도 연구 제목처럼 부실할 것이라는 인상을 줄 수 있습니다.

서론 구성 방법

서론에 들어가는 연구의 필요성에 대한 내용은 학급의 어떤 문제점에서 출발합니다. 그리고 그 문제점은 한국교육 전체의 문제와 연관성이 있어야 합니다. 그래야 다른 학교에도 내가 개발한 연구 프로그램을 확장시킬 수 있는 일반화에 대한 정당성을 가집니다. SEC 프로그램으로 예를 든다면 학급의 문제점을 제시한 후(학급에 ~한 언어 사용 문제가 있음.) 그 문제는 현재 우리나라 교육 현장의 문제점이기도 함을 연이어 제시(~의 통계자료에 의하면 우리나라 학생들의 언어 사용 문제가 ~하게 있음.)하는 것입니다. 이때 주의할 점은 학급의 문제 상황은 주관적일 수밖에 없지만 우리 교육 현장의 문제점은 통계청 자료 등의 객관적인 데이터로 제시해야 합니다. 그래야 심사위원들에게 설득력이 있습니다. 이제 교육 현장의 문제점을 제시했으므로 그 해결책에 대해 써야 합니다. 그 해결책은 바로 자신이 만든 연구 프로그램입니다. 보통 다음과 같이 진술하면 됩니다.

'~한 문제점을 해결하고 학생들의 올바른 언어 사용 향상을 위해

~SEC 프로그램을 개발해 운영하고자 한다.'

그리고 프로그램에 대한 간략한 설명과 함께 해당 연구 프로그램을 통해 앞으로 얻고자 하는 학생들의 변화에 대한 기대를 짧게 소개하면 됩니다.

연구 실천 과제 3가지

연구 실천 과제는 보통 3가지로 되어 있습니다. 심사위원들은 연구 실천 과제를 볼 때 연구 주제 활동과 관련이 있는 내용으로 구성되어 있는지 살펴봅니다. 간혹 연구자의 욕심에 연구 주제 활동과 큰 상관이 없는 내용들을 마구잡이로 보고서에 넣는 경우가 있는데 이런 것은 오히려 감점 요인이 됩니다. 생활교육에 중점을 두어 SEC 프로그램을 연구 주제로 잡았다면 실천 과제 1, 2, 3에는 관련 생활교육 연구 실천 내용이 들어가야 합니다. SEC 프로그램이 경제교육에도 효과가 있다고 연구 실천 활동을 많이 넣으려는 욕심에 경제교육 활동 내용을 넣으면 안 됩니다.

객관적인 검증 도구 찾기

연구 제목 및 필요성과 함께 연구 실천 활동을 심사위원이 살펴보았다면 연구 검증 도구를 살펴봅니다. 객관성을 인정받은 검증 도구는 연구 결과에 정당성을 부여합니다. 보통 연구 검증 설문을 교사가 직접 만드는 경우가 많은데 이런 경우 객관성을 인정받지 못합니다. 공인된 검증 도구를 일부 변경한 것도 마찬가지입니다. 그러면 그러한 공인된 검증 도구는 어디서 찾을 수 있을까요? 답은 학술연구정보서비스RISS에 수록되는 학위논문에서 찾으면 됩니다. 논문 부록을 보면 해당 연구에서 사용한 설문지가 수록되어 있는데, 논문 자체가 지도교수가 서명을 해서 통과시킨 것이므로 그 논문에 사용된 검증 도구가 현장연구 심사위원들에게도 객관적인 측정 도구로 인정받을 수 있습니다. 만약 공동체 의식을 측정하고 싶다면 학술연구정보서비스RISS에 접속해 공동체 의식을 키워드로 학위논문을 검색해 봅니다. 그러면 좋은 검증 도구를 손쉽게 찾을 수 있습니다.

정말 효과가 있었을까?

연구에 대한 효과성은 검증 도구로 판단하지 않습니다. 프로그램 자체에서 이미 '아, 이건 정말 좋은 연구 프로그램이다.'라는 느낌을 줄 때 이미 그 효과성이 심사위원 마음에서 비공식적으로 검증됩니다. 객관적인 검증 도구는 연구의 효과를 잘 표현하는 방식일 뿐입니다. 그러기에 객관적인 검증 도구를 사용하지 않았더라도 현장연구 프로그램이 창의적이고 좋으면 전국 1등급을 받기도 합니다. 하지만 비슷한 수준의 연구보고서가 서로 경쟁할 때는 객관적인 검증 도구를 쓴 것이 더 좋은 평가를 받게 됩니다. 연구 프로그램의 효과성은 연구 검정과 상관없이 그 프로그램 자체로 이미 심사위원 마음에서 '이 연구는 좋다.'라고 판단되지만 보고서 검정 파트가 잘 쓰여졌는지도 함께 심사함으로써 설문 결과를 수치로 분석하는 검정과 함께 학생 소감록 같은 질적

검정도 함께 쓰면 더 좋은 검정 방법이 됩니다. 아이들이 쓴 소감문 같은 것은 프로그램 효과성에 대한 심사위원의 생각을 더 확고하게 해 줍니다.

있어야 할 것이 있는가?

심사위원들이 연구보고서 틀을 살펴볼 때는 우선 있어야 할 것이 있는지를 살핍니다. 연구대회별로 조금씩 보고서 형식의 차이가 있지만, 꼭 들어가야 할 부분들이 무엇인지 어떻게 알 수 있을까요? 방법은 다음 2가지입니다. 첫째는 연구대회 요강 분석, 둘째는 입상작 상호 비교 분석입니다. 첫 번째로 연구대회 요강을 보면 해당 연구대회에서 강조하는 영역들이 나옵니다. 그 영역들은 보고서에 들어가야 할 내용이므로 빠뜨리지 않고 쓰도록 합니다.

두 번째 입상작 상호 비교 분석의 경우 입상작들에게 공통적으로 들어가는 요소를 찾는 것입니다. 내가 도전하려는 연구대회 전국 1등급 연구보고서 3개를 분석해 상호 비교해 본다면 각각의 보고서 모두 들어가 있는 어떤 영역을 찾을 수 있습니다. 이것은 내 보고서에서도 꼭 들어가야 하는 내용들인 것입니다.

부록, 진짜 학생 중심으로 실천한 연구인가?

현장연구는 이론 연구가 아닙니다. 교실에서 특정 문제를 발견하고 어떤 프로그램을 투입해 학생들의 긍정적인 변화를 가져오는 것을 목적으로 합니다. 그러므로 연구 실천 활동은 이론적이거나 피상적이지 않고 구체적인 학생 수업 활동이 되어야 합니다. 연구 활동을 진짜 실천했는지를 증빙하는 방법이 바로 부록입니다. 실천 과제를 진술할 때 활동 실천 결과물을 함께 제시하지만 이때는 대표적인 것만 수록합니다. 더 자세한 것은 보통 부록으로 넣습니다. 그러므로 부록은 단순히 수업 자료만 넣는 것이 아니라 그 수업 자료를 활용한 학생들의 수업 결과물을 스캔해서 넣습니다. 그러므로 학생 수업활동지는 스캔과 보고서 첨부가 수월하도록 A4 사이즈 형태로 만드는 것이 좋습니다. 이러한 현장연구 학생 수업 결과물은 심사위원에게 연구의 진정성을 어필합니다.

보고서를 꾸미는 아이콘은 어디에서 다운받을까?

보고서를 좀 더 보기 좋게 만드는 여러 아이콘과 도식은 어디에서 다운받을 수 있을까요? 초보 연구자 입장에서는 보고서를 돋보이게 만드는 도식과 여러 아이콘을 직접 만든다는 것이 무척 어렵습니다. 그러므로 이미 만들어진 좋은 아이콘과 도식을 찾아서 내 것으로 응용해 사용하는 것이 효율적입니다. 좋은 도식과 아이콘을 찾는 방법은 다음과 같이 두 가지가 있습니다. 첫째는 학교에 내려오는 각종 계획서 공문을 참고하는 것이며, 두 번째는 연구학교 네트워크에 올라가 있는 계획서나 보고서를 참고하는 것입니다. 매년 학교에는 교육청의 각종 기본 계획 공문이 옵니다. 공문에 보면 괜찮은 도식과 아이콘들이 많은데 그것 중 필요한 것을 선별해서 가지고 있다가 필요할 때마다 사용하면 됩니다

다. 교육부가 관리하는 연구학교 네트워크는 전국의 연구학교 계획서와 보고서가 올라가 있습니다. 그중에는 PDF나 한글 배포판으로 올려 다운받을 수 없는 것도 있지만 한글로 올린 것도 상당히 많기에 괜찮은 도식과 아이콘을 찾아 보고서를 작성할 때 참고하도록 합니다. 이때 꼭 신경 써야 할 것은 특정 기업체가 만든 유료 도식과 아이콘은 절대 사용하면 안 된다는 것입니다. 도식과 아이콘을 참고할 때는 저작권 및 무료 사용이 가능한지 등을 꼭 확인해야 합니다.

연구보고서 출력과 제본 상태

연구보고서를 다 작성했다면 출력해서 오타 검토를 한 후 제본을 해야 합니다. 이때 출력 및 제본 상태는 매우 중요합니다. 출력을 했을 때는 가급적 고해상도 출력을 합니다. 컬러인 경우는 일반 컬러 프린터로 출력해도 큰 문제가 안 되지만 흑백으로 출력해서 제출해야 하는 보고서의 경우에는 일반 레이저 프린터나 잉크젯으로 출력하면 보고서에 수록된 사진이 시커멓게 나와 내용을 알아보기 어려울 때가 많습니다. 이런 경우는 복사집에 있는 고해상도 복사기로 출력하면 이 문제가 해결됩니다. 하지만 비용이 든다는 단점이 있습니다. 연구보고서 제본 역시 마찬가지인데 스테플러로 찍어서 제본 테이프를 붙인 연구보고서와 복사집에서 본드로 책 제본을 한 연구보고서가 있다면 어느 것이 심사위원에게 더 성의가 있어 보일까요? 당연히 후자입니다. 하지만 제본 상태는 비슷한 연구보고서 수준을 상호 비교할 때 좀 더 점수를 받을 수 있는 요소일 뿐 입상과 탈락을 결정짓는 요소는 아닙니다.

나쁜 현장연구 주제
vs
좋은 현장연구 주제

　이제 연구 주제로 사용하기에 적절하지 않은 대표적인 사례에 대해 살펴보도록 합시다. 나쁜 현장연구 주제를 반대로 하면 좋은 연구 주제가 됩니다. 이전 집필 도서인 《행복한 현장연구 멘토링》에 이 부분을 짧게 다루었고 연구 주제 선정은 연구대회 입상과 탈락에 큰 영향을 미치는 부분이라 여기에서 좀 더 상세히 설명하도록 하겠습니다. 연구 주제는 워낙 광범위해서 연구 주제를 선정하는 것이 쉽지는 않지만 다음에 유의한다면 연구 주제를 정하는 데 큰 도움이 될 것입니다.

소수 학생 대상의 주제

　연구 주제는 학급의 소수 학생만을 대상으로 하면 안 됩니다. 반 전체 학생 대상으로 연구가 이루어져야 합니다. 예를 들어 소수 학생의 동아리 활동이나 혹은 학습부진아 지도 같은 주제는 반 전체 학생 대상이 아니기에 연구 주제로는 적합하지 않습니다. 소수의 학생을 대상으로 한 연구는 연구 대상에 해당하지 않는 다른 학생들에게 연구 프로그램의 혜택을 못 받는다는 문제가 생기므로 반 전체 학생에게 적용할 수 있는 연구 주제인지 확인합니다.

민감한 주제

성폭력 예방이나 흡연 예방 같이 민감한 주제는 좋지 않습니다. 학교 현장에서 당연히 이루어져야 할 중요한 교육이기는 하지만 현장연구 주제로는 적절하지 않은 것입니다. 현장연구는 학급의 어떤 문제 상황을 해결하기 위해 어떤 연구 프로그램을 만드는 것인데 그러한 민감한 주제들은 연구 차원을 이미 벗어난 부분이기 때문입니다.

정치적 해석이 있는 주제

정치적 해석이 들어갈 수 있는 주제는 좋지 않습니다. 심사위원들의 정치적인 성향이 서로 달라서 내가 준비한 연구 프로그램 필요성에 대해 가치판단도 달라지기 때문입니다. 대표적인 예로 통일교육과 나라사랑교육을 들 수 있는데 통일교육 주제는 통일부가 주최하는 통일교육 연구대회에서는 중요하지만 타 연구대회의 경우에는 연구 주제로 좋지 않습니다. 나라사랑교육도 마찬가지입니다. 통일교육과 나라사랑교육이 학교 현장에서 중요한 비교과교육 중 하나이기는 하지만 정치적인 해석과 느낌을 주는 교육 주제이기에 현장연구 주제로서는 경쟁력이 없습니다.

시대를 앞서가는 주제

시대를 앞서는 주제 또한 인정받지 못합니다. 심사위원의 심사 역량을 뛰어넘기 때문입니다. 스마트러닝이 등장한 초기에는 스마트폰이 고가이기도 하고 아직 상용화 단계가 아니었습니다. 이때 스마트폰을 활용한 교육을 연구 주제로 잡으려는 후배 교사가 있었는데 아직 시기가 아니라고 말렸습니다. 반 학생 중 소수만 가지고 있는 스마트폰을 활용해 수업하면 아이들에게는 스마트폰을 사기 위해 부모님을 조르는 핑계 거리가 되고 학부모에게 부담이 됩니다. 그리고 스마트폰이 없는 아이에게는 위화감을 줄 수 있습니다. 물론 스마트폰이 대중화된 지금은 그렇지 않습니다. 오히려 스마트폰 활용만으로 경쟁력이 없습니다. 연구 주제마다 적용 가능한 시기가 있음을 기억합니다.

너무 현실적인 주제

현장연구 주제는 다소 교과서적인 프로그램을 원합니다. 교육 현실 A, 교육 이상 B가 있을 때 교육 현실 A보다는 교육 이상 B를 만족하는 프로그램을 더 선호합니다. 교육 현실 A가 전혀 고려되면 안 된다는 의미가 아니라 교육 이상 B를 우선순위에 두고 교육 현실 A에게도 도움이 되는 방향으로 연구 주제를 잡아야 한다는 의미입니다. 예전 고3 담임을 맡은 교사들로부터 대학 입학사정관제에 있어 진로 탐색 활동이 초등학교 때부터 지속적으로 있으면 더 좋겠다는 이야기를 들었습니다. 그래서 초등학생 때부터 그러한 결과물을 만들 수 있는 방향으로 연구 주제를 잡았습니다. 대입이라는 교육 현실 A에 초점을 맞춘 것입니다. 또 이것은 진로교육 연구대회에서 강조하는 학생 진로교육 실천 결과물을 개인 포트폴리오로 누적해야 한다는 것에도 부합했습니다. 그런데 문제는 연구 제목에 '입학사정관'이라는 용어를 사용해 제목에서부터 대입이라는 교육 현실 A를 직접적으로 강조한 것입니다. 그래서 '초등학생 때부터 학교에서 대입을 준비시키나?'라는 부정적 인식을 주게 되었고 바로 탈락하고 말았습니다. 차라리 그 말을 쓰지 않았다면 '초등학생 때부터 자신의 진로를 꾸준히 탐색한다.'는 교육 이상 B가 강조되어 긍정적 평가를 받았을 것입니다.

일반화가 안 되는 주제

우리 학급 혹은 우리 학교에만 적용 가능한 연구 주제는 현장연구 주제로 적합하지 않습니다. 내가 맡은 학급의 상황이 특수하다고 하더라도 그 특수한 환경에 적용하는 연구 프로그램은 특수한 환경이 아닌 다른 학교에도 사용 가능한 프로그램이어야 합니다. 이것이 바로 연구대회 심사 항목에 있는 일반화 가능성입니다.

교육적 필요성이 없는 주제

쉽게 말해 일반적으로 이미 널리 알려진 식상한 연구 주제를 말합니다. 제가 첫 해 탈락한 연구 주제 중에 '단기 워드프로세스 자격증 따기' 교수학습 자료가 있었습니다. 학급에 워드자격증 학원에 다니는 아이들이 많아 정보통신 활용 수업 시간에 활용할 수 있는 단기 족집게 수업 자료를 만들었습니다. 학원에 가지 않고도 자격증을 쉽게 딸 수 있는 핵심 수업 자료를 만든 것입니다. 결론은 당연히 탈락이었습니다. 워드프로세스 자격증을 따는 것이 교육적 필요성과는 크게 관련이 없기 때문입니다. 그리고 그런 자료는 책으로 많이 출간되어 있었습니다.

SEC+α로
창의적 학급경영 현장연구 주제 만들기

　이미 설명한 것처럼 완전히 창의적인 연구 주제는 흔치 않으므로 좀 더 수월하게 창의적 연구 프로그램을 만드는 방법으로는 기존의 우수한 연구 프로그램에 +a를 하여 나만의 독창적인 연구로 더 발전시키는 것이 있습니다. +a라는 것은 서로 다른 교육 주제를 융합한다는 의미인데 이러한 융합교육 연구 주제는 창의성을 띨 수밖에 없습니다. 서로 다른 주제를 융합하면 평소에 전혀 생각하지 못한 방법으로 서로 다른 교육 주제를 연계하여 교육을 할 수 있기 때문입니다.

　SEC 경제생활교육 프로그램은 +a를 하여 새로운 연구 주제로 발전시킬 수 있는 영역들이 참 많았습니다. 그중에는 이미 전국 1등급을 받은 것도 있지만 아직 현장연구로 시도하지 않은 영역들의 주제도 많습니다. 지금 책으로 공개되고 또 많이 알려지게 된다면 독창성 면에서는 가치가 떨어져 더 이상 그대로 사용할 수는 없겠지만 기존 우수한 현장연구 프로그램에 어떻게 +a를 하여 더 좋은 후속 연구 주제를 만드는지 이해하는 데 큰 도움이 될 것입니다.

SEC 프로그램은 그 자체의 연구 효과뿐만 아니라 후속연구 프로그램을 만드는 확장성이 큰 프로그램이기에 새로운 교육 내용을 +a하여 교사 자신만의 새로운 연구 주제를 만들어 사용하는 데 유용합니다. 계속 강조하지만 우수한 연구 프로그램을 자신만의 연구 프로그램으로 재구성할 때는 표절 시비를 피하기 위해 다음 2가지를 한 번 더 기억하도록 합시다. 첫째는 프로그램 출처를 각주로 꼭 밝힐 것, 둘째는 SEC 용어를 그대로 사용하지 않고 +a한 교육 내용에 맞게 더 발전된 용어로 만들어 사용하는 것입니다.

학급 SEC + 경제교육 영역 세분화

학급화폐를 사용하는 학급 SEC 프로그램은 교실을 완벽한 경제사회로 만들어 줍니다. 저는 경제 전반적인 현상 자체만 연구 대상으로 삼았을 뿐 경제교육 영역 안의 세부 주제에 대해서는 더 다루지 않았습니다. 만약 학급 SEC에서 화폐의 흐름에 대해 중점을 둔다면 금융교육으로 연구를 확장시킬 수 있습니다. 쿠폰 가격 결정에 중점을 둔다면 사회교과의 시장 가격 결정으로 연구 주제를 맞출 수 있으며, 인플레이션, 독과점 등의 부정적 경제 현상에 초점을 맞춘다면 경제문제 해결 능력에 초점을 맞추어 연구 주제를 잡을 수도 있습니다.

학급 SEC + 학년 확장 BEC

학급 SEC^{Small Economy Classroom}를 교실에 적용하면서 꼭 해 보고 싶었던 것이 학급 SEC를 학년에 확장시킨 BEC^{Big Economy Classroom} 프로그램이었습니다. 학년의 모든 학급이 각각의 고유 화폐를 가진 SEC로 운영되고 각반 화폐와 쿠폰이 서로 교류하여 부자 국가와 가난한 국가 등이 생기는 BEC 활동은 국내를 넘어 무역, 차관 등의 국가 간 경제교육에 상당히 효과적이고 흥미로울 것 같았습니다. 또 국제헌법을 활용한 생활교육은 학년 전체 학생들에게도 매우 유익할 것 같았습니다. 무엇보다 학년 모든 아이들에게 1년간 정말 재미있는 학교생활이 될 것 같았습니다. BEC 프로그램은 기존에 시도된 적이 없었던 전국 1등급 연구 주제에 해당된다고 판단했습니다. 그래서 BEC를 2011년 처음 6학년에 적용하였고 그해 경기도교육청에서 최우수 교실 혁신 사례로 선정되었습니다. 또 예상대로 학년 공동 연구로 전국 1등급을 받게 되어 학년 모든 교사들이 장관상을 받게 되었습니다. 굳이 SEC가 아니더라도 어떤 좋은 연구 프로그램을 학년에 확장하면 그 자체로 주제의 차별성이 커집니다. 대신 개인 연구가 아닌 공동 연구로 진행해야 합니다.

학급 SEC + 인성교육

SEC 프로그램에서 인성교육을 활용할 수 있는 세부 활동에는 기부가 있습니다. 학생들이 자신의 직업 생활로 벌어들인 자산을 사회(학급)에 기부하는 활동을 중심으로 관련 세부 활동을 더 보완한다면 배려심 등의 인성교육 항목에 적합한 연구 주제로 활용할 수 있습니다. 학생들이 SEC 학급국가 안에서 사회적 봉사 단체나 학생 봉사 동아리를 만들어 도움이 필요한 다른 친구들을 돕도록 운영하는 프로그램도 인성교육에 좋은 연구 주제가 됩니다.

학급 SEC + 진로교육

SEC 프로그램에서 적용할 수 있는 진로교육은 직업체험교육입니다. SEC 경제교육에서는 학생들이 학급에서 직접 직업을 결정하고 창업해서 경제활동을 할 수 있는데 사회에 존재하는 50여 개의 대표 직업군을 학급에 만들어 운영하면 학생들이 교실 속에서 그 직업을 간접 체험할 수 있다는 장점이 있습니다. 이 부분은 진로교육 보고서의 두 번째 실천 활동에 해당하는 직업 이해 활동에서 다른 연구보고서들과 차별성을 가집니다. 이것은 실천 활동 세 번째 영역인 진로 탐색의 경우도 마찬가지입니다. 학생 자신이 미래에 원하는 직업을 SEC 학급에서 직접 창업해 보는 활동은 차별성이 큽니다.

학급 SEC + 학교폭력 예방 생활교육

학급 SEC는 학생들이 학급에서 지켜야 할 일에 대해 학급규칙으로 만들고 지켜 나갑니다. 이러한 활동은 학교폭력 예방과 연계한 생활교육에 적합합니다. 굳이 학급헌법 개념까지 나아가지 않더라도 학급규칙만으로도 충분한데, 이전 프로그램들과 차별화를 위해 학교폭력 예방과 관련한 다른 활동들을 +a하면 더 차별화된 학급경영 현장연구 주제를 만들 수 있습니다.

학급 SEC + 법교육

학급 SEC에서 학급헌법에 강조점을 두는 방법입니다. 학생들은 매월 학급헌법을 만들고 개정하는 활동으로 법에 대한 다양한 개념에 대해 공부할 수 있습니다. 법교육은 고학년 사회교과에서 처음 다루어지는데 교과와 연계시키면 더 효과적입니다. 법교육을 통해 학생들의 준법의식을 함양하거나 '선한 사마리아 법'처럼 인성교육과 접목하면 차별화된 좋은 현장연구 주제가 됩니다.

학급 SEC + 학생자치 활동 민주시민교육

학생 중심의 현장연구는 매우 중요합니다. 학급 SEC 프로그램은 학생들이 주체가 되어 모든 활동을 이끌어감으로써 학생자치 활동에 중점을 둘 수도 있습니다. SEC 활동 중에서는 주로 학급회의나 학생자치법정 등의 활동이 해당되는데 이것은 민주시민교육으로도 이어집니다. 시민으로서 지녀야 할 여러 덕목들을 학생들이 SEC 활동을 통해 직접 체험하는 방향으로 학급연구 주제를 잡으면 됩니다.

학급 SEC + NIE 교육

학급 SEC 프로그램 관점을 국가에 맞추는 것이 아니라 하나의 신문사로 맞추어 운영하는 방법입니다. 학생들이 수업 중 NIE 교육 활동을 할 뿐 아니라 학급을 취재부, 편집부 등의 신문사 각 부서로 만들어 운영하고 학생들의 학교생활 및 수업 활동을 취재하여 매월 학급신문을 발간하는 활동입니다. 이 방법은 NIE 외에도 기타 다른 교육 주제 영역과도 동일하게 적용할 수 있는 방법입니다.

학급 SEC + 스마트교육

학급 SEC 활동을 온오프라인으로 함께하는 블렌디드 교육으로 운영할 수 있는데 학생들의 수업이나 학교생활 내용들에 대해 스마트 기기를 활용해 클래스팅 등의 SNS, 각종 앱 및 학급 홈페이지를 활용해 학급 SEC를 운영하는 것입니다. 예전 에듀넷에서 무료로 만들어 주는 학급카페를 이용한 적이 있었는데 에듀넷에서는 학생들의 카페 활동 지수에 따라 개인 마일리지를 지급해 주었습니다. 학교에서는 에듀넷에서 지급받은 개인 마일리지를 SEC 학급화폐로 환산하여 지급함으로써 아이들의 카페 활동을 장려했습니다. 정보화교육 명칭은 앞으로도 계속 바뀔 것이므로 새로운 정보화교육 용어를 사용하도록 합니다.

학급 SEC + 세금교육

세금교육은 SEC 프로그램에서 학생들이 1인 1역으로 매주 받는 급여에서 세금을 내는 활동으로 실시할 수 있습니다. 사회교과와 연계해 간접세, 직접세, 부가가치세, 양도세, 탈세, 조세 저항 등의 여러 가지 세금 관련 주제들과 사회 현상들에 대해 교육할 수 있는데 꼭 들어가야할 것은 세금에 대한 바른 가치 태도를 기르는 인성적 요소입니다.

　SEC 경제생활교육 프로그램을 기반으로 응용할 수 있는 다양한 교육 주제에 대해 알아보았습니다. 위 예시 자료를 통해 좋은 연구 주제가 있을 때 어떻게 나만의 연구 프로그램으로 재구성하여 만들 수 있는지에 대해 많은 도움이 되었을 것입니다. 어떤 주제를 발전시켜 새로운 주제를 다시 만들어 낼 때는 가급적 인성교육 요소가 들어가는 것이 좋습니다. 인성 영역을 연구 주제 성격상 주요 교육활동으로 넣을 수 없다면 세부 교육 활동으로 넣으면 됩니다. 그러면 더 차별화된 연구 주제로 다시 탄생하게 될 것입니다.

학급경영 현장연구 결과
피드백과 현장연구 그 이후

이론과 실제는 다르다

  현장연구 보고서 작성법에 대해 강의를 하면 많은 선생님들이 쉽게 이해를 하십니다. 그리고 본인의 연구에 바로 적용하십니다. 하지만 그렇게 하지 못하시는 분들도 많음을 알게 되었습니다. 머리로 이해하는 '이론'과 보고서를 직접 써 보는 '실제'는 다르기 때문입니다. 이것에 대한 괴리를 해결하는 방법은 직접 현장연구를 해 보고 연구를 잘하는 교사에게 자신이 작성한 연구보고서를 한번 검토받아 보는 것입니다. 그러면 가장 정확하게 자신의 현장연구에서 어떤 부분이 아직 부족한지 그 내용들에 대해 진단을 받을 수 있습니다. 이러한 보고서 멘토링을 1~2번만 받게 된다면 그 이후부터는 스스로 학급경영 현장연구 주제를 잡고 최종 입상하기까지의 과정이 매우 수월해집니다.

보고서 자가 진단법

그렇지만 주변에서 현장연구를 잘하는 교사들을 만나는 것은 생각보다 쉽진 않습니다. 연구를 잘하는 사람들은 실제로 많이 있지만 전체 교사 수에 비해서는 소수이기 때문입니다. 이 문제를 해결하는 방법이 있는데 바로 '보고서 자가 진단법'입니다. 저도 현장연구를 할 때 주변에서 제가 진행한 현장연구에 대해 검토를 받을 사람이 많이 없었습니다. 그래서 많이 입상도 했지만 또 많이 탈락했습니다. 그 덕분에 초보 연구자들이 주로 하는 실수가 어떤 것인지 잘 알게 된 것도 있지만 시행착오를 많이 한 것도 썩 좋은 경험은 아니었습니다. '보고서 자가 진단법'을 알게 된 이후는 시행착오를 많이 줄였습니다. '보고서 자가 진단법'은 내가 쓴 보고서의 문제점을 스스로 찾는 방법인데 우선 내가 도전한 연구대회에서 전국 1등급을 받은 보고서 5편을 다운받아 선택한 후 5개 보고서가 공통적으로 가지고 있는 요소를 찾습니다. 그 요소들이 내가 쓴 보고서에 들어가 있는지 살핍니다. 그리고 들어가 있는 수준도 비교해 봅니다. 다음으로는 전국 1등급 보고서 각각이 가지고 있는 차별성들과 내가 가지고 있는 보고서의 차별성을 비교해 봅니다. 위 2가지 보고 자가 진단법을 활용하면 내가 쓴 보고서의 문제점에 대해 대부분 찾아낼 수 있습니다.

함께 성장하는 전문적 학습공동체

학급경영 현장연구에 성공했다면 주변 동료 후배 교사들과 함께 정보를 나누고 같이 성장하는 것이 좋습니다. 그러나 이러한 교육 나눔은 연구에 대한 열의와 함께 아이들을 향한 순수한 열정이 있는 경우에만 가능합니다. 아이들을 향한 연구 동기는 전혀 없고 오로지 교사 자신만을 위한 연구 동기만 가득한 경우에는 연구 가치 면에서부터 공감대가 형성되지 못하기 때문입니다. 연구에 대한 열의가 없는 경우도 마찬가지입니다. 현장연구의 장점을 생각하면 마음으로는 모두 성공적인 현장연구를 다 원합니다. 하지만 그 과정에는 성실한 노력이 필요하고 그러한 열정이 없이는 현장연구를 성공적으로 마무리할 수 없습니다.

  SEC 경제생활교육 프로그램을 학급에 계속 운영해 오면서 SEC 프로그램을 동학년 교사들과 함께 나누고 학년 전체에 운영하면 참 좋을 것 같다는 생각을 많이 하였습니다. 그리고 SEC 경제생활교육 프로그램으로 전국대회에 처음 입상했을 때 학년 전체에 SEC 프로그램을 동학년 선생님들과 함께 운영하여 공동 연구를 진행하면 좋을 것 같다는 꿈을 품었습니다. 그리고 동학년 선생님들 모두가 연구를 하기에 준비된 어느 해에 SEC 프로그램을 학년에서 함께 공부하고 그동안 생각해왔던 BEC 국제 경제교육 및 무체벌 생활교육으로 학년 공동 연구를 진행하였습니다. 그 결과 선생님 모두가 전국 1등급 장관상 수상뿐만 아니라, MBC와 OBS 뉴스 촬영, 각종 신문사 취재, 경기도 교실혁신 최우수 사례 선정 등의 의미 깊고 재미있는 한 해를 아이들과 함께 보내게 되었습니다. 이러한 일들은 학년 전체가 전문적 학습공동체로 함께 배우며 성장하는 과정을 통해 이루어졌습니다. 좋은 교육 정보를 나만 가지고 있으면 내가 맡은 학급만 변하지만 동료 교사와 함께 나누면 학년 전체가 변합니다. 좋은 교육 프로그램은 내가 더 성장하기 위해서라도 함께 나누는 것이 중요합니다.

아이와 나를 위한 겸손한 배움과 새로운 도전

현장연구 주제는 참으로 다양합니다. 하나의 성공으로 만족하지 말고 새로운 주제로 다양하게 도전해 보도록 합니다. 당해의 현장연구를 진행하면서 차년도 현장연구 주제의 좋은 아이디어가 떠오르는 경우가 많습니다. 이러한 것들은 평소에 잘 기록해 두고 관련 연수나 책을 통해 전문성을 쌓습니다. 현장연구를 도전하는 선생님들에게는 두 가지를 추천합니다. 첫 번째는 매년 고정적으로 나만의 전문성을 쌓을 수 있는 학급경영 프로그램을 운영하라는 것과 두 번째는 내가 이전에 도전하지 않았던 새로운 영역의 교육 프로그램에 도전하라는 것입니다. 어떤 한 주제에 대해 현장연구로 꾸준히 적용 발전시키면 해당 분야에서 전문가가 될 수 있습니다. 동시에 다른 교육 영역도 꾸준히 도전하면 그 분야의 최고는 아니더라도 교사로서의 전문성이 향상될 뿐 아니라 자신이 중점적으로 운영하는 프로그램과 다른 분야의 내용을 융합하여 더 깊이가 있는 나만의 학급연구 프로그램으로 발전시킬 수 있습니다. 이것은 비단 나만을 위해서가 아닙니다. 내가 맡은 아이들을 위해서도 매우 필요한 것입니다. 교사의 진정한 성장은 아이들 성장으로 함께 이어집니다. 아이들을 위해서, 또 나를 위해서 늘 겸손하게 배우고 꾸준히 연구하는 교사가 되셨으면 합니다.

에필로그

    블로그를 운영하면서 SEC와 BEC 프로그램에 대해 포스팅을 요청하는 선생님들이 많이 있었습니다. 저 역시 블로그를 통해 여러 가지 교육 정보에 대해 이웃 분들과 함께 나누고 싶었는데 SEC와 BEC가 그 첫째였습니다. 하지만 본의 아니게 이웃 분들의 요청으로 블로그의 사이드 포스팅 주제인 현장연구로 포스팅을 먼저 하게 되어 SEC와 BEC에 대한 나눔을 제대로 할 수가 없었습니다. 본 책을 통해 SEC 경제생활교육을 전국의 선생님들과 함께 나눌 수 있어 매우 감사했습니다. SEC 경제생활교육 프로그램은 현장연구를 하지 않더라고 학급에 적용했을 때 학생들에게 재미있는 경제교육 및 생활교육에 매우 유용합니다. 하지만 서두에 말씀드린 것처럼 SEC 프로그램은 효과적인 도구일 뿐 생활교육의 핵심은 교사와 아이와의 신뢰 관계 형성입니다. 저는 그

것을 학생상담으로 이루려고 노력했습니다. SEC 프로그램만으로는 아이의 외형적인 행동은 변화시킬 수는 있어도 아이의 내면까지는 바꾸지 못하기 때문입니다. 아무리 좋은 프로그램이 있다하더라도 학생과 교사와의 신뢰 관계가 있을 때 그 프로그램의 교육 효과가 최대로 발휘됩니다. SEC 경제생활교육 프로그램을 통해 선생님들이 담임하고 계시는 학급에 학생 중심의 생활교육이 더 재미있고 수월하게 이루어지기를 소망합니다. 아울러 아이들과 함께 재미있는 교실 경제도 경험하셨으면 합니다. 교실 속 아이들을 위해서, 또 교사 자신을 위해서 꾸준한 학급연구를 하시는 데 본 책 내용이 많은 도움이 되셨으면 합니다.